GEHEIMNIS
JAPAN

Folgende Seite: Der Ise-jingû *(Ise-Schrein),*
das höchste shintoistische Heiligtum,
wird alle 20 Jahre periodisch neu errichtet.
Der Schrein besteht aus zwei Komplexen,
die fünf Kilometer voneinander entfernt
liegen: dem «inneren» (Naikû) *und*
dem «äußeren Schrein» (Gekû)*. Zum Naikû*
hat nur die kaiserliche Familie Zutritt.

SHUICHI KATO

GEHEIMNIS
JAPAN

Mit einer Einführung von
ROGER GOEPPER

ORBIS VERLAG

Genehmigte Sonderausgabe 2001
Orbis Verlag für Publizistik, München,
in der Verlagsgruppe Bertelsmann
www.orbis-verlag.de

© 1991 by Motovun (Schweiz) Verlagsgesellschaft AG, Luzern
© 1987, 1988 für das Fotomaterial und den
japanischen Originaltext by Heibonsha
Publishers Limited, Tokyo
© 1992 für die deutschsprachige Ausgabe
vgs verlagsgesellschaft, Köln

Reproduktion: Lanarepro, Lana/Meran
Satz: F. X. Stückle, Ettenheim
Druck und Verarbeitung: Egedsa, Sabadell

ISBN 3-572-01265-1
Printed in Spain

Inhalt

«Dieses erstaunliche Volk ist das einzige von Asien, das nie besiegt wurde, das unbesiegbar scheint ... Japan ist nicht minder dicht besiedelt als China, aber als Nation stolzer und tapferer. Es besitzt alles, was uns fehlt.»

AUS: DIDEROT / D'ALEMBERT «ENCYCLOPÉDIE», 1757

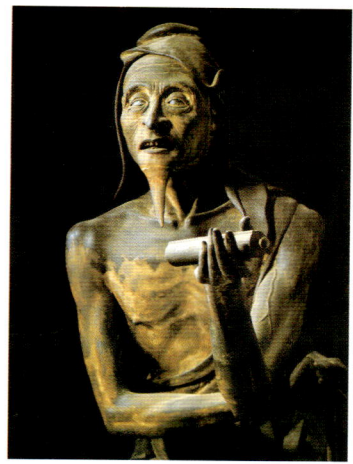

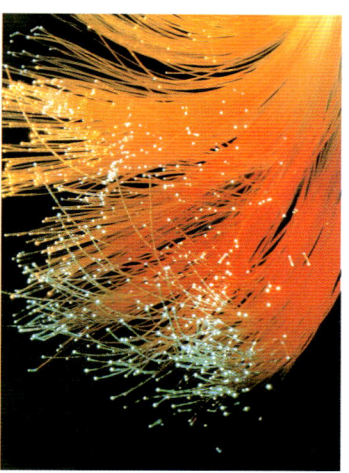

Japan und der Westen: Ein fruchtbarer Dialog

Noch immer gibt es in Europa verbreitete Vorurteile über Japan und die Japaner: Eine Frau im Kimono gilt automatisch als Geisha, Tuschmalerei ist der Inbegriff einer ans Mystische grenzenden Kunstform, und die Nachahmung importierter Güter und Technologien wird als symptomatisch für die eingeschränkte japanische Erfindungsgabe interpretiert.

Hierbei wird übersehen, daß es die Japaner während ihrer ganzen Geschichte meisterhaft verstanden haben, nach einer Phase der Übernahme und Adaption fremder und anfangs überlegener Kulturgüter diese mit ihrer schöpferischen Potenz umzusetzen und Eigenes daraus zu entwickeln.

Als einen Grundzug des japanischen Wesens kann man die Befähigung zum raschen Erfassen des Wesentlichen einer Sache bezeichnen, das anschließend sofort in etwas Eigenständiges umgewandelt wird. Dies ist wohl vor dem Hintergrund einer allgemeinen geistigen Offenheit der Japaner zu sehen, denen das Befangensein in einer alles andere ausschließenden Religion traditionellerweise unverständlich ist. Es ist noch für den heutigen Japaner nahezu eine Selbstverständlichkeit, daß er sich in verschiedenen Glaubensformen zu Hause fühlt und sie je nach den Gegebenheiten nützt.

Meist ist er Buddhist und fühlt sich, je nach seiner Veranlagung, zu einer der ganz unterschiedlich orientierten Schulrichtungen hingezogen, die sich jedoch nicht gegenseitig ausschließen, wie das bei christlichen Konfessionen der Fall ist. Hier gibt es tatsächlich hochgestochene mystische Spekulation über die Transzendenz, aber auch ein spektakuläres und prächtiges Ritual sowie Massenveranstaltungen, die bis zu Psychosen führen können, vor allem in den zeitgenössischen Sekten wie der Sôga-Gakkai-Bewegung.

Daneben ist der Japaner aber auch Shintoist, also Anhänger der urjapanischen Naturreligion mit ihren Berg- und Baumgottheiten und mit der Sonnengöttin, von der angeblich das japanische Kaiserhaus abstammt. Der Shintoismus entwickelte sich zu einem Staatskult mit oft nationalistischem Unterton. Seine Priester führen für den Durchschnittsjapaner noch immer die Riten bei wichtigen Lebensabschnitten, wie etwa der Heirat, aus.

Möglicherweise empfindet der Japaner aber auch das ursprünglich Chinesische des Konfuzianismus in den Höflichkeits- und Verhaltensregeln nach, die ein reibungsloses Funktionieren der Gesellschaft und der Familie garantieren. Westliche Anhänger japanischer Geisteshaltung und Kultur sehen in diesem Zusammenhang die tatsächliche Situation oft allzu einseitig, vor allem unter dem Blickwinkel des Zen-Buddhismus. Besonders in Amerika hat sich unter jungen Leuten geradezu eine Zen-Mode etabliert: Meditation, eine einfache Lebensweise und Unmittelbarkeit im geistigen Bereich haben eine große Anziehungskraft.

Natürlich hat gerade der herbe Zen-Buddhismus seit dem Mittelalter die japanische Kultur entscheidend bestimmt, hat er die Spontaneität der Tuschmalerei und der Pinselschrift getragen und das ästhetische und bald schon formalisierte Ritual der Teezeremonie geprägt, die heute zur Ausbildung jedes einigermaßen gebildeten Mädchens in Japan gehört. Daß aber die strenge geistige Schulung des Zen vom Schüler langjährige Disziplin und Übung fordert, auf deren Grundlage dann erst die so leicht wirkende Spontaneität möglich ist, wird von westlichen Jugendlichen meist übersehen. Überhaupt wäre die von jedem Schüler geforderte rigorose Unter- und Einordnung in ein ethisches Normensystem, das manchmal bis zur Aufgabe der eigenen Persönlichkeit führen kann, für den Abendländer kaum zumutbar. Eine Neuentdeckung der japanischen Zivilisation wäre durchaus angebracht.

Gegenüberliegende Seite: Eine Luftaufnahme der alten Kaiserstadt Kyoto läßt noch heute den schachbrettartigen Verlauf der Straßen erkennen, die in der Heian-Zeit angelegt wurden. Die Tempel im traditionellen Baustil sind inzwischen von Hochhäusern umgeben.

Die allererste Entdeckung Japans im Jahre 1545 erfolgte durch einen in Macao gestrandeten portugiesischen Abenteurer namens Pinto, der anschließend auf einem chinesischen Seeräuberschiff mitfuhr und auf der Insel Tanegashima an Land ging; dort gab er sich bald den Anschein eines offiziellen Abgesandten der Portugiesen. Der japanische Gouverneur der Insel interessierte sich auch prompt für die Feuerwaffen der Portugiesen. Nach seiner Heimkehr verfaßt Pinto ein Buch über seine Erlebnisse, das erste über das ferne Inselreich überhaupt.

Als in der zweiten Hälfte des 16. Jahrhunderts Jesuitenmissionare dem berühmten Francisco Xavier nach Japan folgten, versuchten einige Daimyôs, durch den Handel mit Portugal Vorteile für ihre Fürstentümer zu ziehen, indem sie sich für das Christentum einnehmen ließen. Das Shogunat erkannte aber bald die Gefahr des Eindringens fremder Ideen und erließ 1587 das erste Verbot der Missionierung. Christliche Zellen blühten aber im Untergrund weiter, bis schließlich nach 1600 ein definitives Verbot des Christentums ausgesprochen wurde und blutige Verfolgungen einsetzten. Im Zusammenhang mit dieser Missionierung entstand eine – allerdings rasch wieder erlöschende – Richtung der Malerei, die sich an den westlichen Stil anlehnte, die sogenannte Malerei der Südbarbaren *(Namban-e),* eine exotische Randerscheinung in der damaligen Kunstszene.

Nach der von der Regierung verfügten Abschließung des Landes von allen Auslandskontakten durften sich die Portugiesen und nach deren Vertreibung die holländischen Kaufleute nur noch auf der winzigen künstlichen Insel Deshima in der Bucht von Nagasaki aufhalten, gleichsam wie im Gefängnis.

Ein nachhaltiger und weiterwirkender Einfluß westlicher Ideen und im Gefolge davon westlicher Kunst setzte erst nach der Aufhebung des Einfuhrverbots ausländischer Bücher im Jahre 1720 ein, das ein Aufblühen der sogenannten Holländischen Wissenschaften *(Rangaku)* zur Folge hatte. Hierunter versteht man die meist auf Büchern in holländischer Sprache basierenden Kenntnisse der auf die Praxis hin orientierten Naturwissenschaften Medizin und Anatomie, Astronomie, Mathematik, Physik und Botanik. Eine systematische Methodik war in Ostasien unbekannt geblieben, und bald gingen gebildete Japaner, vor allem aus der Kaste der Samurai, daran, Bücher aus dem Holländischen zu übersetzen, während sich Künstler von den naturgetreuen Kupferstichen der Europäer zu einer neuen Sehweise von Raum und Gegenständen im Bild anregen ließen. Auch versuchten sie sich in der Technik der Ölmalerei.

Zwei Deutsche waren es, die in jener Frühzeit des Kontakts für ein erstaunlich objektives Japanbild im Westen sorgten. Engelbert Kaempfer aus Lemgo landete 1690 im Gefolge von Holländern in Nagasaki. Er war ein scharfer Beobachter japanischer Verhältnisse und darf wegen seiner kritischen Berichte als der eigentliche wissenschaftliche Entdecker Japans gelten. Auch der aus Würzburg stammende Philip Franz von Siebold kam 1823 in holländischen Diensten nach Japan, wurde aber sieben Jahre später als Spion des Landes verwiesen. Sein Buch über Japan und seine in verschiedenen Museen aufbewahrten Sammlungen japanischer Gegenstände vertieften das Japanbild in Europa.

Wenn man über die wechselseitigen Einflüsse zwischen der Kultur Japans und derjenigen des Westens spricht, schwanken verallgemeinernde Urteile zwischen «Einfühlung» einerseits und «fruchtbarem Mißverständnis» andererseits. Beide Charakterisierungen haben in gewisser Weise ihre Berechtigung, ebenso wie der gelegentlich verwendete Begriff des «Dialogs».

Erschwerend für einen direkten Dialog war jedoch die Tatsache, daß schon die beiden Grundpositionen beider Kulturen verschieden, ja in gewisser Weise diametral entgegengesetzt sind. Im Westen herrscht eine Weltsicht vor, die ganz auf den Menschen fixiert ist. Der Mensch, als Individuum wie als Gruppe, steht der Natur gegenüber und versucht sie sich anzugleichen, wenn nicht gar gefügig zu machen.

Gegenüberliegende Seite: Ein im 16. oder 17. Jahrhundert gemalter Stellschirm (Ausschnitt), der Musikanten in europäischer Tracht zeigt, ist ein frühes Beispiel für die Auseinandersetzung japanischer Maler mit westlichen Kunstformen.

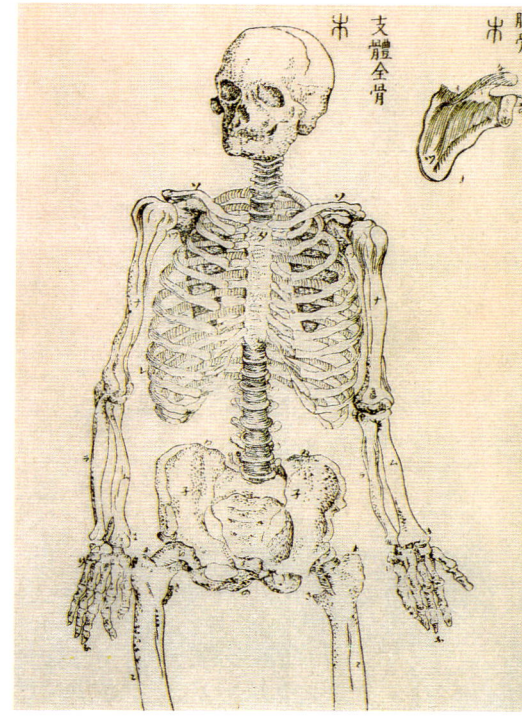

Oben: Maler der Akita-Schule wie Odano Naotake (1749 – 1780) kopierten die Illustrationen medizinischer Werke aus Holland und trugen so maßgeblich zur Ausbildung einer modernen Naturwissenschaft in Japan bei.

Oben: Das um 1790 entstandene Ölbild «Der Faßmacher» von Shiba Kôkan läßt erkennen, daß sich japanische Künstler im 18. Jahrhundert mit den Problemen von Licht und Schatten auseinanderzusetzen begannen und die Technik der zentralperspektivischen Darstellung von den Europäern übernahmen.

Deshalb bemüht sich die Kunst seit dem Mittelalter, seitdem sie sich aus der Dominanz der christlichen Religion gelöst hat, um eine möglichst objektive Darstellung der Welt, der Natur und ihrer Objekte. Eine bis hin zum Illusionismus gesteigerte, realistisch wirkende Dreidimensionalität der Gegenstände und die auf den Standpunkt des Betrachters ausgerichtete Zentralperspektive in der Bildkunst sind die Symptome dieser Einstellung gegenüber der Natur.

In Ostasien hingegen, in China ebenso wie in Japan, empfindet der Mensch sich als integralen Bestandteil der Natur. Beide, Mensch und Natur, sind von der gleichen vitalen Kraft durchtränkt, weshalb der Mensch die Erscheinungen der Natur nicht als ihm entgegengesetzte Objekte empfindet. Er ist eingebettet in eine eher intuitive, nicht analytisch forschende Weltsicht. Dies wird besonders deutlich in den Werken der abbildenden Künste, aber auch in der Literatur. Landschaftsbil-

ger haben oft eine fließende Perspektive, die nicht auf einen Blickpunkt fixiert ist, sondern den Betrachter auffordert, ins Bild einzutreten und es gleichsam von innen zu betrachten.

Daß der Mensch das Maß aller Dinge sein könnte, ist dem ostasiatischen Künstler eine befremdliche Vorstellung. Während im klassischen Griechenland und in Rom die Bildhauer ihr Schönheitsideal in der Darstellung des unbekleideten menschlichen Körpers zum Ausdruck brachten, verhüllt der japanische Meister des 13. Jahrhunderts die Gestalt der Glücksgöttin Kichijôten derart mit prachtvollen fließenden Gewändern, daß der Körper ganz verschwindet und nur noch Gesicht und Hände herausragen.

Im selben Jahrhundert gibt ein höfischer japanischer Maler in einer Querrolle mit Idealporträts der «Sechsunddreißig Unsterblichen der Poesie» eine Dichterin

Links: Shiba Kôkan verstand es auch meisterhaft, unter dem Pseudonym Suzuki Harushige Farbenholzschnitte des berühmten Suzuki Harunobu zu fälschen. Es gelang ihm, die vom Westen übernommene Zentralperspektive mit einer traditionell japanischen Figurendarstellung zu verbinden.

Oben: Die römische Venus von Esquilin
aus der Mitte des 1. Jahrhunderts
v. Chr. präsentiert ihren unbekleideten
Körper gleichsam als Idealtypus
menschlicher Schönheit.

Gegenüberliegende Seite rechts: Kichijô-zen, die buddhistische Glücksgöttin aus dem 13. Jahrhundert, verkörpert das elegante Schönheitsideal, das in der japanischen Adelsgesellschaft zur Heian-Zeit vorherrschte. Die zarte Gestalt der Göttin wird von den prächtigen Gewändern völlig verhüllt.

Links: Im Gegensatz zu den Darstellungskonventionen der japanischen Kunst enthüllt die Tochter der Niobe (2. Hälfte des 5. Jahrhunderts v. Chr.) sogar noch im Sterben, von den Pfeilen der Artemis getroffen, die Schönheit ihres nackten jungen Körpers.

so wieder, daß ihre sitzende Gestalt in den um sie herum ausgebreiteten und vielschichtig übereinanderliegenden Gewändern geradezu versinkt. Ihr Gesicht ist zur Maske stilisiert, die prächtige und in dekorativer Weise zur Wirkung gebrachte Kleidung ist der eigentliche Träger des künstlerischen Ausdrucks. Hierzu läßt sich kaum ein größerer Kontrast in der Wiedergabe weiblicher Reize denken als zu Nicolas Poussins «Ruhender Venus mit Amor».

Überhaupt hat der japanische Künstler seine Schwierigkeiten bei der Darstellung eines nackten Körpers. Er verfügte nicht über die technischen Möglichkeiten,

Rechts: Ein Bild aus der im 13. Jahrhundert gemalten Serie über die «36 Unsterblichen der Poesie» zeigt die Dichterin Koô-no-kimi. Die Porträtierte versinkt geradezu in den um sie herum ausgebreiteten, besonders kostbaren Gewändern. Das dekorativ arrangierte Gewand wirkt wie der eigentliche Träger der Person, deren Gesicht maskenhaft und unpersönlich bleibt.

Unten: Die «Ruhende Venus mit Amor» (1630, Gemäldegalerie Dresden) von Nicolas Poussin (1594 – 1665) strahlt eine unverhüllte Sinnlichkeit aus. Der Betrachter glaubt, den Reiz der jugendlichen Haut geradezu physisch zu spüren.

die feinen plastischen Werte unbekleideter Leiber ins zweidimensionale Bild umzusetzen, selbst nicht bei den kraß erotischen «Frühlingsbildern».

Immerhin hatte die Darstellung der menschlichen Figur in Ostasien von Anfang an den bekleideten Menschen zum Thema genommen: Die Kleidung zeigt den sozialen Rang eines Menschen innerhalb der Gesellschaft. Auf den von konfuzianischer Ethik geprägten Chinesen und Japaner mußte der nackte Körper anstößig wirken, da er gleichsam außerhalb einer sozialen Einbindung stand.

Links: Der über acht Meter hohe Wächtergott Kongô-rikishi, der im großen Südtor des Tôdai-ji-Tempels von Nara steht, wurde im 13. Jahrhundert von Unkei und Kankei geschnitzt. Er gilt als eines der prachtvollsten Zeugnisse realistischer Skulptur der Kamakura-Zeit. Die Muskelwülste sind übertrieben und wirken fast schon ornamental.

Wenn wir uns nunmehr dem Eindringen moderner westlicher Vorstellungen und Techniken nach Japan seit der Mitte des 19. Jahrhunderts zuwenden, so muß an erster Stelle Frankreich genannt werden. Ein Franzose stellte 1885 die erste Bogenlampe in Tokyo auf und mag damit den ersten zaghaften Anstoß für die Entwicklung einer eigenen japanischen Elektroindustrie gegeben haben. Auch die in den folgenden Kriegen so erfolgreiche japanische Militärmacht orientierte sich an französischen Vorbildern, ebenso später die Entwicklung des Flugzeugbaus.

Auf dem Gebiet der Rechtspflege und der Gesetzgebung überwogen hingegen deutsche Einflüsse, die sich schon bei der Abfassung der ersten japanischen Verfassung von 1889 bemerkbar machten. Auch das bürgerliche Gesetzbuch von 1896 und das Handelsgesetzbuch von 1899 basieren auf deutschen Vorbildern.

Nach 1870 förderte die von Kaiser Meiji nach modernen Gesichtspunkten organisierte Zentralregierung die Industrialisierung des Landes und kontrollierte seine ökonomische Entwicklung. Die Armee wurde modernisiert und die Erziehung an den Schulen bis in die unteren Volksschichten getragen. Auf allen diesen Gebieten sicherte sich die japanische Regierung die Hilfe ausländischer Fachberater, und sie unterstützte den Aufenthalt japanischer Studenten im Ausland.

Oben: Wenn der Holzschnittmeister Kitagawa Utamaro (1753 – 1806) ein erotisches «Frühlingsbild» druckt, setzt er die runden Formen des weiblichen Körpers in eine feine Linienführung um und verzichtet, ganz im Gegensatz zu Poussin, auf jegliche modellierende Schattierung.

Nach dem Zweiten Weltkrieg schlug sich solche staatspolitische Klugheit in einem niedrig gehaltenen Verteidigungsetat nieder, wodurch eine Steigerung der Investitionsmöglichkeiten in der Wirtschaft und in der Folge hiervon ein enormer ökonomischer Aufschwung möglich wurden. Parallel zu dieser Entwicklung vollzog sich eine Umschichtung der sozialen Struktur Japans. Während 1870 noch 70 – 80 Prozent der Bevölkerung in der Landwirtschaft tätig waren und die Bauern nach den

Kriegern die zweithöchste Schicht im viergliedrigen Kastensystem darstellten, arbeiteten 1970 nur mehr 20 Prozent in der Landwirtschaft. Und ein städtisches Bürgertum zeigt sich allemal aufgeschlossener gegenüber neuen Entwicklungen.

Eine nicht zu unterschätzende Rolle in dem Sich-Einfügen des japanischen Menschen in eine von westlichen Umständen geprägte Lebensweise spielte der Zwang des Wohnens in größeren Städten. Die durch eine Konsumgesellschaft bestimmten Alltagsrhythmen griffen zunehmend auch in die traditionelle japanische Wohnung ein. Allerdings wurden abendländische und amerikanische Strukturen der Wohnung anfangs nicht in Bausch und Bogen übernommen, sondern einzelne Elemente in den traditionellen Kontext integriert. Man richtete zwar ein an amerikanischem Geschmack orientiertes Empfangszimmer mit Polstersesseln und Kommoden ein, saß aber in den mit Tatami-Matten ausgelegten übrigen Räumen weiter auf dem Boden. Der technische Komfort des Alltagslebens bestimmt heute zum

Unten: Das Teehaus Kô-an aus der späten Tokugawa-Zeit, das erst 1908 von seinem ursprünglichen Standort im Nishi-Hongan-ji-Tempel von Kyoto in den Zen-Tempel Daitoku-ji versetzt wurde, entspricht mit seiner schlichten Ausstattung dem Geschmack der Oribe-Schule und deren Teezeremonie.

Oben rechts: Der «Pavillon der Wellen im Mondschein» (Geppa-ro) im Prinzenpalast bei Kyoto gibt die einfache Struktur des Dachstuhls offen zu erkennen. Der bewußt an eine ländliche Bauweise angelehnte Charakter des Gebäudes dokumentiert die raffiniert primitive Ästhetik des Zen-Buddhismus und seiner Teezeremonie.

Gegenüberliegende Seite: Auch die Außenansicht des Geppa-ro ist betont einfach gehalten und schmiegt sich harmonisch in seine Umgebung ein. Der Park wirkt zwar wie natürlich gewachsen, wurde in Wirklichkeit aber auf optische Wirkung hin angelegt. Der Name des Teehauses wurde einem Gedicht des chinesischen Poeten Bo Juyi aus der Zeit der Tang-Dynastie entlehnt.

Teil die Einrichtung der Wohnung in dem Großstadtapartment (apâto), das über einen «livingroom» (ribingu) verfügen sollte, aber am Eingang fast immer noch die Anhebung des Bodens aufweist, wo man sich die Schuhe auszieht.

Mit dem Zwang, auf engem Raum leben zu müssen, hat sich auch die japanische Großfamilie weitgehend aufgelöst, und das Verhältnis zur eigenen Kultur gerät in ein Stadium der Zwiespältigkeit. In der aus dem traditionellen Teehaus übernommenen Bildnische (tokonoma), in der eigentlich ein einziges Rollbild oder eine Kalligraphie für eine intensive Betrachtung aufgehängt werden sollte, steht heute nicht selten der Fernsehapparat, der durch sein an amerikanischem Niveau orientiertes Programm ohnedies zur Auflösung der Bindung an die eigene Kultur beiträgt.

Während sich der klassische japanische Wohnraum durch wohltuende Leere und Klarheit auszeichnete, herrscht in der modernen Stadtwohnung oft eine überraschende Unordnung – vielleicht ein Symptom für die noch immer nicht ganz gelungene Integration.

Stärker als die Werke der bildenden Kunst hat die Hereinnahme westlicher Auffassungen und Elemente in die Architektur zu grundlegenden Veränderungen der Einstellung des Japaners zu seiner Umwelt geführt. Die traditionellen Wohn- und Repräsentationsbauten bestanden aus einem hölzernen Skelett mit leichten, ein-

Links und unten: Die 1876 von dem Architekten Tateishi Kiyoshige erbaute Kaichi-gakkô-Schule in Matsumoto ist ein charakteristisches Beispiel für die eklektizistischen Tendenzen japanischer Architektur der Meiji-Zeit. An den im wesentlichen westlich inspirierten Bau wurde ein von der japanischen Schloßarchitektur des 17. und 18. Jahrhunderts übernommener Eingangsvorbau (genkan) mit geschwungenem Dach und reicher dekorativer Schnitzerei angefügt. Die Tür erinnert an chinesische Vorbilder, der achteckige Dachaufbau an buddhistische Pagoden.

gezogenen Wänden ohne statische Funktion, und sie hatten Innenräume, die durch Schiebetüren kaum wirklich voneinander getrennt waren. Diese Schiebetüren fügten sich zu einem gestalteten Landschaftsgarten zusammen, der wie natürlich gewachsen wirken sollte oder gleichsam eine Abbreviatur von Landschaft war; sie ließen sich so weit öffnen, daß der natürliche Außenraum wie eine Fortsetzung des Innenraums wirkte und der Mensch sich stets in die Abläufe des Wetters und der Jahreszeiten eingebunden fühlte. Bei der Gestaltung von Wänden

Gegenüberliegende Seite: Kuroda Seikis Bild Maiko *aus dem Jahr 1893 verdeutlicht, daß der Künstler im Anschluß an einen Frankreichaufenthalt die von den Impressionisten übernommene spontane Ölmaltechnik gekonnt mit der ausschnitthaften Kompositionsweise der* ukiyo-e-*Malerei zu vereinbaren vermochte.*

Links: Von 1888 an gab Samuel Bing drei Jahre lang in Paris die Zeitschrift «Le Japon Artistique» heraus, die maßgeblich zur Japan-Begeisterung um die Jahrhundertwende beitrug.

und Nischen wurde großer Wert auf eine möglichst unverfälschte Wirkung der Materialien gelegt.

Seit der Mitte des 19. Jahrhunderts bewirkten englische Architekten wie Thomas J. Waters, dem die Pläne zum Wiederaufbau des Ginza-Viertels nach dem Brand von 1872 zu verdanken sind, und in besonderem Maße Josiah Conder, der zwischen 1877 und 1920 etwa siebzig Bauten in eklektizistischen westlichen Stilen errichtete, einen völligen Wandel der Architekturauffassung in Japan. In der Folge setzten japanische Architekten deren Anregungen oft in pseudo-westliche Mischformen um.

Seit 1915 machte sich mit der Theorie einer nicht-ästhetischen Architektur *(kenchiku-higeijutsu-ron),* in Verbindung mit dem Stahl- und Eisenbetonbau, wiederum eine neue Einstellung zur Architektur bemerkbar. Viele junge japanische Architekten gingen zwischen 1920 und 1930 ins Ausland und studierten vornehmlich am Bauhaus und bei Le Corbusier. Die eigentlich moderne Phase des Bauens in Japan setzte dann mit dem Bauboom in den Großstädten ein. Neben der vom Westen abhängigen sachlichen Bauweise setzte sich aber bei Architekten wie Tange Kenzô und Kiyoshi Seike auch eine Rückbesinnung auf den traditionellen Wohnbau durch: Nach außen abschließende Wände wurden reduziert, und man versuchte die alte Beziehung zwischen Innen- und Außenraum wieder herzustellen. Seit den sechziger Jahren gibt es auch extrem modernistische Zukunftsvisionen für die Städteplanung, beispielsweise in den Entwürfen von Kikutake Kiyonori.

Oben: Der Eingang zu der Galerie «L'Art Nouveau» in der Rue Chauchat von Paris war mit dekorativen Blumenmustern verziert. Diese Muster wurden dann zu einem zentralen Motiv der gesamten nach dieser Galerie benannten Kunstrichtung.

21

Aubrey Beardsleys Illustrationen zur «Salome» von Oscar Wilde (ganz unten) ziehen ihren eigentümlichen Reiz auch aus dem geschickt eingesetzten Zusammenspiel einer unschattierten plakativen Fläche mit einer präzisen Linienführung. Diese Kompositionstechnik geht auf japanische Anregungen zurück, wie ein Vergleich mit einem Holzschnitt von Katsukawa Shushô zeigt.

Katsukawas Werk stellt Ichikawa Danjurô V *dar.*

Die heutigen japanischen Großstädte, vor allem die alte Kaisermetropole Kyoto, präsentieren sich als eine überaus reiz- und spannungsvolle Mischung von ganz modernen und zum Teil faszinierend gestalteten Hochhäusern und von Wohnvierteln mit Holzbauten im traditionellen Stil. Die alten Tempel- und Palastbauten mit ihren Parkanlagen sind wie beruhigende Inseln darin eingebettet.

Entscheidende Faktoren für das Entstehen einer «Westlichen Malerei» *(yôga)* in der zweiten Hälfte des 19. Jahrhunderts waren die Studienaufenthalte zahlreicher japanischer Maler in Europa, insbesondere in Frankreich, wo sie mit den damals aktuellen Kunstrichtungen wie dem Impressionismus direkt konfrontiert wurden. Kaum weniger wichtig waren aber die Gründungen von Akademien und Künstlervereinigungen in Japan selbst. 1868 entstand die private Schule des Kawakami Tôgai, an der sowohl Tusch- als auch Ölmalerei gelehrt wurde. Die Vereinigung Hakubakai widmete sich der Akt- und Freiluftmalerei, und an der offiziellen Meijibijutsukai wirkten seit 1889 vorwiegend im Ausland ausgebildete Ölmaler.

Im weiteren Verlauf der Entwicklung griffen japanische Künstler bis in die Gegenwart hinein immer wieder die gerade in Europa und Amerika aktuellen Stilrichtungen auf, wobei oft lediglich noch das Sujet die japanische Herkunft der Werke verriet. Andererseits gab und gibt es Künstler von hohem Rang, deren Gestaltungsprinzipien auf der japanischen Tradition ruhen und die sich im Kontext der internationalen Kunstszenen behaupten und sie mitgestalten.

Den Mangel an Sammlungen abendländischer Kunst suchte man durch die Gründung von Museen auszugleichen, wobei man nach alter japanischer Gepflogenheit stets nach dem Qualitätvollsten strebte.

Auch Wanderausstellungen aus westlichen Museen setzten ihren Wertmaßstab hoch an, brachten es dann aber auch auf entsprechend überwältigende Besucherzahlen, etwa im Fall der «Mona Lisa» aus dem Louvre. Daß japanische Sammler heute Höchstsummen für ein Gemälde von Van Gogh auszugeben bereit sind, mag einerseits aus solchem Nachholbedarf erklärbar sein, es spiegelt andererseits aber auch die für den heutigen Japaner charakteristische Einstellung, das Beste sei gerade gut genug.

Eine subtilere Form westlichen Einflusses läßt sich auch auf die «Japanische Malerei» *(nihon-ga)* konstatieren, die sich ganz bewußt auf die nationale Tradition beruft: Das «Durchtränktwerden» von abendländischen Sehweisen ist im Hinblick auf die Raumdarstellung und die Dreidimensionalität der Figuren nicht zu übersehen.

Während man also bei der Übernahme westlicher Kunst und Kultur in Japan durchaus von Einfühlung und Angleichung sprechen kann, stehen die Einwirkungen japanischer Kunstformen auf den Westen gelegentlich unter dem Aspekt eines fruchtbaren Mißverständnisses. Außerdem fehlt natürlich der naturwissenschaftliche Ansporn, der die Japaner an die abendländische Zivilisation heranführte: Im Westen waren es überwiegend bildende Künstler und Literaten, die sich von der andersartigen visuellen Ästhetik Japans angezogen fühlten.

Bereits im 17. und 18. Jahrhundert gab es eine Übernahme japanischer Dekormotive in die Seiden der Manufaktur von Lyon, und in Chantilly und Saint-Cloud wurden Kakiemon- und Nabeshima-Porzellane kopiert. Schließlich schätzten und sammelten Madame Pompadour und Marie-Antoinette japanische Lackmöbel. Doch diese Erscheinungen waren eher als Ausläufer der früheren Chinoiserie-Mode anzusehen.

Der eigentliche Japonismus, der breitere Volksschichten ansprach als der fast ganz auf den Adel beschränkte China-Trend des 18. Jahrhunderts, setzte nach der Weltausstellung von 1867 in Paris ein, wo Japan einen eigenen Kiosk eingerichtet hatte und in einer Delegation durch den Bruder des Shoguns hochrangig vertreten gewesen war. Kunsthändler in Paris begannen nun, japanische Holzschnitte zu verkaufen, die von Malern wie Edouard Manet, Edgar Degas, Henri Toulouse-

Lautrec und Vincent Van Gogh begeistert gesammelt wurden. Als Van Gogh 1890 starb, fand sein Arzt an seinem Bett einen Karton mit vierzehn Holzschnitten. Der starke Einfluß dieser spätbürgerlichen japanischen Kunstform auf die Maler des Post-Impressionismus, aber auch auf den Amerikaner James Whistler, den Engländer Aubrey Beardsley, den Belgier Alfred Stevens, den Österreicher Gustav Klimt und die Deutschen Otto Eckmann und Emil Orlik ist weithin bekannt.

Allerdings betrachteten die Literaten und Künstler die Holzschnitte aus einer leicht verschobenen Perspektive: sie repräsentierten nicht jene höchstverfeinerte

Unten links: Wie stark das westliche Kunsthandwerk japanisch beeinflußt wurde, beweist eine große Schüssel des englischen Keramikers Bernhard Leach aus dem Jahr 1935. Auf der unregelmäßigen Glasur hat Leach eine fast abstrakte Landschaft in japanischem Stil gemalt.

Oben: Diese Glasvase in Form einer Kolumbinenknospe mit aufgesetzten Blüten wurde von dem Art-Noveau-Künstler Emil Gallé geschaffen. Florale Motive waren im Art Nouveau und Jugendstil äußerst beliebt.

ostasiatische Kunstform, für die man sie hielt, sondern waren Verbrauchsgrafik, ähnlich unseren Ansichts- und Filmstarpostkarten. Auch das von Pierre Loti in seinen Büchern vorgestellte japanische Frauenideal der Madame Chrysanthème (*Okiku-san*), das Van Gogh begeisterte und schließlich in dem süßlichen Plagiat der Madame Butterfly gipfelte, beruht auf einer romantischen Verklärung der Realität. Aber selbst Auguste Rodin ließ sich von der Tänzerin Hanako fesseln.

Die Weltausstellungen in London, Paris und Wien mit ihren japanischen Beiträgen wirkten sich auf die verschiedenen Zweige des Kunsthandwerks im Westen aus. Der englische Architekt A. Godwin, ein Freund Whistlers, entwarf nach 1851 Möbel und Inneneinrichtungen mit geraden Linien und einfachen Oberflächen. Das Kunstgewerbe der Art Nouveau ließ sich hingegen seit 1890 von den kurvigen Linien und floralen Motiven japanischer Textilien und Papierschablonen, aber auch vom Farbenholzschnitt anregen. Noch in jüngster Vergangenheit stand der englische Keramiker Bernard Leach ganz unter dem Einfluß japanischer Gebrauchswaren für die Teezeremonie und übernahm deren dezente Glasuren und Emailfarben, die er mit provozierten Zufallseffekten beim Brand kombinierte.

Schon relativ früh übernahmen amerikanische Architekten gestalterische Prinzipien der japanischen Architektur, wie sich etwa an Bauten von Frank Lloyd Wright ablesen läßt. Die klimatischen Verhältnisse an der amerikanischen Westküste, die in starkem Maße japanische Einwanderer anzogen, kamen den Prinzipien des nach außen hin offenen japanischen Wohnbaus ohnedies entgegen.

Eine besondere Form des fruchtbaren westlichen Mißverständnisses muß noch erwähnt werden: Manche Künstler des Informel und des Action Painting beriefen sich in den fünfziger Jahren auf die Vorbildlichkeit der japanischen Kalligraphie. Marc Tobey setzte sich sogar mit der meditativen Geisteshaltung des Zen in Ostasien selbst auseinander. Tatsächlich besteht jedoch nur eine äußerliche und superfizielle Ähnlichkeit zwischen beiden Kunstrichtungen. Die japanische Pinselschrift, die zu den höchsten und anspruchsvollsten Kunstformen zählt, unterliegt strengen formalen und technischen Regeln, die nur nach jahrelangem täglichem Training gemeistert werden können. Spontaneität ist dem Kalligraphen erst nach völliger Beherrschung der Regeln möglich und erlaubt. Selbst die expressivsten kursivsten Schriftzeichen sind noch lesbar und sprechen ihre Bedeutung quasi «wörtlich» aus. Werke westlicher Maler wie Marc Tobey, André Masson oder Fritz Winter sind hingegen nicht wirklich lesbar, ja, sie können kaum als erkennbare Sinnzeichen interpretiert werden. Sie sind aber Ausdruck und Zeichen einer betont individuellen Verfassung, die sich unmittelbar ausspricht und letztlich keine anderen Regeln kennt als diejenigen der ganz persönlichen expressiven Fähigkeit und Gestaltungskraft.

Da es sich in beiden Fällen, der japanischen wie der westlichen Zivilisation, um bis zum Extrem entwickelte Hochkulturen handelt, konnten und können sich die Wechselwirkungen zwischen ihnen als ein echter Dialog auf hohem Niveau abspie-

«Das hat mit orientalischer Kalligraphie nichts zu tun. Für mich sind diese schwarzen Zeichen die Möglichkeit, auf einmal alles auszusagen.»
Pierre Soulages

Rechts: Der Kalligraph Iwasaki bringt mit ein und demselben Pinsel spontane Zeichen, sogenannte «Pinsel»- oder «Tuschespuren», aufs Papier. Aus deren Duktus lassen sich der Charakter und die augenblickliche Verfassung des Künstlers ablesen.

len. Beide Seiten profitieren noch heute davon, indem sie von dem anderen dasjenige selektieren, das der jeweiligen eigenen Situation entgegenkommt und das einen Schritt oder gar einen Sprung in der Weiterentwicklung möglich macht.

Oben: Mit einem breiten bürstenartigen Pinsel hat der chinesische Zen-Priester Xutang Zhiyu im Jahre 1266 die beiden Schriftzeichen ryô-shô («An die Wolken rühren») auf die leere Fläche des Papiers gesetzt. Strenge formale Regelhaftigkeit der lesbaren Zeichen und die vom Betrachter nachvollziehbare Unmittelbarkeit der Ausführung sind eine faszinierende Synthese eingegangen.

Links: Die «Komposition in Blau» (Busch-Reisinger-Museum, Cambridge, Mass.) des deutschen Künstlers Fritz Winter (1905 – 1976) mag zwar bei schneller Betrachtung an ostasiatische Kalligraphien erinnern – und ist vielleicht auch wirklich von ihnen inspiriert –, aber das Bild bleibt dennoch ein individuelles formales Spiel, dessen Sinn nicht ohne weiteres «lesbar» ist.

Unten: Gefäß. Fundort Uenohara, Präfektur Yamanashi. Im Besitz des Archäologischen Museums von Yamanashi.
Die vier aufwärts strebenden, mit Spiralen verzierten Henkel verleihen diesem Gefäß eine außergewöhnliche Form.

Am Anfang war die Form

Gegenüberliegende Seite: Jômon-Keramiken mit auffälligen, fein ausgearbeiteten Dekors. Von oben nach unten: Fundort Mukui, Bildungsausschuß der Stadt Toyko; Fundort Shakadô, Präfektur Yamanashi. Bildungsausschuß der Präfektur Yamanashi; Fundort Katzuraho, Präfektur Yamanashi. Bildungsausschuß von Misakamachii; Fundort Narahara, Toyko. Heimatmuseum der Stadt Haduôji.

Die ersten Bewohner Japans gelangten vermutlich zur Würmeiszeit über damals bestehende Landbrücken auf die Inseln. Während der Altsteinzeit hielten sie sich im Landesinneren auf. In der Jungsteinzeit zogen sie in Küstennähe, wo sie ungefähr 10 000 Jahre, bis ins dritte Jahrhundert vor unserer Zeitrechnung, von der Außenwelt abgeschnitten als Sammler, Fischer und Jäger lebten. Sie stellten Töpferwaren her, in denen sie ihr Essen kochten, und hinterließen sogenannte *Kaizuka,* mit Gräten und Knochen durchsetzte Muschelhaufen. Ihre «Jômon-Keramik» genannten Töpfereien, die sich durch eine erstaunliche Originalität in Form und Dekor auszeichnen, gaben der gesamten jungsteinzeitlichen Kultur Japans von 2500 bis 280 vor Christi ihren Namen.

Beispielhaft für die Keramiken der Jômon-Zeit ist der reiche Reliefdekor in Gestalt einer flammenartigen Spirale, der den Halsrand eines Trichtergefäßes schmückt und von dem man bis heute nicht genau weiß, ob es sich wirklich um eine Flamme handelt und welche symbolische Bedeutung diese Verzierung haben könnte. Im weiteren Verlauf der japanischen Kunstgeschichte trifft man nie wieder auf eine Form, die sich im Hinblick auf Energie, expressive Macht und Bewegung mit den Jômon-Keramiken messen könnte. Auch die anderen Kulturen der Jungsteinzeit, die auf dem europäischen wie dem asiatischen Kontinent und sogar im Südpazifik einen großen Reichtum aufweisen, haben keine vergleichbare Vielfalt und Originalität der Formen hervorgebracht.

Wenn man die Kunstgeschichte als die Geschichte der von Menschenhand geschaffenen Formen ansieht, dann beginnt die Geschichte der japanischen Kunst mit jener Epoche, in der diese eigenartig geformten Töpferwaren auf dem fernöstlichen Archipel erscheinen. Diese Keramiken erfüllten einen bestimmten Zweck, der bis zu einem gewissen Grad die allgemeinen Merkmale ihrer Form bedingte. Doch ein zum Kochen bestimmtes Gefäß kann mehrere hierzu geeignete Formen annehmen, und die nachweisbaren Unterschiede in den Gestaltungsformen lassen sich selten hinreichend durch diesen Gebrauchzweck erklären. Und so ist auch in den Formen der Jômon-Keramiken etwas enthalten, das auf einen künstlerischen Gestaltungswillen verweist und in ein symbolisches Bezugssystem eingebunden ist.

Besonders in den spezifischen Details der Keramiken – das heißt in sämtlichen Nuancen, die nicht funktional notwendig sind – verschafft sich ein gesellschaftliches Zeichensystem Geltung; hier hat man es mit Ausdrucksformen des persönlichen oder kollektiven Interesses zu tun, das ihre Schöpfer diesen Gegenständen haben zuteil werden lassen.

Betrachtet man die Jômon-Keramiken näher, erkennt man verschiedene Komplexitätsgrade im Dekor unterhalb der Gefäßöffnung, unter anderem flammenartige Dekors, wellenförmige Halsränder, mit Muscheln eingeritzte Muster und vor allem Spiralformen. Die komplexen Flammenformen von je unterschiedlichen Größen stehen im Regelfall in einem ausgewogenen Verhältnis zum gesamten Gefäßkörper. Gelegentlich aber beherrschen die verzierten Partien das ganze Gefäß. In diesen Fällen hat die Absicht, die Öffnungen zu verzieren, die Künstler offenkundig dazu verführt, die Struktur des Ganzen zu vernachlässigen.

Manche Gefäße weisen abstrakte, teils spiralförmige, teils plastisch hervorstechende Dekors auf, die von einem hochentwickelten ästhetischen Sinn sprechen. Angesichts der beschränkten technischen Voraussetzungen – das Fehlen von Töpferscheibe, Glasur und Brennofen – zeugen Rhythmus, Formenvielfalt und ausgewogene Proportionen bei der Gestaltung eines begrenzten Raumes eindeutig von einer ästhetischen Verfeinerung geometrischer Formgebung.

Im Hinblick auf die Formentwicklung ihrer Keramiken kann die Jômon-Epoche in fünf Abschnitte unterteilt werden. Die Erzeugnisse des Frühest-Jômon sind durch einen spitz zulaufenden Fuß und eine weite Öffnung charakterisiert. Manche haben eine konische Form oder sie wölben sich in dem Abschnitt zwischen Öffnung und Fuß. Andere zeichnen sich durch eine auskragende oder gewellte Öffnung aus, die mit-

unter noch komplexer verziert ist – beispielsweise ein Fundstück aus Nagawa in Sannohe (Präfektur Amori), dessen Muster mit Muscheln eingeritzt wurden. Dies weist darauf hin, daß die Neigung zur Verzierung der Halsrundung schon recht früh auftrat. Der Spitzfuß diente offensichtlich dazu, das Gefäß in den Boden zu stecken.

Im zweiten Abschnitt, dem Früh-Jômon, sind die Gefäße durch einen flachen Fuß und eine breite Öffnung gekennzeichnet. Die bauchigen Gefäßkörper sind bisweilen unterhalb der Öffnung verengt. In diesem Abschnitt und bis in die folgende dritte Phase des Mittel-Jômon hinein erscheinen in großer Zahl Keramiken mit höchst komplexen, um die Öffnung emporragenden Flammenmotiven.

Verschiedentlich erinnern die Verzierungen aus dem Mittel-Jômon an Schlangenmotive, so bei einem tiefen Gefäß mit schlangenförmigen Henkeln von der Fundstätte Miyashita (Hachiôji, Tokyo). Es ist nicht auszuschließen, daß der Schlange im religiösen Glauben der Jômon-Menschen eine sich vom Animismus herleitende Bedeutung zukam, die auch das Auftreten dieser Motive auf den Dekors der Keramiken erklären könnte. Allerdings fehlt uns der Schlüssel zur Entzifferung etwaiger symbolischer Botschaften, so daß diese er-

findungsreichen Arbeiten für den Menschen der Gegenwart allein von der außergewöhnlichen künstlerischen Ausdruckskraft der Jômon-Künstler zeugen.

Im Spät- und Spätest-Jômon schließlich wirken die Verzierungen regelmäßiger, es wurde offenkundig eine reinere, wohlproportionierte Form angestrebt. Einige Erzeugnisse aus der Zeit des Spätest-Jômon mit nur leicht eingeritzten Liniendekors markieren bereits den Übergang zur Yayoi-Zeit, so zum Beispiel die becherförmigen Gefäße von der archäologischen Fundstätte Hisanebetsu in Kamiiso auf Hokkaidô oder die Gefäße mit einem engen Hals, die in Matsubara in Sannohe (Präfektur Amori) gefunden wurden.

Trotz vielfältiger lokaler Unterschiede sind in den Formen der Keramiken deutlich Züge erkennbar, die auf eine übergreifende, zielgerichtete Entwicklung hindeuten. Dies gilt etwa im Hinblick auf die Tendenz zur formalen Vielfalt: Beginnend mit konischen, dann zylindrischen Formen, trifft man schließlich auf bauchige Gefäße mit engem Kragen. Und der Dekor wird im Bereich der Öffnung immer vielfältiger und erfindungsreicher, erreicht sein Höchstmaß an Komplexität im Mittel-Jômon und kehrt dann wieder zu größerer Schlichtheit zurück.

Über diese Entwicklung sind fast 10 000 Jahre vergangen – ein erstaunlich langer Zeitraum, der jedoch ein prägnantes Beispiel für diese langsame, zielgerichtete Evolution eines künstlerischen Stils gibt, wie er sich zu höchster Blüte entfaltet und danach allmählich an Originalität und Kraft verliert.

DIE BEDEUTUNG DES DEKORS UND DER FORM

Der Ausdruck «Jômon-Keramik» spielt auf den «Schnurabdruckdekor» *(jômon)* an, der durch das Eindrücken einer Schnur auf die Oberfläche der Keramik erzielt wird. Die Formen variieren je nach Lage der Schnur. Darüber hinaus wurden auch geschnitzte Holzstücke oder Muscheln verwendet, um einfallsreiche Verzierungen zu gestalten. Die meisten Dekors sind auf einem breiten, um das ganze Gefäß herumlaufenden Streifen nicht sehr tief eingedrückt. Um plastische und reliefartige Verzierungen zu bekommen, benutzte man auch Tonschnüre. Die charakteristischste

Gegenüberliegende Seite: Tongefäße mit Tülle. Fundort Kôde, Präfektur Chiba. Im Kulturzentrum der Stadt Matsudo. Die nachträglich angefügten Tüllen an diesen Kochgefäßen dienten vermutlich zum Abgießen des Muschel- oder Bratsuds.

Oben: Tongefäß. Fundort Michikihara, Präfektur Gumma. Diese tiefe Schüssel mit den auffälligen Lochungen um die Öffnung diente zur Sake-Herstellung.

Unten links: Gefäß. Fundort Jô-no-dai, Präfektur Chiba. Höhe: 27 cm. Im Regionalzentrum von Musashino, Tokyo. Die große Aufmerksamkeit, die der Mensch der Jômon-Zeit den Formen und Dekors seiner Keramiken widmete, steht in keinem funktionalen Zusammenhang mit deren Gebrauchszwecken.

Oben: Gefäß. Fundort Hanatoriyama, Präfektur Yamanashi. Höhe: 25,9 cm. Dokumentationsabteilung des Archäologischen Instituts der Universität Kokugakuin.

29

Oben und unten (Detail): Gefäß.
Fundort Tônai, Präfektur Nagano.
Höhe: 57,3 cm.
Ein Tongefäß von eigentümlicher Form,
dessen Leibung sich stufenweise verengt.
Das abstrakte rhythmische Dekormotiv,
das um das Gefäß herum verläuft, weist
von Stufe zu Stufe leichte Variationen
auf.

und häufigste Form ist die Spirale, die sich zumeist auf der Leibung oder um die Öffnung der Keramik herum findet und oftmals mit anderen Dekors, zum Beispiel kleinen oder großen konzentrischen Kreisen, verbunden ist.

Über die Bedeutung dieser Spiralmotive auf den Jômon-Keramiken besteht in der Forschung bis heute keine einhellige Meinung. Da die Jômon-Menschen an der Küste lebten, wo sie dem Fischfang nachgingen und Muscheln sammelten, ist nicht auszuschließen, daß ihre Vorliebe für diese Art von Verzierungen einen Reflex ihrer Alltagserfahrungen darstellte; denn die Spiralform erinnert an Wasserstrudel. Zahlreiche tiefe Gefäße mit Muschelornamenten sprechen ebenfalls für die Vermutung, daß in diesen Formen Motive aus der natürlichen Umwelt der jungsteinzeitlichen Japaner nachgeahmt wurden.

In anderen Fällen erinnert der Spiraldekor, wie schon angedeutet, stark an eine Schlange, etwa bei dem Beutelgefäß aus dem Mittel-Jômon von der Fundstätte Miyashita (Hachiôji, Tokyo). Daß eine Seeschlange das Vorbild dieses Dekors war, ist nicht auszuschließen.

Zu den frühesten Zeugnissen der japanischen Kultur zählen neben den Keramiken die *Dogû,* kleine menschenähnliche Figuren aus Terrakotta, die bei niedriger Temperatur gebrannt wurden. Die ältesten nachweisbaren *Dogû* stammen aus dem Frühest-Jômon, doch erst im Mittel-Jômon erhielten sie eine klar erkennbare menschliche Gestalt mit Augen, Nase, Rumpf und vier Gliedmaßen; in der Yayoi-Zeit wurden sie nicht mehr hergestellt. Manche dieser Figuren wirken äußerst abstrakt, stark «verzerrt», und ihr Geschlecht ist oft nicht zweifelsfrei bestimmbar. Überhaupt konnten nur weibliche *Dogû* identifiziert werden, es existiert keine eindeutig männliche Figur.

Möglicherweise hängt das Auftreten dieser Figuren mit der wichtigsten Errungenschaft dieser Zeit zusammen: dem Beginn des Ackerbaus. Auf jeden Fall deuten die *Dogû* auf eine weibliche Vorherrschaft im gesellschaftlichen Leben und einen damit zusammenhängenden Fruchtbarkeitskult hin. So sind beispielsweise schwangere Frauen aus dem Mittel-Jômon (Fundstätte Togariishi, Chino, Präfektur Nagano) oder Frauen mit schwellenden Brüsten und Hüften aus dem Spät-Jômon (*Kaizuka* von Shizuka, Edosaki, Bezirk Inashi, Präfektur Ibaragi) erhalten geblieben.

Auch die These, es handele sich bei den *Dogû* um Beschwörungsgegenstände, die das Gebären erleichtern sollten, liefert keine völlig überzeugende Erklärung. Sollten sie als Amulette oder Fetische gedient haben, stellt sich die – unbeantwortbare – Frage nach dem Warum und Wozu.

Die unüberbrückbare Kluft, die die Jahrtausende zwischen dem Menschen der Jungsteinzeit und dem der Gegenwart aufgerissen haben, macht ein Verstehen unmöglich. Da keine Zeugnisse über die Denk- und Vorstellungswelt des Jômon vorliegen, wird die Bedeutung der Dogû wie auch der erfindungsreichen Dekors dieser Zeit nie zweifelsfrei erschlossen werden können. Die ungeheure Formenvielfalt der Schöpfungen bringt es mit sich, daß jede geäußerte Vermutung durch zahlreiche Gegenbeispiele in Frage gestellt wird. Gerade die Kreativität der Jômon-Menschen ist also mitverantwortlich dafür, daß wir in vielerlei Hinsicht ihrer Kultur mit großem Unverständnis gegenüberstehen.

Manche Dogû-Figuren haben ein konkaves Gesicht, einem Teller ähnlich. Andere weisen nach oben hervortretende Augen oder einen dreifachen Mund beziehungsweise drei Finger auf – zum Beispiel die Figur aus dem Mittel-Jômon, die bei Kamikurukawa (Misaka, Bezirk Higashiyashiro, Präfektur Yamanashi) gefunden wurde. Die Brust dieser Statuette ist flach, ohne sichtbare weibliche Attribute.

Die Augen eines Dogû aus dem Spät-Jômon (Sonoo, Chiba) sind wie die einer Eule von konzentrischen Kreisen umgeben. Eine andere Figur wiederum ist hohl, der leicht gedrungene Körper hat zwei breite Arme, und das Gesicht besteht fast nur aus den vortretenden Augen, in deren Mitte eine waagerechte Linie eingeritzt ist.

Die Gestalt eines Dogû aus dem Spät-Jômon (Fundstätte Fujikabu, Oodate, Präfektur Akita) wirkt wie gemeißelt. Und in dem konkaven, herzförmigen Gesicht eines anderen Fundstücks aus dem Spät-Jômon (Fundstätte Gôhara, Bezirk Azuma, Präfektur Gumma) bilden Augen und Nasenlöcher runde Öffnungen, während die Arme waagerecht ausgebreitet sind. Die Beine und Hände sind nur rudimentär ausgebildet, und der sehr schmale, seitlich verschlankte Rumpf bildet einen Strich, der die Spreizung der Schenkel zusätzlich betont. Die ganze Figur ist von vollkommener Symmetrie und bis in die kleinsten Einzelheiten hinein durchgestaltet; zugleich erscheint diese Figur sehr viel abstrakter als beispielsweise jene mit den Eulenaugen.

Vergleicht man den zuletzt beschriebenen Dogû mit jenen Figuren, die unzweifelhaft weibliche Geschlechtsmerkmale erkennen lassen, dann zeigt sich die ganze Breite unterschiedlicher Abstraktionsgrade, die den Menschen der Jungsteinzeit für die Gestaltung ihrer Dogû-Figuren zur Verfügung stand.

Oben und unten (Detail): Gefäß. Fundort Tsunagi, Präfektur Iwate. Höhe: 50 cm. Im Besitz der Grund- und Mittelschule von Tsunagi. Dieser Krug, dessen Dekor sich ebenfalls durch ein Spiralmotiv auszeichnet, diente wahrscheinlich als Urne.

Folgende Seite: Flammenförmiges Tongefäß. Fundort Sasayama, Präfektur Niigata. Stadtmuseum Jukkamachi. Phantasievolle plastische Dekors wie auf diesem Gefäß zeugen von dem hohen ästhetischen Sinn der Menschen des Jômon.

Die Menschen, die vom asiatischen Festland kamen, um die japanische Inselgruppe zu besiedeln, lebten bis ungefähr zum zweiten Jahrhundert vor der Zeitenwende in völliger Abgeschlossenheit von der Außenwelt, ehe sie die ersten Einwirkungen der kontinentalen Kultur erfuhren. Auch jene Asiaten, die auf den amerikanischen Kontinent gelangten, bevor mit der Entstehung der Beringsee jede Verbindung zwischen den beiden Kontinenten abbrach, blieben annähernd 10000 Jahre unbeeinflußt von der Geschichte der übrigen Menschheit, bis zu Beginn des 16. Jahrhunderts die Spanier die Neue Welt entdeckten und die dort gewachsenen Zivilisationen zerstörten.

Die asiatischen Kulturen scheinen auf beiden Seiten des Pazifiks etwa zur selben Zeit, zwischen 7000 und 6000 vor unserer Zeit, begonnen zu haben, sich in Dörfern anzusiedeln und einen primitiven Ackerbau zu betreiben. Die Jômon-Menschen begannen schon sehr früh, Keramiken herzustellen, während die ältesten aus Mittelamerika überlieferten irdenen Statuetten aus der Zeit um 2000 vor unserer Zeit stammen. Obwohl beide Kulturen im Grunde wenig gemein haben, erscheint ein Vergleich dennoch reizvoll – allein aufgrund der Tatsache, daß es sich in beiden Fällen um isolierte Kulturen handelte: Sie liefern auf jeweils eigentümliche Weise prägnante

Beispiele dafür, wie sich Zivilisationen entwickeln, die keine befruchtenden Einflüsse von außen erfahren.

In technischer Hinsicht entdeckten beide Kulturen den Ackerbau, der besonders in Mittelamerika einen hohen Entwicklungsstand erreichte. Beide bearbeiteten Holz und Stein zur Herstellung von Werkzeugen und Waffen. Hingegen wurde Metall in der Kultur der Jungsteinzeit nur zur Anfertigung von Schmuck verwendet. Zum Transport riesiger Steinblöcke behalf man sich in Mittelamerika mit Hebeln, hölzernen Rollen und Stricken, das Rad wurde nicht benutzt. Damals kannte man kein Mittel, die geradlinige Bewegung in eine Drehbewegung zu verwandeln und umgekehrt.

Für die Energiegewinnung setzten die Menschen ausschließlich ihre Muskelkraft ein. Es gibt keine Hinweise auf die Verwendung von Pferden und Ochsen als Zug- oder Lasttieren. Techniken zur Nutzung der Naturkräfte wie Wasser oder Wind waren ebenfalls unbekannt, es wurden weder Mühlen noch Segelschiffe gebaut. Die Schrift ist auf dem japanischen Archipel zur Jômon-Zeit nicht nachzuweisen, wohingegen die Maya-Kultur in Mittelamerika während ihrer sechs- bis siebenhundertjährigen Blüte auf der Halbinsel Yucatán und in den tropischen Wäldern des heutigen Guatemala sie wie auch die Mathematik kannte.

Zu der Zeit, als die kontinentale Kultur allmählich einen stärkeren Einfluß auf das

Unten: Der Schweizer Designer Luigi Colani betrachtet die flammenförmige Keramik, deren Form Menschen in der ganzen Welt und über alle Zeiten hinweg unmittelbar anspricht.

Unten links: Tongefäß mit Henkel. Fundort Sugikubo, Präfektur Kanagawa. Höhe: 20 cm. Im Inneren des Gefäßes gefundene Rußspuren und Reste eines Dochts lassen vermuten, daß dieses Gefäß als Lampe diente.

Unten rechts: Schale. Fundort Sannouchi. Höhe: 15 cm. Im Besitz des Regionalzentrums der Präfektur Amori.

Gegenüberliegende Seite links: Keramik in Form eines Meeresungeheuers. Fundort Bibi 4, Hokkaidô. Höhe: 31,2 cm. Kulturzentrum Chiba. Während der Jungsteinzeit lebten die Bewohner des japanischen Archipels als Fischer, Sammler und Jäger in Meeresnähe. Viele Dekors ihrer Keramiken erinnern an Muschelmotive. Auch dieses Gefäß in der Gestalt eines Meeresungeheuers ist eine Reflexion der Lebenswelt der Jômon-Menschen.

jungsteinzeitliche Japan auszuüben begann, stellten die Chinesen längst Gegenstände aus Eisen her, wozu sie bereits seit 400 vor unserer Zeit in der Lage gewesen sein sollen. Auch benutzten sie Zug- und Lasttiere einschließlich des Pferdes, kannten Bautechniken unter Verwendung von Holz und Lehm und betrieben einen hochentwickelten Ackerbau, darunter den Reisanbau auf bewässerten Feldern. Sie beherrschten ihre bis auf den heutigen Tag fast unverändert gebliebene Schrift, die

logie». Aufgrund ihrer militärischen Überlegenheit und vor allem ihrer Rücksichtslosigkeit gelang es einer Handvoll spanischer Soldaten unter Führung von Hernando Cortez, die Azteken zu unterwerfen und ihre hochentwickelte Zivilisation zu zerstören.

Es ist bekannt, daß Japan seit der Yayoi-Epoche und auch in späterer Zeit, vor allem seit dem 7. Jahrhundert, das einen wahren Wissensdurst hervorbrachte – das

Oben: Jômon-Gefäß (Detail). Fundort Shakadô, Präfektur Yamanashi. Höhe: 55 cm. Museum von Shakadô. Die Dekors vieler Jômon-Keramiken zeichnen sich durch einen hohen Abstraktionsgrad aus, der auf ein ihnen zugrundeliegendes symbolisches Zeichensystem schließen läßt.

ihnen zu einer umfangreichen Dokumentation ihrer Kultur diente.

Die Aztekenkultur in Mittelamerika entwickelte sich seit der Jungsteinzeit. Ihre erste Begegnung mit fremden Kulturelementen fand erst im 16. Jahrhundert mit der Ankunft der Spanier statt. Die Spanier ritten zu Pferde, verfügten über Eisenschwerter und Feuerwaffen und glaubten an eine alles andere ausschließende «Ideo-

Land unterhielt zu dieser Zeit Botschaften am Hof der Sui und Tang –, und dann bis in die Heian-Zeit (794–1185) hinein schrittweise kontinentale Techniken übernahm. Anders als im Fall der mittelamerikanischen Kulturen gelang es den Japanern jedoch, ihre Eigenständigkeit weitgehend zu bewahren. Sie wurden von keiner fremden Nation kolonisiert, und die Übernahme von Errungenschaften der Festlands-

Unten: Tongefäß. Fundort Hanesawa, Präfektur Saitama. Höhe: vermutlich 55 cm. Städtisches Kulturzentrum Fujimi.
Die Henkel dieser Keramik stellen den Kopf und den Schwanz eines Flugeichhörnchens dar.

Unten: Tongefäß. Fundort Goshomae, Präfektur Yamanashi. Höhe: 58 cm. Städtisches Kulturzentrum Sudama. Diese Keramik erinnert stark an den Körper einer Gebärenden.

35

Rechts: Gefäß. Fundort Unoki,
Präfektur Niigata. Höhe: 23 cm.
Städtisches Museum Nagaoka.
Die Muster wurden den Keramiken
eingeprägt, indem ihre Schöpfer einen
plastischen Prägestock über die Leibung
rollten. Dieses Gefäß weist eine Abfolge
sich wiederholender ovaler und
zackenförmiger Motive auf. Weiterhin
sind Karos, Rauten und Schachbrett-
muster zu erkennen.

Unten: Federförmiger Schnurdekor.
Fundort Fukuda, Präfektur Amori.
Landwirtschaftsschule Nakui.
Der V-förmige, an die Feinstruktur einer

kultur brachte deshalb auch nicht die gänz-
liche Preisgabe der über Jahrhunderte gewachsenen Sitten, Bräuche und Techniken
mit sich.

Das Verharren einer isolierten Kultur
auf einer bestimmten Entwicklungsstufe
bedeutet nicht zwangsläufig einen Still-
stand des technischen Fortschritts. Vielmehr kann eine überlieferte, wenn auch
veraltete Technik sich innerhalb vorgege-
bener Grenzlinien stetig weiterentwickeln.

Der Sprung von einer technischen Entwicklungsstufe zur nächsthöheren jedoch
ist normalerweise nicht das Ergebnis einer
Vervollkommnung des Tradierten in einem
vorgegebenen Rahmen, sondern er resul-
tiert aus einem grundlegenden Wechsel der
Prinzipien, die diesen Rahmen bestimmen.
Eine «technische Revolution» in diesem
Sinne hat weder auf dem japanischen Archipel noch in Mittelamerika stattgefun-
den, und sie ist innerhalb einer isolierten

Feder erinnernde Dekor entsteht, indem
eine Kordel von jedem Ende aus nach
rechts und nach links abgerollt wird.

Kultur generell eher die Ausnahme. Tiefgreifende kulturelle Veränderungen setzen nämlich fast zwangsläufig den Kontakt mit andersartigen Kulturen voraus: Jede fremde Kultur zeichnet sich durch andere Auffassungen über die grundlegenden Fragen des menschlichen Lebens aus, und allein dadurch schon lehrt sie uns, daß andere Werte und andere technische Systeme als die uns vertrauten existieren. Fehlt dieses Bewußtsein, dann ist es sehr schwer, von den Vorfahren überlieferte Ansichten und Denkweisen aufzugeben.

In China stand das Volk der Han, das stets der Bedrohung durch Völkerscharen aus dem Norden ausgesetzt war, dank seiner Handelsbeziehungen in Kontakt mit der westlichen Zivilisation, die ihm Anregungen lieferte. Auch das Ägypten des Altertums wurde, obgleich es seine eigenständige Kultur bewahrte, durch eine ganze Reihe anderer mediterraner Kulturen be-

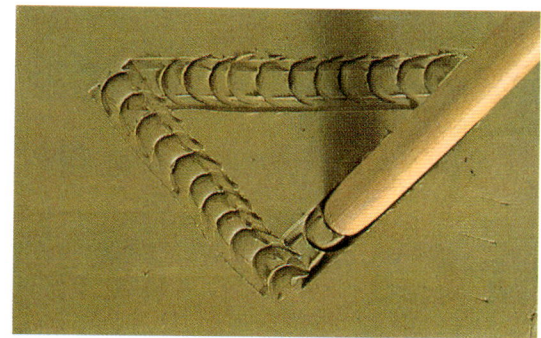

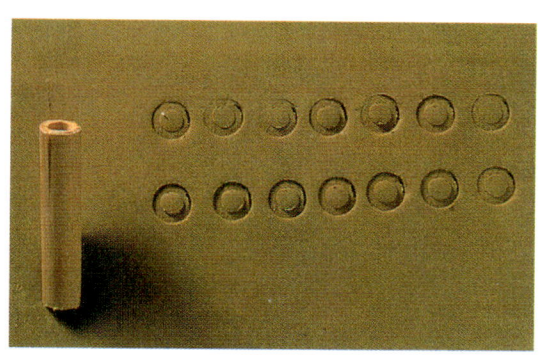

Oben: Um Muster aus geraden und zackenförmigen Linien zu erstellen, drückt man den unregelmäßigen Rand einer Muschel in Ton.

Unten: Zahlreiche Muster auf den Jômon-Keramiken entstanden durch das Einprägen des Muschelrückens in den Ton. Hierzu verwendete man hauptsächlich zweischalige Muscheln mit plastisch hervortretenden Streifen oder die Spitzen von Schneckenmuscheln.

Die Abbildungen oben sind paarweise zu betrachten.

Oben: Durch das Aufdrücken eines längs geteilten Bambusstöckchens entstehen C-förmige Einkerbungen.

Mitte: Diese kreisförmigen Muster entstehen, indem der Künstler ein Bambusstöckchen mit der

Schnittkante auf die Oberfläche einer Keramik drückt. Hier wird eine in der Natur vorgefundene Form ohne jegliche Abwandlung übernommen.

Unten: Diese geometrischen Muster und harmonischen Kurven wurden ebenfalls mit einem längs halbierten Bambusstöckchen eingekerbt.

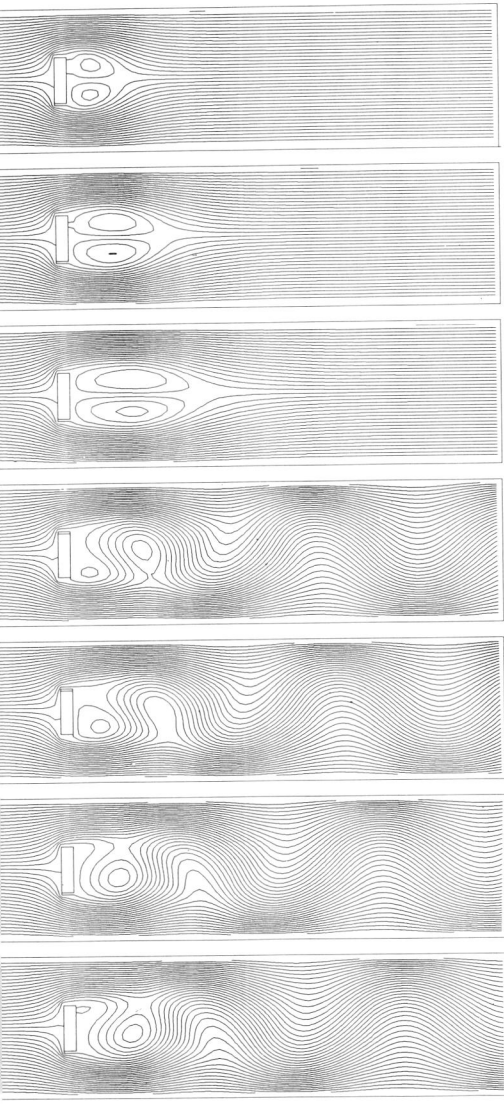

Strömung entsteht und durch zwei parallele Reihen von Wirbeln mit einander entgegengesetzter Drehrichtung gekennzeichnet ist (Computersimulation des Forschungsinstituts für Strömungsdynamik an der Technischen Fakultät der Universität Tôkai). Die Dekors der Jômon-Keramiken erinnern oft auf frappierende Weise an diese erst Jahrtausende später wissenschaftlich erforschten Naturphänomene. Da sich das Leben der jungsteinzeitlichen Japaner überwiegend in Meeresnähe abspielte, ist nicht auszuschließen, daß diese Formen das Ergebnis einer erstaunlich präzisen Naturbeobachtung sind.

einflußt, vom antiken Griechenland einmal ganz zu schweigen. In all diesen Regionen führten die Begegnungen der Kulturen zu – teilweise gewaltigen – Entwicklungsschüben, und sie zogen ausnahmslos auch bedeutsame technische Neuerungen nach sich, zumindest für die jeweils rückständigen Zivilisationen.

In der Kultur Mittelamerikas bildete sich in eigenständiger Weise eine komplexe und hierarchisierte Gesellschaft heraus, in der es einen König, Soldaten, Priester und arbeitende Untertanen gab. Eine Mythologie, welche die Sonne, den Regen, den Mais, die Schlange und den Jaguar vergöttlichte, stützte diese Gesellschaftsorganisation.

Außerdem entwickelten die Mayas eine Schrift und ein mathematisches System, und sie besaßen hervorragende astronomische Kenntnisse sowie einen genauen Kalender. Das sind Errungenschaften, die den Vergleich mit der Kultur des alten Ägypten, nicht aber mit der jungsteinzeitlichen Jômon-Kultur herausfordern.

Die Eingeborenen Mittelamerikas haben eine große Zahl von Pyramiden und Tempeln hinterlassen, in der Küstenregion von Vera Cruz, in den mexikanischen Hochtälern in über 2000 Meter Höhe, in der Region von Oaxaca, nahe der südlichen Grenze Mexikos, und im tropischen Regenwald in der Nähe von Yucatán. Diese vier Regionen bildeten das Zentrum der präkolumbischen Kultur. Über 3000 Jahre hinweg, das heißt von 1500 vor unserer Zeit bis etwa ins Jahr 1500, entwickelten sie sich mehr oder weniger unabhängig voneinander, und sie erreichten in der Zeit zwischen 300 und 900 nach Christi Geburt ihre klassische Epoche.

Zu den faszinierendsten Zeugnissen der mittel- und südamerikanischen Kulturen zählen die Tempel und Pyramiden. Diese Bauten können auch vereinzelt stehen, aber in den meisten Fällen bilden sie ein Ensemble. Sie befinden sich in der Mitte eines weitläufigen Hofes und sind – etwa in Teotihuacán – untereinander durch Alleen verbunden. Im Idealfall sind diese Alleen symmetrisch angelegt, tatsächlich aber sind viele Abweichungen von diesem Muster festzustellen. Die Grundfläche der Pyramide kann rechteckig oder quadratisch sein, darüber erheben sich vier steile Steintreppen. Auf der Plattform der Pyramide steht der eigentliche Tempel.

Im Lauf der Jahrhunderte sind die Tempel größtenteils verschwunden, übrig blieben nur die Pyramiden, die ihnen als Stützen dienten. Allerdings gibt es Ausnahmen, bei denen ein steinerner Tempel restauriert oder wiederaufgebaut wurde. Aus diesen Fällen läßt sich erschließen, daß die Mauern Stuckreliefs aufwiesen und die Decken im Innern, die aus aneinandergefügten Steinen bestanden, nach oben spitz zuliefen und eine sogenannte auskragende Maya-Wölbung bildeten.

Die senkrechten Flächen der Stufen sind meist ebenfalls mit Reliefs geschmückt, aber auch hier gibt es Abweichungen. Manchmal finden sich kleine Nischen, wie zum Beispiel in El Tajín. In seltenen Fällen ist die Grundfläche der Pyramide oval, die vier Dachkanten sind gebogen und die Treppen mit stufigen Vorbauten versehen, die zum Tempel auf der Plattform führen.

Die großen Tempelanlagen werden fast immer von Nebenanlagen flankiert, die früher unterschiedlichen Zwecken dienten: Sie waren Wohngebäude für Priester, Paläste und Turnierplätze.

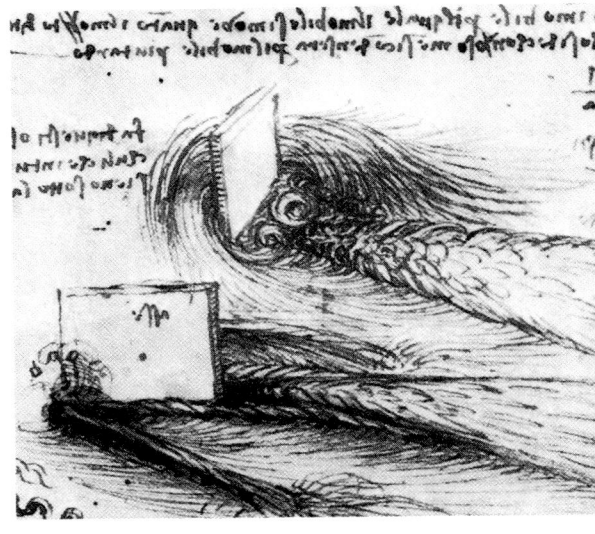

Oben: Diese wissenschaftliche Zeichnung Leonardo da Vincis (um 1507) hat die Wirbelbewegung des Wassers zum Thema. Abermals überrascht die Ähnlichkeit zu den Dekors der Jômon-Keramiken.

Aber nicht nur große architektonische Ensembles, auch hervorragende Kunstwerke sind zu würdigen. Das anschaulichste Beispiel hierfür ist die Stätte Uxmal auf der Halbinsel Yucatán mit ihrer Tempelanlage. Oben, auf einem kleinen Hügel, öffnet sich ein Gebäude auf einen rechteckigen Innenhof hin, steinerne Stufen führen zu einem

Garten hinab. Steht man in diesem Garten, ist man auf allen Seiten von Steintreppen umgeben, oberhalb derer sich die Gebäude erheben.

Die Spanier nannten diese Anlage «Nonnenkloster», weil sie sich an die Klöster ihrer Heimat erinnert fühlten. Die tatsächliche Bestimmung des Gebäudes ist bis heute unbekannt geblieben. Die Fassade ist in zwei gleich große Friese aufgeteilt. Die fenster- und schmucklose untere Hälfte besitzt mehrere quadratische Eingänge. Die ebenfalls fensterlose obere Hälfte ist mit Reliefs bedeckt. Auf drei Flügeln stellt dieser überbordende Schmuck Götter und Tiere dar, während der Ostflügel des Bauwerks schlichter gehalten ist.

In der unteren Hälfte befinden sich fünf Eingänge, die jeweils zu einem Raum gehören. Zu beiden Seiten und über dem Haupteingang ist ein etwas komplizierterer Schmuck zu erkennen, der kleine Karos sowie beidseitig in gleichem Abstand einen Dekor aus umgekehrten Trapezen aufweist. Aus der Nähe betrachtet, stellt die waagerechte Linie dieses Motivs eine doppelköpfige Schlange dar, aber aus größerem Abstand wirken die sechs Trapeze völlig abstrakt und geometrisch.

Die Struktur des Reliefschmucks in der oberen Hälfte der Mauer und seine harmonische Beziehung zur schlichten unteren Hälfte, das Verhältnis von Breite und Höhe der Gebäudefassade sowie das ausgewogene Gleichgewicht der gesamten Anlage sind einfach bewundernswert. Der Plan dieses in sich geschlossenen architektonischen Raumes, wie er sich aus der horizontalen Linie seiner Treppen, seinen Proportionen, der Harmonie seiner Gebäude sowie der Größe des inneren Gartens zusammensetzt, wirkt in sich vollendet.

Verglichen mit diesen imposanten Bauten im geheimnisumwitterten Wald von Uxmal wirken die kulturellen Leistungen der Jômon-Zeit bescheiden. Doch wie schon gesagt geht es hier nicht um einen wertenden Vergleich zweier Kulturen, die weder geographisch noch historisch vergleichbar sind, sondern darum, anhand zweier Beispiele zu zeigen, welche Entwicklungen Kulturen nehmen können, die in keinem nennenswerten Kontakt mit der Außenwelt stehen.

Im übrigen war der Mensch der Jômon-Zeit im Rahmen seiner Möglichkeiten ausgesprochen schöpferisch: Er hinterließ der Nachwelt Keramiken von einem außergewöhnlichen Formenreichtum, die im Hinblick auf Qualität und Originalität jedem Vergleich mit den Keramiken des asiatischen Festlandes standhalten.

Auffällig ist weiterhin, daß sich die Ausdruckswerte der Jômon-Keramiken ständig verfeinerten. Dies überrascht um so mehr, als die mangelnde technische Innovationskraft, die diese Kultur auszeichnete, außer Frage steht. Freilich geht künstlerische Kreativität nicht zwangsläufig mit technischen Innovationen einher, sondern sie steht vielmehr in einer äußerst engen Beziehung zu einem großen Erfindungsreichtum innerhalb eines vorgegebenen Rahmens: Künstler schaffen eine neue Form, weil sie die Dinge neu sehen, nicht weil sie über neue Themen, neue Materialien oder neue Werkzeuge verfügen. Man kann sogar sagen, daß gerade durch die Einschränkungen im Hinblick auf Themen, Materialien und Werkzeuge die Verfeinerungen des Ausdrucks allererst möglich werden. Vermutlich hat Phidias den Stil der griechischen Plastik gerade deshalb zu seiner höchsten Vollendung gebracht, weil er die-

Oben: Gefäß. Fundort Katsurano, Präfektur Yamanashi. Höhe: 59 cm. Städtisches Kulturzentrum Misaka. Die Oberfläche des Gefäßes ist mit Wirbeln übersät. Die auf bestechende Weise nachgeahmte Strömung des Wassers (links) zeugt von einer scharfen Beobachtungsgabe des Künstlers, der diese Keramik schuf.

Unten links: Detail eines Gefäßes mit Spiraldekor. Fundort Mukui, Tokyo. Bildungsausschuß der Stadt Tokyo.

Unten rechts: Gefäß. Fundort Chôja-gahara, Präfektur Niigata. Städtisches Dokumentationszentrum für Geschichte und Volkskunst der Stadt Itoigawa. Das Hauptmotiv besteht aus einem S-förmigen Wirbel, von dem immer größere Wellen auszugehen scheinen.

selben Themen — die Götter der griechischen Mythologie — behandelte und dasselbe Material (den Marmor) sowie dasselbe Werkzeug (den Meißel) wie die Bildhauer des 5. vorchristlichen Jahrhunderts verwendete. Die Nähe zu seinen Vorläufern führte Phidias zu der einmaligen Verfeinerung seiner Ausdrucksmittel, die den Schöpfungen dieses Künstlers ihren herausragenden Rang verleihen.

Die Jômon-Menschen im Osten Japans haben entsprechend über Jahrtausende hin ihre Keramiken unter nahezu unveränderten technischen Bedingungen hergestellt. Und gerade weil sie an ihre traditionellen Methoden «gefesselt» waren, konnten sie ihr Hauptaugenmerk auf den künstlerischen Ausdruck legen und immer originellere Formen schaffen.

Als sich dann mit der Töpferscheibe und neuen Brandtechniken äußere Einflüsse Geltung verschafften, verlor die japanische Keramikkunst ihre Originalität und fand erst über tausend Jahre später zu vergleichbarer Kraft zurück. Auf ähnliche Weise büßte die Kultur Mexikos ihren eigentümlichen Reiz ein, als die Mexikaner begannen, Marienbildnisse in Öl zu malen statt Quetzalcóatl in Stein zu hauen. Erst vierhundert Jahre danach, als man sich revolutionär gegen die Nachkommen der europäischen Eindringlinge erhob, brach sich eine gewisse Originalität in der Ölmalerei Bahn — wofür beispielsweise die beeindruckenden Wandmalereien Diego Riveras zeugen.

Vor der Einführung von Töpferscheiben und Hochtemperaturöfen in Japan entwikkelte sich jedoch zunächst die Yayoi-Kultur. Von diesem Zeitpunkt an bestimmte der kontinentale Einfluß die Entwicklung der japanischen Kultur.

VON DER JÔMON- ZUR YAYOI-KULTUR

Die japanische Keramik ging nicht von einem Tag auf den anderen vom Jômon- zum Yayoi-Stil über, und selbst in der Epoche, in der Erzeugnisse im Yayoi-Stil in Westjapan bereits vorherrschten, wurden immer noch *Dogûs* und Jômon-Keramiken

Rechts: Die Maya-Kultstätte Uxmal auf der Halbinsel Yucatán in Mexiko stellt Historiker und Archäologen noch bis in die Gegenwart hinein vor große Rätsel.

41

41

in westlichen und nördlichen Teilen von Kantô, besonders aber im Norden von Tôhoku und auf der Insel Hokkaidô hergestellt. Die Yayoi-Keramik trat in Verbindung mit dem wachsenden Einfluß der kontinentalen Kultur auf, der zwischen dem Ende des dritten und dem Beginn des zweiten Jahrhunderts vor Christi über die koreanische Halbinsel nach Japan vordrang. So griff der Yayoi-Stil zunächst auf den Norden Kyûshûs über und dehnte sich von dort auf Kinai aus.

Die japanische Kultur, die unter dem Einfluß der kontinentalen Kultur stand, wurde durch zwei Neuerungen entscheidend geprägt: Zum einen durch die Einführung des Reisanbaus auf bewässerten Feldern, zum anderen durch die Übernahme von Metallwerkzeugen und Waffen, vor allem Schwertern, Hellebarden sowie Spiegeln. Parallel dazu entwickelte sich die schlichtere Yayoi-Keramik, die vermutlich von koreanischen Vorbildern beeinflußt war.

Dem gegenwärtigen Stand der Forschung zufolge sind Spuren primitiven Ackerbaus bereits in der Jômon-Zeit nachweisbar, desgleichen eine Tendenz zur Ansiedlung in Dörfern, und auch der Reis ist gegen Ende dieser Epoche bekannt. Aber im japanischen Archipel fehlt die Entwicklung weiterer wichtiger Mittel der Nahrungssicherung, wie sie sich etwa mit dem Anbau der Süßkartoffel im südlichen Pazifik oder des Weizens und der Hirse im nordwestlichen Asien nachweisen läßt. Der Ackerbau in Japan hat unter dem Einfluß des höher entwickelten Festlands gewissermaßen eine Stufe «übersprungen» und sofort mit dem Reisanbau auf bewässerten Feldern begonnen.

Ohne Kontakte zu einer höher entwickelten Kultur hätte dieser «Sprung» ebensowenig erfolgen können wie beispielsweise die Entwicklung von Metallwerkzeugen. Bronze wie auch Eisen wurden zunächst aus Korea importiert. Japan kam also zur Yayoi-Zeit unmittelbar mit der Kultur der Eisenzeit in Berührung, zumindest im Hinblick auf Ackerbaugeräte, Werkzeuge und Waffen wurde die Bronzezeit auf dem Archipel übersprungen.

Bekanntlich kommt der Verbreitung des Reisanbaus auf bewässerten Feldern in kultureller und sozialer Hinsicht eine große Bedeutung zu. Mit ihm verbinden sich die Intensivierung der Arbeit, das Arbeiten in der Gemeinschaft als Folge der festen dörflichen Siedlungsweise sowie die daraus erwachsende Notwendigkeit zur Ausbildung von Gemeinwesen.

Die von Wassergräben umgebenen Siedlungen, die in der Yayoi-Zeit aufkamen, bezeugen die Existenz von lokalen Gemeinschaften, die über Bewässerungstechniken verfügten. Die physische Grenze zwischen der Binnenwelt des Dorfes und der Außenwelt spiegelte in gewissem Maße auch die soziale Grenze wider, die zwischen den durch das Gemeinschaftssystem geeinten Dorfbewohnern und allen anderen bestand. Die Gemeinschaft wurde zum Träger der Riten, sie veranstaltete beispielsweise die Hochzeiten sowie die Beerdigungen auf einem gemeinsamen Friedhof. Es

war nur eine Frage der Zeit, bis die Gemeinschaft eine wichtige soziale Einheit wurde, die auch die Kontakte mit der Außenwelt regelte. Und so war es fortan auch die soziale Gruppe und nicht mehr das Individuum, die Keramiken herstellte und über ihre Beschaffenheit und Zweckmäßigkeit wachte.

Sobald die anfänglich importierte Bronze in Japan selbst hergestellt wurde, änderten sich Form und Gebrauch der aus diesem Material hergestellten Gegenstände. Das schmale und dünne kontinentale Schwert wurde in Japan breit und imposant. Es diente weniger als Waffe denn als Prestigesymbol.

Gegenüberliegende Seite links: Skulptur mit dem Gesicht des Regengottes Chac, der mit einer langen, rüsselartigen Nase dargestellt wurde. Chac galt einerseits als gütiger Gott, der den Regen brachte und für ertragreiche Ernten sorgte, war andererseits aber auch für Stürme und Überschwemmungen verantwortlich.

Gegenüberliegende Seite oben rechts: Die Fassade des «Nonnenklosters» von Uxmal.

Gegenüberliegende Seite Mitte: Dogû. Fundort Shakadô, Präfektur Yamanashi. Archäologisches Museum der Grabungsstätte Shakadô. Allein an diesem Fundort wurden über sechshundert Dogû ausgegraben, davon viele mit eindeutig weiblichen Attributen.

Gegenüberliegende Seite unten: Wirbelmuster in Uxmal. Im alten Mexiko symbolisierten die Wirbel das Wasser sowie die Götter der Gewässer und des Regens.

Oben links und rechts: Gefäße. Fundort Shakadô, Präfektur Yamanashi. Archäologisches Museum von Shakadô. Die Dekors dieser beiden Gefäße zeugen von dem ausgeprägten Sinn der Jômon-Künstler für Symmetrie und Proportionen.

Unten (von links nach rechts):
Bronzeschwert. Fundort Kotsuji bei
Saitan, Präfektur Hyôgo. Länge: 20 cm.
Staatliches Museum für Geschichte und
Volkskunst; Bronzehellebarde. Fundort
Keikaen, Präfektur Nagasaki. Länge:
54,3 cm. Kunstmuseum der Präfektur
Nagasaki; Bronzesäbel. Sakura-ga-oka,
Kôbe, Präfektur Hyôgo. Länge:
28,9 cm. Städtisches Kulturzentrum
Kôbe.

Der kleinformatige koreanische *Dôtaku* war ursprünglich ein Musikinstrument gewesen. Der reich verzierte *Dôtaku* des Yayoi-Stils nahm an Größe und Gewicht zu und büßte dadurch diese ursprüngliche Funktion ein. Seine plastischen Verzierungen behandelten die Themen der Jagd, der Haus- und Feldtiere sowie der Insekten. Das System des Gemeinschaftslebens verwandelte so den *Dôtaku* in ein Objekt des Ackerritus.

Schon bei ihrer Einführung in Japan wurden also die Schwerter und die koreanischen Musikinstrumente zu symbolischen Objekten, die einem kultischen Zweck dienten. Entsprechend wurde auch der Spiegel nicht vorrangig zum Schminken benutzt, sondern er war in Japan, wie auch in China, ein magischer Gegenstand. Die «drei Regalien» – Schwert, Spiegel und Kleinod –, die in einer späteren Epoche zum Symbol der kaiserlichen Familie wurden, stellen vermutlich eine Weiterentwicklung dieser Tradition dar, vom Festland importierten Gebrauchsgegenständen eine rituelle oder magische Funktion zu verleihen.

Die Yayoi-Keramik weist drei Hauptformen auf, deren jede einem bestimmten Gebrauchszweck entspricht: Die Krüge dienten zum Aufbewahren der Nahrung, die beutelartigen Gefäße zum Kochen und die Schüsseln zum Anrichten. Die Keramiken sind braunrot, bisweilen schwarz, bei niedriger Temperatur gebrannt, aber härter als diejenigen der Jômon-Zeit. Im Gegensatz zu diesen haben die Yayoi-Tongefäße weiterhin auch keine gewellten Öffnungen, wenig plastische Verzierungen, und ihre Formen sind im allgemeinen schlicht und harmonisch. Die einfachen Dekors zeigen feinlinige, geometrische Motive, wobei diese geraden Linien zumeist um Hals und Leibung herum verlaufen. Da es auch Zwischenformen gibt, zum Beispiel Yayoi-Keramiken mit Jômon-Dekors, sind die beiden Stile mitunter nicht leicht auseinanderzuhalten. Aber insgesamt betrachtet zeigen die Keramiken der Jômon- und der Yayoi-Zeit große Gegensätze, die deutlich auf die unterschiedlichen Rahmenbedingungen verweisen, unter denen sich beide Kulturen entwickelten. Die eine hat reichen Schmuck und eine eigentümliche Form, die den Eindruck heftiger Bewegung vermittelt; die andere ist nur sparsam verziert und zeichnet sich durch eine ruhige und ausgewogene Form aus, die zwar nicht sonderlich originell ist, aber Ruhe, Schönheit und Harmonie ausstrahlt.

Vom kunstgeschichtlichen Standpunkt kann man behaupten, daß die Yayoi-Kultur dem kraftvollen Stil der Jômon-Keramik eine abstrakte und maßvolle Ästhetik entgegengesetzt hat, die für alle Hervorbringungen dieser Epoche charakteristisch ist. Diese Ästhetik und das um den Reisanbau zentrierte System des Gemeinschaftslebens wurden in den folgenden Jahrhunderten zu prägenden Elementen der Kultur des japanischen Archipels.

Gegenüberliegende Seite rechts: Dôtaku aus Bronzeguß mit dem Motiv des fließenden Wassers. Fundort Kebi bei Toyooka, Präfektur Hyôgo. Höhe: 45 cm. Staatliches Museum Tokyo.

Ganz oben: Details eines bronzenen Dôtaku mit reliefartigem Dekor.

Oben: Bronzespiegel. Fundort Tateiwa, Präfektur Fukuoka. Geschichtliches Dokumentationszentrum von Iizuka. Dieser chinesische Spiegel aus der späten Han-Zeit in China war der Urne einer hochgestellten Persönlichkeit beigegeben.

Begegnung der Götter und der Buddhas

Die frühen japanischen Gottheiten hatten keine sichtbare Gestalt, Götter wurden nicht dargestellt. Vermutlich gab es auch keine Heiligtümer als deren bleibende Stätten. Erst mit der Einführung des Mahayana-Buddhismus im 6. Jahrhundert entstanden in Japan Tempel, und gleichzeitig lassen sich erste Versuche einer bildlichen Götterdarstellung nachweisen.

Um die Geschichte der japanischen Kultur zu verstehen, die trotz des Buddhismus und anderer vom Festland übernommener kultureller Faktoren eine fortdauernde schöpferische Eigenkraft bewies, muß man sich ein Bild von den Sitten und Gebräuchen sowie von der historisch-politischen Lage Japans zum Zeitpunkt der ersten Berührung mit den fremden Kulturen machen. Mit einem Wort, man benötigt einen Begriff von der Weltsicht der Urbewohner des Inselreichs vor der Einführung des Buddhismus.

Erforderlich ist dies, weil der japanische Buddhismus frühere Formen der Frömmigkeit nie völlig verdrängen und auch die nichtbuddhistischen Gottheiten nicht gänzlich aufsaugen konnte; statt dessen entwickelte sich ein Synkretismus aus unterschiedlichen Glaubensinhalten, der dem geistigen Leben des Landes sein eigentümliches Gepräge gab. Nichtbuddhistische Anschauungen hielten sich im Volk länger als unter den Gebildeten, in den Dörfern länger als in den Städten, in den Randgebieten, vor allem auf den vom Zentrum weit entfernten Inseln, länger als auf den Hauptinseln. In dieser Hinsicht kommt den heute noch zu beobachtenden vorbuddhistischen Bräuchen auf Okinawa eine besondere Bedeutung zu.

Die vorbuddhistischen Glaubenslehren der japanischen Urbewohner lassen sich mangels gesicherter Überlieferungen nur indirekt erschließen, indem man den im Insel-

reich herrschenden Synkretismus mit den «reineren» Formen buddhistischer Schulen auf dem ostasiatischen Festland vergleicht.

Für die Zeit vor dem 6. Jahrhundert, als die japanische Kultur wahrscheinlich durch eine Mischung kontinentaler sowie südpazifischer kultureller Einflüsse gekennzeichnet war, läßt sich ein in sich geschlossenes relgiöses System nur schwer rekonstruieren. Glaubt man den Zeugnissen, kamen die Götter in den nördlichen Regionen des Landes vom Himmel zu den Menschen herab, während sie im Süden den Weg über das Meer bevorzugten. Auch der Tod wurde je nach Region auf unterschiedliche Weisen gedeutet.

Allgemein können die ursprünglich japanischen Gottheiten *(kami)* in zwei Kategorien unterteilt werden: in jene, die den Naturelementen wie Sonne, Mond, Bergen, Bäumen, Wasser und Feuer, Steinen (auch Säulen von Gebäuden) zugeordnet waren; und in jene, die in Zusammenhang mit der menschlichen Seele, den Toten und besonders den Geistern der Vorfahren standen. Mit anderen Worten, es gab Götter der Natur und Götter der Ahnen.

Die Götter der Natur lassen sich nochmals unterscheiden. Eine Gruppe umfaßte – ganz im Sinne des Animismus – beseelte Naturerscheinungen, das heißt, ein Berg oder Fluß wurde vergöttlicht. Die zweite Gruppe beinhaltete Naturphänomene, die keine Gottheiten waren, aber von denen ein Gott zeitweilig Besitz ergriffen hatte und die dann als heilig angesehen wurden. Beispiele für diese *yorishiro* genannten heiligen Naturdinge sind etwa Bäume, die für eine gewisse Zeit von einer Gottheit bewohnt wurden.

Ahnengötter waren in ganz Nordwestasien verbreitet. Die Seelen der Stammesvorfahren hießen *kami* beziehungsweise *ujigami*. Sie kehrten zu bestimmten Anlässen in die Gemeinschaft zurück, und ihre Nachfahren – der Stamm oder das lokale Gemeinwesen – opferten ihnen Gaben, vorzugsweise Speisen. Der Ahnengott sprach dann eine Warnung oder ein Versprechen aus.

Daneben gab es Götter, die einmal im Jahr zu einem bestimmten Zeitpunkt in das Leben der Gemeinschaft eingriffen. In der Regel spielten verkleidete Mitglieder des Stammes die Rollen der jeweiligen Gottheiten, deren Wesen, legt man heute noch lebendige Bräuche in bestimmten Regionen des Landes zugrunde, überwiegend bedrohlich gewesen sein muß.

Oben: Vergoldete Buddha-Bronzestatue. Ehemals im Besitz des Hôryû-ji-Tempels in Nara; heute im Nationalmuseum Tokyo.

Gegenüberliegende Seite: Zeremonie des O-mizutori in der Nigatsu-dô-Halle des Tôdai-ji-Tempels in Nara.

Auch hinsichtlich der Fragen, wo sich die Seelen der Verstorbenen aufhielten und auf welchen Wegen sie periodisch zu den Lebenden zurückkehrten, herrschten unterschiedliche Auffassungen vor. Das *Kojiki* – die «Chronik über alte Begebenheiten», die von Ô-no-Yasumaro verfaßte erste Geschichte Japans (711–712) – berichtet, daß die Verstorbenen in das Land *Yomotsu* oder *Yomi,* eine düstere und schmutzige Unterwelt, gehen würden. Yanagita Kunio hingegen behauptet, die Seelen würden «auf den Gipfeln der hei-

Oben: In der Nacht zum 12. März treten die Priester in den von heiligen Sakaki-*Bäumen umstandenen* akaiya *und schöpfen das erste Wasser des Jahres* (wakamizu). *Es gilt als heilig und wird dem Elfköpfigen Kannon dargeboten.*

matlichen Berge weilen» und von dort einmal im Jahr in ihr Dorf zurückkehren. So gab es in den Gebieten von Echizen und Shinshû zu den Zeiten des Totenfestes regelrechte Empfangs- und Geleitzeremonien der Lebenden, wenn die Totengeister von den Bergen geholt wurden.

Auf der Hauptinsel Okinawas herrschte der Glaube, die Seele des Verstorbenen führe weit hinaus aufs Meer, um in das *Niraikanai* zu gelangen, einem über oder unter dem Meer gelegenen Paradies; im zweiten Fall wurde von einem «Palast unter dem Meer» gesprochen. Auf der Insel Miyako fuhren die Verstorbenen nicht aufs Meer, sondern sie stiegen in eine *Nitsuja* genannte düstere Unterwelt.

Nach den Bräuchen zu urteilen, die in weiten Gebieten Japans bis in die Gegenwart fortbestehen, ist es dem Buddhismus nicht gelungen, den auf dem gesamten japanischen Archipel verbreiteten Ahnenkult zu verdrängen. Gleich nun, ob sie im Animismus oder im Ahnenkult verwurzelt waren, wirkten die Götter für die Gemeinschaft im Guten wie im Bösen: Sie waren für die Jahre der Fülle, aber auch für Katastrophen, Dürreperioden oder verheerende Regenstürme verantwortlich. Die Gemeinschaft veranstaltete Feste, um sich ihres Schutzes zu versichern.

Wenn es geraten schien, die Götter nach ihrem Willen zu befragen, konnten die Angehörigen der von ihrem Wirken abhängigen Gemeinschaft zwei Schritte unternehmen, um ihre Worte zu hören. Der erste bestand darin, daß die Person, die diesen Wunsch hegte, ihren Körper läuterte. Dies geschah gemeinhin durch Wasser und Feuer. Die Reinigungszeremonie im Meer, im Fluß oder unter einem Wasserfall wurde *misogi* genannt. Die Stätten, an denen diese Riten vollzogen wurden, galten wiederum als heilig und wurden – wie beispielsweise der Wasserfall bei Nachi – zu Kultstätten.

Darüber hinaus nahm man zur Läuterung des Körpers heilige Speisen zu sich, für deren Zubereitung heiliges Feuer verwendet werden mußte. So vollziehen beispielsweise noch heute die Shintô-Priester des großen Heiligtums von Izumo den Ritus erst nach einer bestimmten Periode, in der sie Speisen zu sich genommen haben, die auf einem durch das Reiben zweier ganz bestimmter Hölzer entfachten Feuer gekocht wurden. Die große Beachtung, die Feuer und Wasser geschenkt wird, ist ein Erbe des Animismus.

In einem zweiten Schritt begab sich der Mensch, der den Rat der Götter suchte, an deren Wohnorte und suchte dort den Schlaf, in der Hoffnung, im Traum würden ihm die Götter erscheinen und ihm ihren Willen mitteilen. Dokumente aus der Zeit nach dem 8. Jahrhundert berichten davon, daß die Götter im Traum Gläubige gewarnt, ihnen Befehle erteilt und sogar Geschäfte mit ihnen abgeschlossen hätten.

Die «Verständigung» mit den Göttern konnte auch durch einen Schamanen erfolgen, der sich dazu in den Zustand der Ekstase versetzte. Die Götter waren gegenüber einem Schamanen in Ekstase sehr mitteilsam. Der Schamanismus, der in Japan zumeist von Frauen ausgeübt wurde, war

Folgende Doppelseite: Für eine Feierlichkeit in der Nigatsu-dô-Halle werden vor dem Altar des Elfköpfigen Kannon Papierkamelien angebracht und Reiskuchen aufgeschichtet.

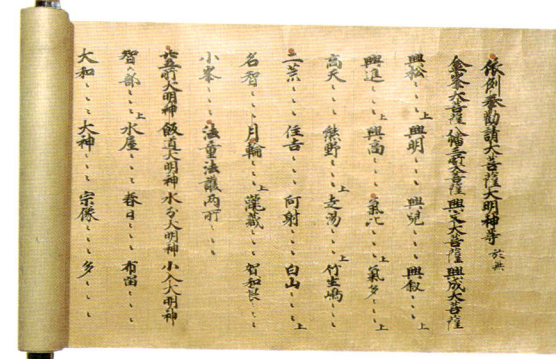

Oben: Eine Schriftrolle mit den Namen der Götter Japans.

Links: Ein Mönch beim Zelebrieren des Shuri-e, einer Reinigungs- und Läuterungszeremonie, die sich alljährlich wiederholt.

Unten: Im Innern der Nigatsu-dô-Halle betende Mönche.

ein äußerst bedeutender Faktor innerhalb des vorbuddhistischen Glaubenssystems. Auf Okinawa gibt es Orte, an denen er bis heute überlebt hat.

Den Hintergrund des ursprünglichen japanischen Götterglaubens bildeten also Animismus, Ahnenverehrung und Schamanismus. Zwar gab es die Vorstellung eines Jenseits, aber zwischen ihm und der diesseitigen Welt bestand keine unüberwindbare Kluft. Die Götter stiegen in ein Schiff, wenn sie die Menschen besuchen wollten, und die Seelen der Verstorbenen kamen auf einem Pfad von den Bergen zu den Lebenden herab. Im übrigen existierten die Götter nur, insofern sie einer Gemeinschaft angehörten und nicht über diese hinausverwiesen, sondern einen unmittelbaren Einfluß auf sie ausübten. Ein einheitliches Lehrsystem oder ein übergeordneter Shintô-Tempel ist für die vorbuddhistische Zeit nicht nachzuweisen.

Mit dem 3. Jahrhundert scheint sich ein gewisser politischer Zusammenhalt in Japan entwickelt zu haben. Tatsächlich unterhielt das Land Yamato zu dieser Zeit diplomatische Beziehungen mit China. Die Schrift war bereits bekannt, aber noch nicht sehr weit verbreitet. Auch standen noch keine ausgefeilten Techniken der Malerei, Bildhauerei, Architektur und des Städtebaus zur Verfügung. Das änderte sich, als zwi-

49

Rechts: Der Iwakura, Katsuragi. *Die japanischen Götter haben weder Kontur noch Form, noch feste Wohnstätten, daher verweilen sie vorübergehend in Felsen oder Bäumen.*

Unten: Der Maruishigami *(«Gott des runden Steins»), Nirazaki, Präfektur Yamanashi.*
Die Steingötter vermitteln zwischen der Welt der Sterblichen und dem Jenseits.

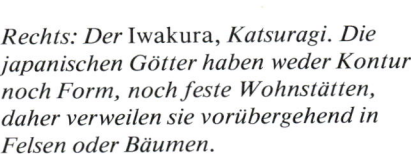

Gegenüberliegende Seite: Im großen Tempel von Suwa, Präfektur Nagano, findet alle sieben Jahre im März oder Mai ein Fest statt. Um den heiligen Baum, eine Kiefer, von den Bergen des Yatsu-ga-take herabzuholen, benötigt man mehrere Tage. Bei den Vorbereitungen zu dieser Zeremonie kommt es häufig zu Unfällen.

schen der zweiten Hälfte des 6. Jahrhunderts und der ersten Hälfte des 7. Jahrhunderts eine universale, dogmatisch und organisatorisch hoch entwickelte Religion auf den Plan trat — eine Religion, die ein reiches Schrifttum, prachtvolle Zeremonien, technisches und stilistisches Raffinement in Malerei, Bildhauerei und Architektur, eine hoch entwickelte Heilkunst sowie vielfältige Verfahren zur Herstellung von Gebrauchsgegenständen mit auf die Inseln Japans brachte.

DIE EINFÜHRUNG DES BUDDHISMUS

Die Aussage, der Buddhismus sei um die Mitte des 6. Jahrhunderts nach Japan gekommen, ist nicht ganz richtig, denn zu dieser Zeit unterhielt das Land bereits enge Beziehungen zu Korea. Von dorther drang

Oben: Auf Okinawa sitzen Frauen am
Strand, das Gesicht zum Meer gewendet,
und beten. Angeblich soll sich jenseits
des Korallenriffs, wo das Blau des
Meeres eine tiefere Tönung bekommt,
das Niraikanai befinden.

Gegenüberliegende Seite oben und ganz
oben: Das kleine Fenster im Giebel vom
Hauptgebäude des Nukisaki-jinja-
Schreins in Tomioka ist mit einer
Darstellung des Donnergottes verziert.
Der Schrein ist diesem Gott geweiht, und
es wurde eigens ein Zugang für ihn
geschaffen.

Gegenüberliegende Seite unten:
Zeichnung aus dem achten Band des
Kôbô Daishi gyôyjô eshi.
14. Jahrhundert. Tô-ji-Tempel.
Im Jahr 824 herrschte eine große Dürre
im Land. Auf kaiserliches Geheiß betete
Kôbô Daishi zum Regengott, der es
daraufhin drei Tage regnen ließ.

die neue Religion allmählich in das Inselreich ein (erste Phase), gelangte um die
Mitte des 6. Jahrhunderts an den kaiserlichen Hof (zweite Phase), ehe sie dann zu
Beginn des 7. Jahrhunderts durch den
Prinzen Shôtoku zur Staatsreligion erhoben wurde (dritte Phase).

Der Buddhismus war zur Zeit der Han-
Dynastie über die «Seidenstraße» von In-
dien aus zunächst ins nördliche China und
dann im 4. Jahrhundert nach Korea gelangt. Mitte des 4. Jahrhunderts unterhielt
Japan, das eine Kolonie in Mimana im südlichen Korea besaß, privilegierte Beziehungen zu den verschiedenen Ländern der
Halbinsel. Zu jener Zeit muß der Buddhismus auch in Japan bekannt geworden sein.

Mitte des 6. Jahrhunderts sandte der
König von Paekche (japanisch: Kudara)
Buddha-Statuen und Sutren an den Kaiser
von Japan (damals das Land Wa). Dieses
Ereignis ist in den Chroniken als die offizielle Ankunft des Buddhismus verzeich-
net, vor allem in den «Chroniken Japans»

(Nihon-shoki beziehungsweise Nihon-gi),
welche die Geschichte des Landes von den
Anfängen bis zum Ende des 7. Jahrhunderts erzählen.

Im 6. Jahrhundert gliederte sich die koreanische Halbinsel in drei Königreiche:
Koguryo im Norden, Paekche im Südwe-
sten und Silla im Südosten, zwischen den
beiden Mimana, der heutigen Region Pu-
san. Die drei Reiche waren verfeindet, weshalb Paekche, das gemeinsam mit Japan
Minama beherrschte, in ständiger Bedrohung durch Koguryo im Norden und insbesondere durch Silla im Osten lebte. Da sich
der Buddhismus dank der Vermittlung
Paekches in Japan ausbreitete, wurden die
Beziehungen zwischen beiden Ländern enger. Allerdings konnte Japan den Ein-
marsch Sillas in Mimana militärisch nicht
verhindern und mußte sich darauf be-
schränken, die Macht Sillas über Paekche
und Koguryo einzudämmen.

Unter diesen Umständen wuchs der Übernahme des Buddhismus in Japan eine sowohl religiöse als auch politische Bedeutung zu, die sich innerhalb des Landes zudem mit dem Kampf um die Macht überlagerte. Die Haltung der herrschenden Schichten gegenüber der vom Festland eingeführten Religion war gespalten. Die Familien der Soga und der Otomo, die sich politisch Paekche anschließen wollten, unterstützten den Buddhismus, während die Mononobe- sowie die Nakatomi-Familie sich diesen Bestrebungen widersetzten und für eine Schlichtung des Konflikts mit Silla eintraten. Auf der einen Seite erbaute man Tempel, auf der anderen Seite brannte man sie ab; von der einen Partei errichtete buddhistische Statuen wurden von der anderen wieder niedergerissen.

Diesen Auseinandersetzungen zwischen den Soga und den Mononobe, die nicht ausschließlich den Buddhismus betrafen, lagen zwei unterschiedliche Einstellungen gegenüber fremden Kulturen schlechthin zugrunde. Sie prägten die zweite Phase der Übernahme des Buddhismus in Japan.

Die dritte Phase setzte zu Beginn des 7. Jahrhunderts ein, als der Machtkampf mit der Ermordung des Oberhaupts der Familie Mononobe durch die Soga endete und das Machtmonopol in die Hände der Kaiserin Suiko, des Prinzen Shôkotu und des Familienoberhaupts Soga-no-Umako überging.

Der Versuch, die Macht zu zentralisieren, war zu dieser Zeit kein auf Japan beschränktes Phänomen. Nach Ishimoda Tadashi drängte der gewalttätige Konflikt zwischen den vier Ländern – den drei koreanischen Königreichen und Japan – innerhalb jedes der beteiligten Länder zur Konzentration der Macht. Die Erscheinungsformen dieser Konzentrationsprozesse waren allerdings unterschiedlich: In Paekche erfolgte die Machtergreifung durch den König selbst, in Koguryo dagegen durch einen Minister, der vorgab, im Namen des Königs zu handeln. In Silla und in Japan schließlich wurde die Macht auf ein Mitglied der kaiserlichen Familie übertragen, das anstelle des Kaisers die tatsächliche Regierungsgewalt ausübte. Da in allen drei Fällen die Macht der herrschenden Schichten in die Hände einer bestimmten Person gelegt war – in Japan war dies der Prinz Shôkotu –, entbrannte der Machtkampf mit dem Ableben dieser Person aufs neue. In Japan versuchte Soga-no-Umako, nach dem Tode des Prinzen die Macht nach dem Vorbild Koguryos an sich zu reißen, doch eine von Naka-no-Oe und Fujiwara Kamatari geführte Koalitionsarmee stürzte ihn und setzte den Kaiser Kôtoku ein, mit Naka-no-Oe und Kamatari als den eigentlichen Machthabern.

Zur gleichen Zeit begann in China nach der Einigung des ganzen Landes durch die Sui (589) die Herrschaft der großen Tang-

Dynastie (618–907). Obwohl sie sich weiterhin untereinander bekriegten, standen Japan und die drei koreanischen Königreiche, die im Inneren von einer politischen Zentralgewalt gelenkt wurden, nach außen unter der Herrschaft der beiden chinesischen Dynastien. China war bereits ein buddhistisches Land, und die drei koreanischen Königreiche übernahmen die Religion des Nachbarlandes. Darüber hinaus bestanden zwischen China und Japan einerseits sowie zwischen den koreanischen Königreichen und Japan andererseits bedeutsame kulturelle und technische Querverbindungen.

Unter diesen Umständen gab es für Japan nur einen Weg zur Stabilisierung seiner Stellung in einem von China beherrschten Ostasien: die Festlandskultur und den Buddhismus zu übernehmen und gleichzeitig eine politische Einigung im Inneren anzustreben. Mithin handelten die politischen Machthaber Soga-no-Umako und Prinz Shôkotu am Hof der Kaiserin Suiko unter den internationalen Bedingungen jener Zeit mit Weitsicht, indem sie mit einer tiefgreifenden, auf dem chinesischen Modell fußenden Reform reagierten.

Prinz Shôkotu, der durch den Bürgerkrieg und einen «Staatsstreich» an die Macht gekommen war, schickte im Jahr 600 eine Gesandtschaft zu den Sui, schuf 603 zwölf Ränge für die Beamten am Hof, deren jeder durch eine Kopfbedeckung in anderer Farbe gekennzeichnet war, führte 604 den Kalender ein und etablierte noch im selben Jahr die «Konstitution in siebzehn Artikeln».

Ohne Zweifel war die Entsendung einer Gesandtschaft nach China nicht nur ein diplomatischer Schachzug, sondern dieser Schritt bot überdies Gelegenheit, die Gesellschafts- und Machtstrukturen einer für den Fernen Osten beispielgebenden Kultur zu erforschen. Die Einführung von Rängen war ein institutionelles Mittel, um die Macht am Hof zu konzentrieren.

Die Einführung des Kalenders symbolisierte ganz allgemein die Übernahme der Festlandskultur, und die Verfassung erwies sich als einheitsstiftendes Prinzip für das Land. Die neue Form politischer Herrschaft wurde nicht zuletzt durch die Festschreibung des Buddhismus als Staatsreligion im zweiten der 17 Artikel unterstrichen. Zu diesem Zeitpunkt waren seit dem Herrschaftsbeginn der Kaiserin Suiko kaum zwölf Jahre vergangen.

Seit Anfang des 7. Jahrhunderts wurden in einer ersten Phase zahlreiche Tempel erbaut und buddhistische Bildnisse und Skulpturen geschaffen. Nach dem *Nihon-shoki* zählte man am Ende der Regierungszeit der Kaiserin Suiko im Jahre 624 bereits 46 buddhistische Tempel und 1385 buddhistische Geistliche. Bis in die Kamakura-Periode hinein erwies sich die buddhistische Kunst als Hauptströmung der japanischen Kunst überhaupt.

Je stärker sich der Buddhismus in der Folgezeit über das ganze Inselreich ausbreitete, desto stärker wurde er «japanisiert». Indem er sich die einheimischen Gottheiten einverleibte, wandelten sich zugleich auch die buddhistischen Gottheiten infolge einer Vermischung mit einheimischen Wert- und Glaubensvorstellungen.

Die vorbuddhistischen Glaubenslehren, die in der Regel lokal begrenzt waren, hatten weder eine in sich schlüssige Mythologie noch ein allgemein verbindliches Lehrsystem ausgebildet. Dem entsprach das bereits erwähnte Fehlen von Heiligtümern und Götterbildnissen. Dies alles entstand erst in der Folgezeit nach dem Beispiel des Buddhismus. Mit anderen Worten: Mit der Japanisierung des Buddhismus ging eine «Buddhifizierung» einheimischer Glaubensvorstellungen einher.

Der erste große buddhistische Tempel Japans war der Hôkô-ji- oder Asuka-dera-Tempel in Asuka, der unter dem Patronat Soga-no-Umakos erbaut wurde. Nach dem *Nihon-shoki* geht der Baubeginn auf das Jahr 592 (im fünften Regierungsjahr Sushuns) zurück, und der Tempel wurde 596 (im vierten Regierungsjahr Suikos) vollendet. Vier Jahre vor Aufnahme der Arbeiten kamen buddhistische Reliquien und mit ihnen Mönche, im Tempelbau versierte Zimmerleute, Maler und weitere Handwerker vom Fach aus dem Reich Paekche nach Japan. Die Bauarbeiten wurden also von koreanischen Fachleuten ausgeführt. Der Tempel wurde im Jahre 1196 zerstört, so daß alles, was über dieses Bauwerk bekannt ist, auf die Ergebnisse von Grabungen zurückgeht, die in den Jahren 1956/1957 durchgeführt wurden. Der Grundriß des Tempels war demnach vollkommen symmetrisch. Um die zentrale Pagode gruppierten sich drei Hauptkapellen, die wiederum von einem Wandelgang umlaufen wurden, wobei sich das Eingangstor genau gegenüber der Pagode befand.

In der folgenden Zeit wurden der Shitennô-ji-Tempel in Naniwa und der Hôryû-

Oben und gegenüberliegende Seite: Der Buddha Birushana (Vairocana). Bronze. Höhe: 14,85 m.
Diese Statue aus dem Todai-ji-Tempel stammt aus der Tempyô-Zeit und wurde von Kimimaro Kaninaka gegossen. Eingeweiht wurde sie im Jahr 752. Sie wurde im Lauf der Zeit wiederholt beschädigt und restauriert. Der größte Teil der heutigen Statue wurde in der Kamakura-Zeit, der Kopf hingegen erst in der Tokugawa-Zeit erneuert. Einzig ein Teil der Lotusblüte ist authentisch und stammt aus der Tempyô-Zeit.

*Unten: Fünfsaitige Biwa aus rotem
Sandelholz mit Perlmutteinlage, eines
der Schmuckstücke des Shôsô-in-
Schatzhauses.*

*Oben rechts und gegenüberliegende
Seite: Im Jahre 1980 fand im Tôdai-ji-
Tempel eine Feier zum Gedenken an die
Restaurierung der dem Großen Buddha
geweihten Halle statt. Die Vorhänge und
Kleider wurden eigens nach Vorbildern
aus der Tempyô-Zeit hergestellt. Die
Gewänder der* Bugaku-*Tänzer
vereinigten Formen und Farben aus
verschiedenen asiatischen Ländern und
boten doch ein harmonisches Bild.*

ji-Tempel in Ikaruga erbaut. Der nach dem
Vorbild der Tempel in Paekche und Silla
erbaute Shitennô-ji, der mehrmals nieder-
brannte und wiederaufgebaut wurde, existiert nicht mehr in seiner ursprünglichen
Gestalt. Nur über seinen Grundriß hat man
gesicherte Kenntnisse. Er verfügte über nur
eine Goldene Halle und ein Tor; die Pagode und die Goldene Halle, beide von einem
Wandelgang umlaufen, sowie die Lehr-
Halle lagen auf einer Nord-Süd-Achse.

Der Hôryû-ji-Tempel ist der älteste noch
erhaltene Tempel und das älteste Holzbau-
werk in Japan überhaupt. Der erste Tempel wurde 622, kurz nach dem Tod des
Prinzen Shôtoku und im dreißigsten Regierungsjahr der Kaiserin Suiko, auf dem Ge-
lände des heutigen Tô-in errichtet und dem
Nihon-shoki zufolge durch Brand zerstört.

Nach den Ergebnissen einer Grabung von
1939 weist er den gleichen Umriß wie der
Shitennô-ji-Tempel auf.

Somit ist kein Bauwerk aus der Zeit der
Asuka-Epoche, in der die große Taika-Re-
form stattfand (645), erhalten geblieben.
Ursprünglich scheint jedoch der Plan des
Hôryû-ji-Tempels mit demjenigen der
Anlagen von Asuka-dera (Hôkô-ji) oder
Shitennô-ji übereingestimmt zu haben. Der
gegenwärtige Hôryû-ji-Tempel, der Sai-in
heißt, wurde erst nach dem erwähnten

Brand in der Hakuhô-Zeit Ende des
7. Jahrhunderts wiederaufgebaut, sein
Grundriß weicht deshalb von denen früherer Bauten ab. Es fällt auf, daß die Pagode
und die Goldene Halle in dem durch Tor
und Wandelgang umschriebenen Raum auf
einer von Ost nach West verlaufenden
Achse liegt, so daß von vorn betrachtet keine Symmetrie zu erkennen ist.

Die Tempelanlagen der ersten Hälfte
des 7. Jahrhunderts waren Nachahmungen
kontinentaler Modelle gewesen. Der nach
einem anderen Plan wiedererrichtete
Hôryû-ji-Tempel kann so als frühes Beispiel einer «Japanisierung» der Architektur angesehen werden, deren hervorstechendes Kennzeichen die Entwicklung von
der Symmetrie zur Asymmetrie ist.

DIE ENTWICKLUNG
DES BUDDHISTISCHEN STILS

Der Hôryû-ji-Tempel birgt eine große Anzahl buddhistischer Statuen aus derselben
Epoche. Anders als bei den Bauwerken
gibt es hier aus der ersten Hälfte des
7. Jahrhunderts (Asuka-Zeit) auch repräsentative Skulpturen, nämlich die Shaka-
Trias der Goldenen Halle in vergoldeter
Bronze aus dem Jahre 623 und den aus
Holz geschnitzten Guze-Kannon des Yu-

medono-Tempels. Weiterhin sind der große Buddha des Asuka-dera-Tempels (Ago-in-Halle des Hôko-ji-Tempels, Bronze, 606, Höhe der sitzenden Statue: 275,7 Zentimeter) und der Miroku des Kôryû-ji-Tempels – ein Miroku in nachdenklicher Haltung mit entblößtem Oberkörper und Krone, dessen Gestalt aus einem Block roten Pinienholzes gearbeitet ist – zu erwähnen. Diese Statuen vermitteln dem Kunsthistoriker einen hinreichenden Einblick in die buddhistische Skulptur der Asuka-Zeit.

Die Hauptfigur des Shaka-Trias ist frontal und auf einem zweistufigen Sockel sitzend dargestellt, die rechte erhobene Hand beschreibt die Geste der Schutzgewährung, die linke gesenkte Hand mit ausgestrecktem Zeige- und Mittelfinger diejenige der Wunscherfüllung. Ihr Hals ist lang und zylindrisch, das Gesicht oval, die Augenbrauen nach oben gezogen, die Augen mandelförmig, die Nase dreieckig, die leicht wulstigen Lippen umspielt ein «klas-

nen Halle: Frontalität, starre, vertikale Haltung, hochgesteckte Haartracht, Symmetrie und schematisierter Faltenwurf entsprechen dem Stil der Nördlichen Wei-Dynastie Chinas.

Der Miroku im Kôryû-ji zeigt eine erstaunliche Ähnlichkeit zu einem um 600 entstandenen koreanischen Miroku (Nationalmuseum Seoul). Die Bodhisattvas in nachdenklicher Haltung mit entblößtem Oberkörper wurden in Japan gegen Ende des 7. Jahrhunderts in großer Zahl hergestellt. Der Miroku des Chûgû-ji-Tempels ist hierfür repräsentativ, während derjenige des Kôryû-ji-Tempels wahrscheinlich aus Korea importiert wurde.

Überhaupt stammten die meisten buddhistischen Figuren der Asuka-Zeit, das heißt der ersten Hälfte des 7. Jahrhunderts, vom Festland oder wurden von Künstlern geschaffen, die aus Korea oder China nach Japan eingewandert waren. In der ersten Hälfte des 6. Jahrhunderts hatte in China der Stil der Nördlichen Wei von

Oben: Statuen eines Gottes und einer Göttin. Holz. Ende des 9. Jahrhunderts. Großschrein von Matsuo, Kyoto. Die Statuen wurden in der Heian-Epoche aus jeweils einem einzigen Holzblock geschnitzt. Eine mögliche Erklärung hierfür ist die shintoistische Vorstellung, Götter würden ihren Aufenthaltsort in Bäumen nehmen.

Oben Mitte: Statue der Prinzessin Nakatsu. *Holz. Ende des 9. Jahrhunderts. Yakushi-ji-Tempel, Nara.*

sisches Lächeln». Der Faltenwurf wirkt im Verhältnis zur Höhe der Statue imposant, die schematisierten Falten bilden ein fast symmetrisches Trapez. Dank einer Inschrift auf der Statue wissen wir nicht nur, wann sie geschaffen wurde, sondern auch von wem: von einem *Shiba no Kura Tsukuri* (Sattelmacher) namens Tori, der vermutlich vom Festland oder aus Paekche stammte.

Das Gesicht des Guze-Kannon im Yumedono gleicht jenem des Shaka der Golde-

Oben: Statue des Hachiman als buddhistischer Mönch. Holz. Ende des 9. Jahrhunderts. Yakushi-ji, Nara. Diese Hachiman-Statue wurde um 890 fertiggestellt und ist damit die älteste erhaltene kami-Statue überhaupt.

Gegenüberliegende Seite: Eine monumentale Buddha-Statue (Höhe: 55 m) im heutigen Afghanistan, deren Gesicht grausam verunstaltet ist. Die Statue wurde zu Beginn des 13. Jahrhunderts von den Mongolen und später auch von den Muslims zerstört.

Long Men vorgeherrscht. Es dauerte etwa ein Jahrhundert, bis er über Korea nach Japan gelangte. Die Bodhisattva-(Bosatsu-)Figuren in nachdenklicher Haltung, die in der zweiten Hälfte des 7. Jahrhunderts in Japan erstellt wurden, befanden sich mithin ungefähr ein halbes Jahrhundert gegenüber den koreanischen im Rück-

gewisse Würde zeigen, die jedoch nicht im Sinne einer tiefgehenden Spiritualität gedeutet werden können.

In der zweiten Hälfte des 7. Jahrhunderts, in der Hakuhô-Zeit, zeigten sich in Japan Einflüsse des chinesischen Sui-Stils des späten 6. und des Tang-Stils aus dem Be-

Rechts: Holzstatue des Kudara Kannon aus dem 7. Jahrhundert im Hôryû-ji-Tempel.

Ganz rechts: Holzstatue des Guze Kannon aus dem 7. Jahrhundert.

Oben: Eine Shâkyamuni-Statue, die durch die realistische Darstellung der Askese besticht. Der Shâkyamuni selbst besteht nur noch aus Haut und Knochen.

stand. Ein neuer Stil wurde in Japan nicht geprägt, aber innerhalb des vorgegebenen stilistischen Rahmens muß den hier geschaffenen buddhistischen Figuren schon ein technisch und auch ästhetisch hohes Niveau zugesprochen werden. Allerdings überragen die zwischen dem 5. und 7. Jahrhundert von den Nördlichen Wei gestalteten Buddhas und Bodhisattvas im Hinblick auf den spirituellen Gehalt der Skulpturen alle übrigen.

Unter den Schätzen des Hôryû-ji-Tempels befindet sich schließlich auch eine große Zahl kleiner vergoldeter Bronzefiguren der Asuka-Zeit, deren Gesichter eine profane Lieblichkeit und bisweilen auch eine

ginn des 7. Jahrhunderts. Natürlich folgten auch die japanischen buddhistischen Statuen des 8. Jahrhunderts, der Tempyô-Zeit, dem Stil der Sui und der Tang. Während im allgemeinen große stilistische Unterschiede zwischen den Buddhas der Asuka- und der Tempyô-Epoche zu bemerken sind, sind in der Übergangsperiode während der zweiten Hälfte des 7. Jahrhunderts ein Nebeneinander sowie eine Vermischung des alten und des neuen Stils zu beobachten.

Unter den Bodhisattvas in nachdenklicher Haltung, von denen in Japan etliche in vergoldeter Bronze ausgeführte Exemplare erhalten sind, zählt der Miroku-

Links: Der Große Buddha von Longmen. Zwischen 670 und 680 (Tang-Dynastie).

Oben: Ein Miroku mit übereinander-geschlagenen Beinen. Anfang des 5. Jahrhunderts. Dunhuang, China. Der Faltenwurf des Rocks erinnert an griechische Plastiken.

bosatsu (Holz) des Chûgû-ji-Tempels zu den gelungensten: Er trägt das Haar in zwei kleinen Haarknoten zusammengekämmt und keine Krone. Der Oberkörper ist nackt und glatt. Die Draperie verhüllt die Beine und einen zwar recht hohen, aber seitlich nicht ausladenden Sockel. Der nur schwach schematisierte Faltenwurf sticht nicht besonders in Auge — anders als etwa bei dem Shaka der Hauptkapelle des Hôryû-ji-Tempels. Die Haltung des Mirokubosatsu ist nicht starr, der Oberkörper wirkt entspannt und harmonisch, die Finger der an das Kinn gelegten rechten Hand und das ebenmäßige Gesicht strahlen Sanftheit und Ruhe aus.

Das Gesicht des sitzenden Yakushi im Hôrin-ji-Tempel wiederum, der in seiner Art ganz anders als der Bosatsu (Bodhisattva) aus dem Chûgû-ji ist, ähnelt stärker dem Shaka der Goldenen Halle des Hôryû-ji-Tempels. Das ovale Gesicht, die dreieckige Nase und der wohlgeformte Mund geben ihm im Verein mit dem schlichten Faltenwurf des Gewands ein klassisches Gepräge. Aber in diesem Gesicht ist mehr Leben, in diesem Körper und in diesen Händen mehr Grazie als bei vergleichbaren Statuen.

Der im Hôryû-ji-Kloster aufbewahrte Kudara-Kannon, dessen Körper und Gesicht ganz anders als bei den Miroku und

Yakushi, den Meistern der Heilkunst, geformt sind, weist einen völlig anderen Stil auf. Nach dem verwendeten Material zu urteilen, ist diese farbig gefaßte Statue vermutlich in Japan geschaffen worden; da hier jedoch keine ihr ähnlichen Statuen gefunden wurden, gab man ihr den Namen Kudara-Kannon.

Das Gesicht dieser Figur mit der kleinen Nase und den winzigen Augen ist recht eigentümlich, aber noch erstaunlicher ist der hohe schlanke Körper. Die Grabfiguren der Östlichen Wei-Dynastie in den Grotten des Berges Maiji in China zeigen einen vergleichbar schlanken Körperbau, und es gibt die Hypothese, wonach dieser Statuentypus dort seinen Ursprung haben soll.

einem dünnen Schal behangen, der von den Schultern sanft herabfließt. Der elegante Faltenwurf um seine Hüften läßt die kräftigen, den Stoff spannenden Beine durchscheinen. Die Haltung ist nicht mehr streng vertikal, die Hüften sind nach links gebogen, das rechte Knie ist leicht gebeugt und das Körpergewicht auf das linke Bein verlagert. Die Figur scheint leicht zu schwingen, dem dreidimensional dargestellten Körper fehlt jegliche Symmetrie.

Anders als bei den Statuen des 7. Jahrhunderts kann man diesen Bodhisattva von vorn, von hinten und von der Seite betrachten. Die Festigkeit, aber auch Entspanntheit des massigen Leibes wird spürbar. Die Haartracht ist unauffällig, das

Die Vielfalt der buddhistischen Skulpturen im Japan der zweiten Hälfte des 7. Jahrhunderts ist beachtlich. Daher fällt es, wie schon bei den buddhistischen Statuen der Asuka- und der Tempyô-Zeit, nicht leicht, die «eigentliche Form» der buddhistischen Skulptur der Hakuhô-Zeit zu benennen und ihre charakteristischen Züge zu beschreiben.

Zu den Meisterwerken der Statuen aus dem frühen 8. Jahrhundert gehört die Yakushi-Trias (vergoldete Bronze, 718–729) des Yakushi-ji-Tempels und besonders eine ihrer Assistenzfiguren, der Bodhisattva Gakkô. Sein mächtiger, aber harmonischer Leib ist idealisiert. Der entblößte Oberkörper ist mit einer Kette geschmückt und mit

Gesicht rund, die Augen sind schmal, die Nase ist wohlgeformt und verrät einen gewissen Adel. Diese Plastik der feinen Übergänge lebt von der Harmonie zweier Gegensätze: der massigen Körperlichkeit und dem Charme des Gesichts.

Dieselben charakteristischen Züge sind auch den Werken der Tang-Dynastie eigen. Deren Stil hat eine Welt erschaffen, die sich radikal von derjenigen der Nördlichen Wei-Dynastie unterscheidet: Er verwandelt den menschlichen Körper und gleicht ihn einem transzendenten «Bild» der buddhistischen Figur an. Ohne Zweifel hat sich das japanische Kunstempfinden in diesem Stil am besten ausdrücken können. Der Ty-

pus der buddhistischen Statue im 8. Jahrhundert stellt daher nicht nur den Gipfelpunkt in der Geschichte der japanischen Bildhauerkunst dar, sondern der japanischen Kunst überhaupt; denn unter den übrigen zeitgenössischen Kunstwerken gibt es nur wenige, die denen des Festlandes nahekommen.

Unter den buddhistischen Statuen jener Zeit weisen weder die Nyorais (Buddhas) noch die Bosatsus (Bodhisattvas) den lebendigsten Gesichtsausdruck auf, sondern Nebenfiguren wie die Vier Himmelskönige, die Acht buddhistischen Schutzgottheiten oder auch die Zehn Großen Jünger. Eine der charakteristischen Eigenschaften der Tempyô-Zeit war die Ausbildung eines bestimmten Realismus. In der Gruppe der Himmelskönige, die sich in der Kaidan-in-Halle des Tôdai-ji-Tempels findet, stehen Figuren aus Ton in Rüstungen an den vier Ecken des Podests und halten mit den Füßen Dämonen nieder. Sie schreien oder zeigen eine stumme Drohmiene. Mit resolutem Gesichtsausdruck beeindruckt der über den Osten wachende Himmelskönig, dessen Stirn von Drohfalten zerfurcht ist und der aus zusammengekniffenen Augen starrt. Sein durchdringender Blick verrät, daß er jeden Lügner entlarvt, und die Papierrolle in der Linken sowie der große Pinsel in der Rechten deuten auf seine Bereitschaft, alle menschlichen Verfehlungen sofort aufzuschreiben.

Der berühmte Ashura – eine Gottheit, die in der buddhistischen Zwischenwelt regiert, wo ein ewiger Kampf tobt – des Kôfuku-ji-Tempels, eine in Trockenlacktechnik über einem Hanfgrund ausgeführte Statue, hat einen eher schmalen Oberkörper; die untere Körperhälfte bekleidet ein Rock, und aufrecht stehend faltet er die Hände vor der Brust. Von beiden Seiten der Schultern gehen weite Arme aus, die keinerlei Modellierung aufweisen und fast geometrisch-symmetrisch wirken. Neben dem nach vorn gerichteten Gesicht sind, ebenfalls symmetrisch, auf beiden Seiten Gesichter im Profil angeordnet.

Die Statue verdient besondere Beachtung wegen des zierlichen Körpers und dem befremdenden Ausdruck seines nach vorn gewandten, mädchenhaften Gesichts mit den leicht gehobenen Augenbrauen.

Ein Kunstwerk, in dem ein Gefühl durch das ganze Körpergebaren einen unvergleichlichen Ausdruck gefunden hat, ist die Gruppe von Tonfiguren um den sterbenden Buddha in ihrer Mitte, die sich in der Pagode des Hôryû-ji-Tempels befindet und vermutlich aus dem Anfang des 8. Jahrhunderts stammt. Den Figuren hängen Gewänder von den linken Schultern, doch die Oberkörper sind nackt, und alle Köpfe scheinen kahlgeschoren. Die einen blicken zum Himmel, andere stützen sich mit beiden Händen auf den Fußboden oder ballen die Fäuste, raufen sich die Haare und schreien ihre Verzweiflung laut heraus. Sie stehen in einer Reihe vor dem liegenden Buddha, hinter dem sich weitere Personen befinden, die zwar ruhiger, aber ebenfalls betrübt wirken. Diese Skulpturengruppe gibt dem tiefen Schmerz, den die Jünger des Shaka in der Stunde seines Todes empfanden, bewegenden Ausdruck.

Gegenüberliegende Seite: Die Hoke-dô-Halle des Tôdai-ji-Tempels, der einzige Teil dieser Anlage, der noch aus der Tempyô-Zeit (8. Jahrhundert) stammt. In der Halle befinden sich außerdem elf Statuen aus jener Epoche. In der Mitte steht der Fukû Kenjaku Kannon (Höhe: 3 m), zu seiner Linken und Rechten erkennt man den Nikkô und den Gakkô. Die Detailansichten zeigen den Fukû Kenjaku Kannon (Mitte), eingerahmt von Gakkô (oben) und Nikkô (unten).

DER SHINTOISTISCH-BUDDHISTISCHE KUNSTSYNKRETISMUS

Die «Siebzehn Artikel» des Prinzen Shôkotu sprachen weder von den shintoistischen Schutzgöttern noch von den Ahnengeistern. Damit unterstrich die Verfassung

Oben links: Kasuga-Shika-Mandara. Bronze. Der Hirsch wird bis heute im Kasuga-jinja-Schrein verehrt.

Oben rechts: Kashimadachi-shin-eizu. Muromachi-Zeit.

den Willen, die Einigung des Landes durch die Förderung des Buddhismus herbeizuführen. Der Buddhismus spricht die Massen über Zeit und Raum hinweg an und eignete sich deshalb besser zu einer Staatsreligion als die urwüchsigen japanischen Glaubenslehren, deren lokale Begrenztheit stärker einer Zersplitterung der Kräfte Vorschub geleistet hätten.

Doch kaum war der Buddhismus offiziell eingeführt, regten sich Widerstände: Schutzmächte des Shintoismus errichteten Schreine, die für die durch Bande des Blutes und der Ahnen verbundene Schreingemeinschaft bestimmt waren.

In der Nara-Zeit wurde dann der Schrein des Hachiman – dies ist der Name, unter dem der Kaiser Ojin als Gott des Krieges verehrt wird – von Usa in den Tôdai-ji-Tempel verlagert. Im 9. Jahrhundert gründeten Saichô den Enryaku-ji-Tempel auf dem Berg Hiei und Kûkai den Kongôbu-ji-Tempel auf dem Berg Kôyasan. Die synkretistischen Schulen von Tendai und Shingon, deren Einfluß über die gesamte Heian-Zeit hinweg anhielt, bauten innerhalb ihrer Tempelgemeinschaften die Lehrauffassung des *Honji suijaku* – sie betrachtet die japanischen Gottheiten als Emanationen (*suijaku*) der Buddhas und Bodhisattvas – zu einem komplexen Gebilde aus. Anfangs wurden die japanischen Götter als Vorläufer der buddhistischen Wesen angesehen, doch in der Folgezeit setzte sich die Auffassung durch, daß bestimmte japanische Schutz- und Ahnengötter den Nyorais (Buddhas) und Bosatsus (Bodhisattvas) entsprächen. Diese Vermischungen unterschiedlicher Glaubensformen fanden auch in der Kunst ihren Niederschlag.

Eine der Besonderheiten von buddhistischen Skulpturen aus der Heian-Zeit ist die strenge Auswahl der Materialien. Von den im 8. Jahrhundert verwendeten Rohstoffen – vergoldete Bronze, Ton, Trockenlack und Holz – blieb seit dem 9. Jahrhundert, von wenigen Ausnahmen abgesehen, allein das Holz noch übrig.

Die Bronze wurde angeblich fast gänzlich für die Herstellung des Großen Buddha im Tôdai-ji-Tempel verbraucht, so daß späterhin ihre Beschaffung schwierig wurde. Tonstatuen wiederum erwiesen sich als zerbrechlich und wenig beständig. Aber die in Trockenlack hergestellten Statuen aus Hanfkern waren leicht, haltbar und auch in den Details gut zu bearbeiten. Es muß also einen triftigen Grund gegeben haben,

den lackierten Hanf zugunsten des Holzes aufzugeben.

Bei der Gründung ihrer Klöster griffen Kûkai und Saichô auf bestehende Glaubensvorstellungen der Bergbewohner zurück. Da nun die *yorishiro,* die Behausungen der *kami,* sehr oft Bäume waren, kann vor dem Hintergrund des shintoistisch-buddhistischen Synkretismus davon ausgegangen werden, daß Kûkai und Saichô auch die Vorstellung eines heiligen Charakters der Bäume übernahmen. Die Tatsache, daß buddhistische Statuen in *yorishiro* geschnitzt wurden, wäre dann auf die Hoffnung zurückzuführen, daß sich durch die Verbindung shintoistisch geheiligter Materialien mit buddhistischen Formen die Kräfte Buddhas und der Götter vereinen würden – eine Hoffnung, die der charakteristischen Denkweise des Synkretismus voll entspricht.

Der Stil der buddhistischen Skulpturen des 9. Jahrhunderts, also der ersten Hälfte der Heian-Zeit, unterscheidet sich von demjenigen der Tempyô- und der Fujiwara-Zeit in der zweiten Hälfte der Heian-Periode. Die Nyorai- und Bosatsu-Statuen zeichnen sich in dieser früheren Phase durch einen kräftigen Körper aus, alle Feinheiten konzentrieren sich auf den Kopf.

Beispiele hierfür sind der Yakushi-nyorai der Goldenen Halle des Jingo-ji-Tempels (bemaltes Holz, erste Hälfte des 9. Jahrhunderts) und der sitzende Kokûzô-bosatsu aus der Tahô-tô-Pagode desselben Heiligtums (bemaltes Holz, Mitte des 9. Jahrhunderts). Der Nyorai besticht durch seine beeindruckende Haartracht und der Bosatsu durch eine hohe Krone; aber was beide Figuren vor allem auszeichnet, sind die Eindringlichkeit der Gesichtszüge und die massigen Schädel. Der tiefe Haaransatz läßt die Stirn niedrig erscheinen, die Augenbrauen sind dicht und setzen sich bis über die Nasenwurzel fort. Die schmalen Augen sind nicht ganz geöffnet, die Lippen sind genau herausgearbeitet, die Oberlippe ist stark gewölbt.

Bei den buddhistischen Statuen der Heian-Zeit ist neben stilistischen Eigenheiten auch eine gewisse Eigenwilligkeit in der Wahl der Sujets festzustellen. Im Verlauf der Heian-Epoche entwickelte sich zu-

Links: Kumano Nachi Sankei Mandala. *Ende der Muromachi-Zeit.*

nächst der Glaube an den Bosatsu Kannon, der zunächst männlich war, später aber eindeutig weibliche Züge annahm. Mehr noch als der elfköpfige Kannon, der in der Tempyô-Zeit sehr beliebt war, wurde immer häufiger der tausendarmige Kannon dargestellt. Zwar stellte man ihn üblicherweise mit weniger als «tausend» Armen dar, aber jede Hand gewährt dem Menschen etwas auf eine jeweils besondere Weise. Hierin ähnelt dieser Kannon den japanischen Gottheiten, die sich ihre Aufgaben teilen und denen in ihren Bereichen ganz bestimmte Funktionen zugewiesen sind. Der tausendarmige Kannon war wohl nicht zuletzt deshalb in der Heian-Zeit besonders beliebt, weil mit ihm unter den buddhistischen Wesen jenes ausgewählt wurde, das am besten mit den überlieferten Glaubensvorstellungen der Bewohner des Archipels harmonierte.

In der ersten Hälfte der Heian-Zeit wurden weiterhin zahlreiche Myôôs – «Wissenskönige», Verkörperungen esoterischen Wissens, die Schutzfunktionen in der Religion ausüben – angefertigt. Der Fudômyôô wurde neben Kannon zur beliebtesten buddhistischen Gestalt. Dies hängt damit zusammen, daß die Myôôs ursprünglich Gottheiten des Hinduismus waren, die dem Buddhismus einverleibt wurden, aber anfangs keine große Bedeutung erlangten, da sie von ihren hinduistischen Wurzeln abgeschnitten waren. In China wurden sie deshalb selten dargestellt, und im Japan des 7. und 8. Jahrhunderts, das sich den Buddhismus des Festlands zu eigen machte, war dies nicht anders.

Das verstärkte Auftreten des Fudômyôô im 9. Jahrhundert hängt mit dem wachsenden Einfluß der esoterischen Schulen von Tendai und Shingon zusammen. Die beiden unterschiedlichen Haltungen, die der Buddhismus gegenüber dem religiösen Heil und dem menschlichen Unwissen – der «Trübung» des Blickes durch die Leidenschaften – einnimmt, werden durch Kannon und Fudô zum Ausdruck gebracht. Grundsätzlich stehen den Gläubigen zwei Wege zum Heil offen: Einerseits kann er durch die Barmherzigkeit Buddhas erlöst werden, indem Kannon – oder ein anderer Bodhisattva, der das Gelübde abgelegt hat, in der Sphäre der Menschen zu verbleiben – ihm in der Stunde seines Todes entgegenkommt und ihn ins Nirvana führt; andererseits kann er sich mit Hilfe des Fudô-myôô – als einer der

«Wissenskönige» ist der Fudô im buddhistischen Pantheon zwischen den Bodhisattvas und den Shi-tennô, den «Weltenwächtern», angesiedelt, die ihrerseits über den Ten, den «Gottheiten», stehen – selbst retten, indem er die «geistigen Trübungen» bekämpft. Während also der Kannon (wörtlich: «der mitleidvoll herabblickt») zu

Oben: Fuji Sankei Mandala. *Muromachi-Zeit. Fujisan-hongu-sengen-Schrein, Shizuoko.*

den Menschen herabsteigt, um ihnen seine Barmherzigkeit zuteil werden zu lassen, steht der Fudô, der meist mit einem zornigen Gesicht dargestellt ist, ihnen bei ihrem Versuch zur Seite, durch Überwindung des Bösen aus eigener Kraft zur Wahrheit vorzudringen. Symbole der Funktionen des Fudô sind das Schwert, das er in der rechten, sowie die lassoartige Fangschlinge (kenzaku), die er in der linken Hand hält: Mit dem Schwert, dem Symbol des Wissens, durchschneidet er die «geistigen Trübungen», und mit dem kenzaku fesselt er sie anschließend.

Eine besondere Form der Malerei, die in enger Beziehung zum esoterischen Buddhismus stand, hatte das Mandala zum Thema. Während der exoterische Buddhismus dem Menschen einen vergleichsweise leichten Weg ins Nirvana weist — beispielsweise in der Schule des Reinen Landes durch die Anrufung Amida-Buddhas —, ist der Weg zur Erlösung in esoterischen Schulen allein den Eingeweihten vorbehalten und an Meditationsübungen, komplizierte Rituale sowie geheime und zum Teil magische Praktiken gebunden. Die Mandalas stellen Anleitungen für Meditationsübungen dar. In den synkretistischen japanischen Schulen wurden dabei die buddhistischen Wesen einmal mehr mit shintoistischen Gottheiten verschmolzen beziehungsweise durch sie ersetzt.

Bekanntlich unterscheidet der esoterische Buddhismus die «Mandalas zweier Sphären»: die Welt des Taizô-kai, das ist die «Sphäre des Mutterschoßes», und die Welt des Kongô-kai, die «Sphäre des Donnerkeils»; beide gemeinsam bilden das Mandala der zwei Welten.

Das Mandala des Taizô-kai wird bildlich durch ein verschachteltes Quadrat dargestellt, wobei sich die jeweils äußeren und immer größeren Quadrate vom Zentrum aus entfalten. Im zentralen Quadrat ist ein stilisierter achtblättriger Lotos zu erkennen, der die insgesamt fünf Buddhas (Nyorais) des esoterischen Wissens in Begleitung der ihnen zugehörigen Bodhisattvas (Bosatsus) zeigt. Im Zentrum der Lotosblätter befindet sich der Dainichi-nyorai.

Die «Sphäre des Mutterschoßes» entfaltet sich mit allen Einzelheiten gleichzeitig. Dies ist Ausdruck der Vorstellung, alles Seiende sei identisch, sei die Entfaltung einer einzigen Kraft, die den gesamten Kosmos durchdringt. Auch die Menschen haben so die Möglichkeit, die durch den Nyo-

rai Dainichi verkörperte Kraft des Absoluten in sich zu verwirklichen.

Im Mandala des Kongô-kai ist die Gesamtfläche in neun Quadrate unterteilt. In der Mitte des zentralen Sektors findet sich ein großer Kreis, in dessen eigenem Zentrum wiederum der Dainichi-nyorai sitzt, umgeben von den Nyorais der vier Himmelsrichtungen, die als Emanationen des Dainichi-nyorai angesehen werden. Im Gegensatz zur «Sphäre des Mutterschoßes» entfaltet sich die «Sphäre des Donnerkeils» nicht synchron, sondern in Stufen nacheinander. Entsprechend sind auch die Meditationsübungen streng hierarchisch gegliedert.

Die esoterischen buddhistischen Schulen von Tendai und Shingon nahmen shintoistische Elemente in sich auf und ersetzten häufig die buddhistischen Wesen — die Nyorais ebenso wie die Bosatsus, die Myôôs oder die Shi-tennôs — durch shintoistische Gottheiten. Gleichzeitig mit der Entwicklung der suijaku-Lehre wurden gegen Ende der Heian-Zeit auch suijaku-Mandalas geschaffen. In manchen Fällen stellen sie nur die Nyorais in der traditionellen Konfiguration dar, mit dem Dainichi-nyorai im Zentrum, die jedoch durch shintoistische Gottheiten wie den Yuya Honji ersetzt sind («Mandala des Sannô Honji», Museum von Nezu); in anderen Fällen zeigen sie die Nyorais in Begleitung ihrer untergeordneten Emanationen, beispielsweise Bosatsus, die dann gleichfalls shintoistische Gottheiten sind («Mandala des Yuya Honji», Seigô-in, Kyoto). Weitere der synkretistischen Mandalas zeigen einen Shintô-Schrein mit einem unter dem Vordach aufgehängten buddhistischen Votivbild («Mandala des San-ôgu», Yamato Bunkakan), oder sie bilden einen Honjibutsu ab, der sich über einem Bergwald erhebt, unterhalb dessen sich eine Landschaft mit Shintô-Tempel hinzieht («Kasuga Mandala», Nara). Das gemeinsame Charakteristikum all dieser shintoistischen Mandalas besteht darin, daß die Bilder keine geometrische Aufteilung aufweisen.

Neben den esoterischen verbreiteten sich auch exoterische buddhistische Schulen in Japan. Für die Zeit am Ende der Heian-Epoche ist hier besonders die Schule des Reinen Landes zu erwähnen, die in einer Zeit politischer Wirren und bürgerkriegsähnlicher Zustände zunehmend an Bedeutung gewann.

Oben: Bildnis des Kôya-myôjin *(Karibamyôjin). Kamakura-Zeit. Wakayama, Kongôhô-ji-Tempel.*
Die Inschrift oben links weist darauf hin, daß dieser Myôjin ein Suijaku kami *des Dainichi-nyorai ist.*

In China entwickelte sich zwischen dem Ende des 6. (Sui-Dynastie) und dem Anfang des 7. Jahrhunderts (Tang-Dynastie) die Jingtu-Schule, die «Schule des Reinen Landes». Die Gläubigen dieser Schule verehrten Amitabha (japanisch: Amida), den Buddha des Unendlichen Lichts – in der Hoffnung, im Reinen Land wiedergeboren zu werden.

In Japan verbreitete sich der Amida-Buddhismus in der zweiten Hälfte des 8. Jahrhunderts, und im 10. Jahrhundert gewann der Glaube an das Reine Land mit dem Auftreten Ryôgens (912 – 985) und vor allem Genshins (942 – 1017), die der Tendai-Schule angehörten, einen entschei-

Von der realen Welt zum reinen Land

Oben: Rohfassung der Statue eines Mönches.

Gegenüberliegende Seite: Statue des Einsiedlers Basû. Höhe: 156 cm. 13. Jahrhundert. Rengeô-in (Sanjûsangen-dô, Kyoto).

denden Einfluß auf den Buddhismus der Heian-Zeit. Ryôgen stand vermutlich unter dem Eindruck der Schule des Reinen Landes aus dem koreanischen Silla, als er das Gokuraku Jôdo Kuhon Ojôgi schrieb, in dem er eine starke Betonung auf die Anrufungen Amida-Buddhas und die mit ihnen verbundenen Frömmigkeitsübungen legte. Genshins Ojôyôshû (985) wiederum prägte stärker als alle anderen buddhistischen Schriften das Denken des Adels am Hof von Heian.

Das Ojôyôshû beschreibt detailliert und anschaulich die Szenen der Hölle und das Paradies des Reinen Landes, indem es seinen Lesern den Onri-edo und den Gongu-jôdo vor Augen führt. Der Onri-edo stellt das irdische Leben dar, eine Welt der Begierden und Leidenschaften, die man bei Strafe des Höllensturzes verlassen soll, um das Reine Land zu suchen. Die Handlung, die den Eingang in dieses Paradies eröffnet, ist die Anrufung Amida-Buddhas (nembutsu).

Der Sinn dieser Anrufung besteht darin, daß sich der Gläubige Amida-Buddha anempfiehlt, daß er ihn mit geistigen Augen schaut. Durch Gebete und Meditation

schafft er die Voraussetzung dafür, daß Amida-Buddha seiner Seele in der Stunde des Todes entgegenkommt.

Der skulpturale Ausdruck der Meditation ist die Amida-Statue. Der Adel am Hof von Heian ließ zahlreiche Statuen für diesem Buddha geweihte Hallen herstellen. Zu den imposantesten Bauten aus dem 11. Jahrhundert zählte der nicht erhalten gebliebene Hôjô-ji-Tempel von Fujiwara Michinaga (Baubeginn 1019), der um die Halle des Amida (Muryôju-in) herum angelegt war. In dieser Halle mit neun Amida-Statuen ist Michinaga auch gestorben.

Sein Sohn Yorimichi schuf im Jahr 1053 die Phönix-Halle im Byôdô-in-Tempel von Uji. Der noch heute erhaltene Holzbau, dessen zwei Flügel symmetrisch von einer Zentralhalle ausgehen, liegt einem Teich gegenüber. Das mächtige, harmonisch geschwungene Dach, die schlanken Pfeiler der Kolonnade und die geringe Höhe des oberen Stockwerks verleihen der gesamten Fassade etwas Graziöses, fast Schwereloses. Die Decken und Pfeiler im Inneren der Zentralhalle sind geschmückt, während die Türen und die Wände mit Bosatsu-Figuren, die die Seelen Verstorbener in Empfang nehmen, versehen sind. Oben an den Wänden sind insgesamt 51 himmlische Wesen aus farbig gefaßtem Holz angebracht. Über dem Kopf der Amida-Statue schwebt ein reichverzierter Baldachin.

Die Figur des sitzenden Amida ist eine aus mehreren Einzelblöcken zusammengesetzte kolossale Holzstatue, die von Jôchô zur gleichen Zeit geschaffen wurde, in der die Halle entstand. Diese Amida-Darstellung kann als repräsentativ für die Skulptur der gesamten Fujiwara-Periode gelten.

Im Vergleich zu den Statuen des esoterischen Buddhismus aus der frühen Heian-Zeit wirkt Jôchôs Amida feiner und harmonischer. Seine besonderen Merkmale sind die feinen Gesichtszüge, der sanfte Blick und der entspannt wirkende Körper. Nichts an dieser Skulptur ist unmittelbar sinnlich, selbst das Gewand ist stilisiert: Der Faltenwurf dient nicht der Modellierung des Körpers, sondern er wirkt durch seine graziöse Schönheit für sich selbst.

In der Malerei der Fujiwara-Periode hat die Schule des Reinen Landes ihren Ausdruck in Bildern gefunden, die das Paradies des Amida-Buddha gemäß den Vorstellungen des Ojôyôshû schildern; etliche Darstellungen zeigen den Buddha, wie er

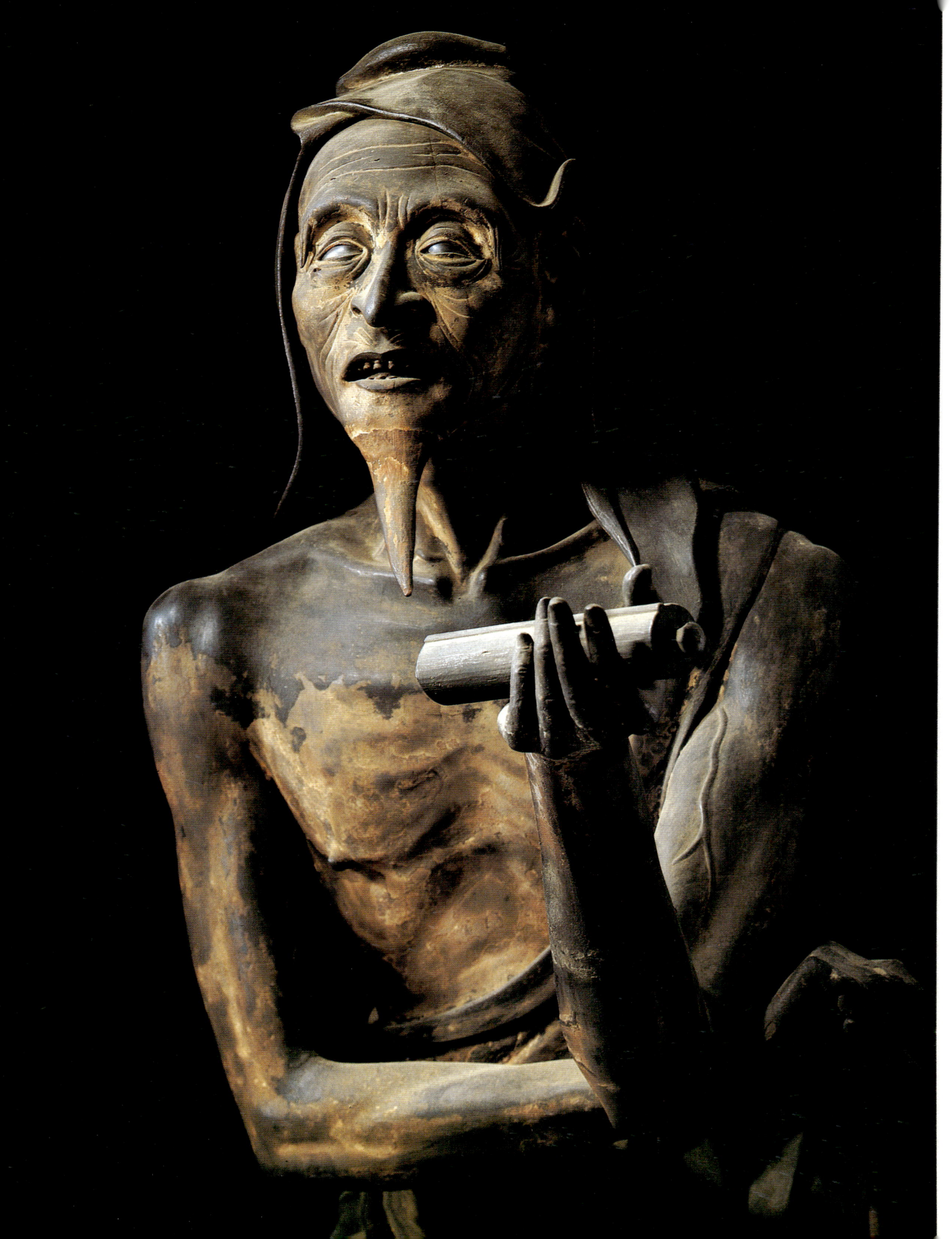

Unten: Rezitieren des nembutsu *im Seiryô-ji-Tempel, Kyoto.*

Unten: In der Haupthalle des Seiryô-ji rezitieren die Mönche die heiligen Worte des nembutsu: namu-amida-butsu.

die Seelen der Verstorbenen empfängt. Beide Motive kamen gleichzeitig mit dem Amida-Glauben aus China. Die einflußreichste der Darstellungen des Reinen Landes war ein im 8. Jahrhundert in China entstandenes Bild, das gegen Ende des Jahrhunderts nach Japan gelangte und als *Taima-mandala* bekannt ist.

Eines der frühesten Beispiele, das Amida-Buddha beim Empfangen der Seelen zeigt, findet sich in der Phönix-Halle; seine Entstehungszeit ist auf die Mitte des 11. Jahrhunderts datiert. Seit dieser Zeit wurde das Motiv häufiger bearbeitet, und das repräsentativste Gemälde ist der *Amida Shôju Raigôzu* von Takanoyama. Das Bild zeigt Amida-Buddha in Frontalansicht in der Bildmitte; er sitzt auf einer Wolke, und um ihn herum sind seine himmlischen Wesen gruppiert.

Es ist interessant zu verfolgen, unter welchen historischen Voraussetzungen sich die aus China stammende Schule des Reinen Landes gegen Ende der Heian-Zeit, am Ausgang des 11. und zu Beginn des 12. Jahrhunderts, in Japan verbreiten konnte.

In dieser Epoche begann die Entwicklung des Lehenssystems die wirtschaftlichen Grundlagen des alten Rechtssystems zu untergraben. Die Lehen waren Privateigentum der Kaiser- und der Fujiwara-Familie sowie der großen Tempel und fielen deshalb nicht unter die Steuerpflicht. Die Ausdehnung des Lehenssystems und das alte Rechtssystem, das wirtschaftlich auf den von den Provinzen zu zahlenden Steuern gründete, gerieten in Widerspruch zueinander. Zu den Auseinandersetzungen zwischen den um größere Unabhängigkeit bestrebten Provinzen und der Zentralregierung kam so ein Interessenkonflikt zwischen dem niederen und dem mittleren Adel sowie den Beamten auf der einen und dem landbesitzenden Hochadel auf der anderen Seite hinzu. Politisch führte dies zu einer Splittung der herrschenden Schichten, in deren Folge ein Regierungssystem errichtet wurde, in dem der Kaiser seit 1086 im Hintergrund blieb und der politische Einfluß der großen Tempel erheblich gestärkt war. Die Tempel wurden ihrerseits von soldatischen Mönchen geführt, was den Aufstieg einer Kriegerkaste nach sich zog.

In der zweiten Hälfte des 12. Jahrhunderts führten diese Machtkämpfe mehrfach zu offenen militärischen Auseinandersetzungen. Die öffentliche Sicherheit in Kyoto war nicht mehr gewährleistet, denn im Anschluß an heftige Kämpfe zogen Plünderer durch die Stadt. Hinzu kamen Brände und Hungersnöte, so daß, wie der Verfasser des *Hôjôki* bemerkte, der Zusammenbruch der in der Heian-Zeit geltenden Ordnung nicht mehr kaschiert werden konnte.

Der Zerfall des alten Herrschaftssystems fand auch in buddhistischen Begriffen wie dem Ausdruck «Welt in der Zeit ihres völligen Niedergangs» seinen Niederschlag. Das Zeitalter nach dem Tod des historischen Buddha wird in drei Abschnitte gegliedert: die Zeit der vollen Kraft und Reinheit der Lehre, die Zeit des Verfalls der Lehre, die Zeit des völligen Untergangs der Lehre. Im ersten dieser Abschnitte sind sämtliche Elemente des Buddhismus wirksam: die Lehre, die praktischen Übungen und die Weisheit, zu der man durch diese Übungen gelangt. In der zweiten Phase wirken nur noch die Lehre und die Übungen, und im dritten, dem Abschnitt des völligen Untergangs der Lehre, bleibt nur mehr ihre äußere Form erhalten: Zwar gibt es noch buddhistische Mönche, aber daß sie das Ziel der Buddha-Werdung erreichen, ist praktisch ausgeschlossen.

Gegen Ende der Heian-Zeit herrschten im Land anarchische Zustände: Raub und Mord, das heißt Taten, die einen völligen Bruch mit den Gesetzen Buddhas darstellen, standen auf der Tagesordnung. Damit hatte sich diese Welt dem *Edo* genähert, der Welt der Begierden. Zugleich wuchsen die Furcht vor der Hölle sowie die Bereitschaft, einen Glauben anzunehmen, der versprach, die Menschen in das Reine Land Amida-Buddhas hinüberzuführen.

Am Ende des 12. Jahrhunderts erschienen in der Kunst Japans Darstellungen der Hölle (das *Jigoku zôshi emaki*), der Krankheiten (das *Yamai no zôshi emaki*) und der Hungergeister (das *Gaki zôshi emaki*). In der Mitte des 13. Jahrhunderts findet sich dann im Jôjuraigô-ji-Tempel in Shiga das *Rokudôe,* eine Rolle mit fünfzehn Bildern, die unter anderem in jeweils vier Bildern

Oben links: Auszug aus dem fünften Band des Seiryô-ji engi *(1515), Kanô Motonobu zugeschrieben. Seiryô-ji-Tempel, Kyoto.*

Oben rechts: Statue des Shaka Nyorai. Höhe: 160 cm. 985. Seiryô-ji-Tempel, Kyoto.

Folgende Doppelseite:
Sentai sente Kannon *(Kannon mit den tausend Armen). Statuen, zwischen 165 und 168,5 cm hoch. Kamakura-Zeit. Rengeô-in (Sanjûsangen-dô).*

Höllendarstellungen traten bezeichnenderweise in einem geschichtlichen Augenblick vermehrt auf, in dem die Stabilität einer festen Gesellschaftsordnung nicht mehr gewährleistet war, sondern ein allgemeines Chaos drohte. Mit ihrem Aufkommen wandelte sich auch das Bild des Reinen Landes: Es wurde nun nicht mehr als Fortsetzung der realen Welt angesehen, sondern als deren radikaler Widerpart. Der Sprung von dem einen Bereich in den anderen war ohne den Beistand des Amida-Buddha überhaupt nicht möglich. Die Aufnahme der Seelen von Verstorbenen ins Reine Land ist daher im höchsten Maße dramatisch.

Der charakteristische Bildtypus des 11. Jahrhunderts, auf dem Amida-Buddha herabschwebt, um die Seelen der Verstorbenen aufzunehmen, zeigt seine erhabene Erscheinung im Kreis der himmlischen Wesen. Die repräsentativsten Bildtypen aus dem Zeitraum vom Ende des 12. bis zum Ende des 13. Jahrhunderts, in dem die Vorstellung einer «Welt des völligen Verfalls» ihren Gipfelpunkt erreichte, sind die *Yamagoe-Amida* und die *Haya-raigô.*

Auf dem ersten Bildtypus tritt die obere Körperhälfte des mächtigen, strahlenden Amida-Buddha wie ein Vollmond über den Umrissen eines Berges hervor. Bisweilen stehen mehrere himmlische Wesen auf dem Hang des Berges, so beispielsweise in dem *Yamagoe-Amida* aus dem 13. Jahrhundert, das sich im Zenrin-ji-Tempel in Kyoto befindet.

Zu den Bildern des zweiten Typus, der in China unbekannt war, zählt unter anderem das *Amida nijûgo bosatsu raigô zu* (13. Jahrhundert) aus der Sammlung des Chion-in in Kyoto. Begleitet von seinen Bodhisattvas hat Amida auf einer Wolke bereits den Berggipfel erreicht und schwebt nun von der oberen linken Bildhälfte wieder zu den betenden Menschen unten rechts im Bild herab. Amida steht aufrecht, die Wolke scheint die Luft zu durchbrechen, und er eilt zu den Menschen, die in ihrer letzten Stunde auf ihn warten.

Ein weiterer in China unbekannter Bildtypus ist das *Niga-byakudô zu.* Zwischen der Welt der Lebenden im unteren und dem Reinen Land im oberen Bildteil befinden sich zwei Flüsse *(niga),* der eine ein reißendes Gewässer, der andere ein Feuerstrom. Nimmt man den weißen Weg *(byakudô),* der über beide Flüsse führt, kann man von der einen Welt in die andere gelangen. Da der «Weiße Weg» ein frommes

Oben und gegenüberliegende Seite links oben: Statuen des Wind- (Höhe: 111,5 cm) und des Donnergottes (Höhe: 100 cm), die jeweils rechts und links neben dem tausendarmigen Kannon stehen. 13. Jahrhundert. Rengeô-in (Sanjûsangen-dô).

die Hölle und das Leben der Menschen thematisieren. Vergegenwärtigt man sich das Prinzip der sechs Stätten des Lebens — der Götter, der kämpferischen Geister, der Menschen, der Geister, der Tiere und dazu die Hölle —, dann bezieht sich das *Yamai no zôshi* auf die Stätte des Menschen und beschreibt minutiös die trostlosen und häßlichen Seiten der menschlichen Existenz in Form der Krankheiten. Zwar stellen die Dämonen, Geister und bizarren Wesen der Hölle den Gipfel der Grausamkeit dar, aber da ihre Opfer in die Hölle gekommene Menschen sind, entsprechen das *Jigoku zôshi* und das *Yamai no zôshi* einander, indem beide die leidvollen Seiten des menschlichen Lebens aufzeigen.

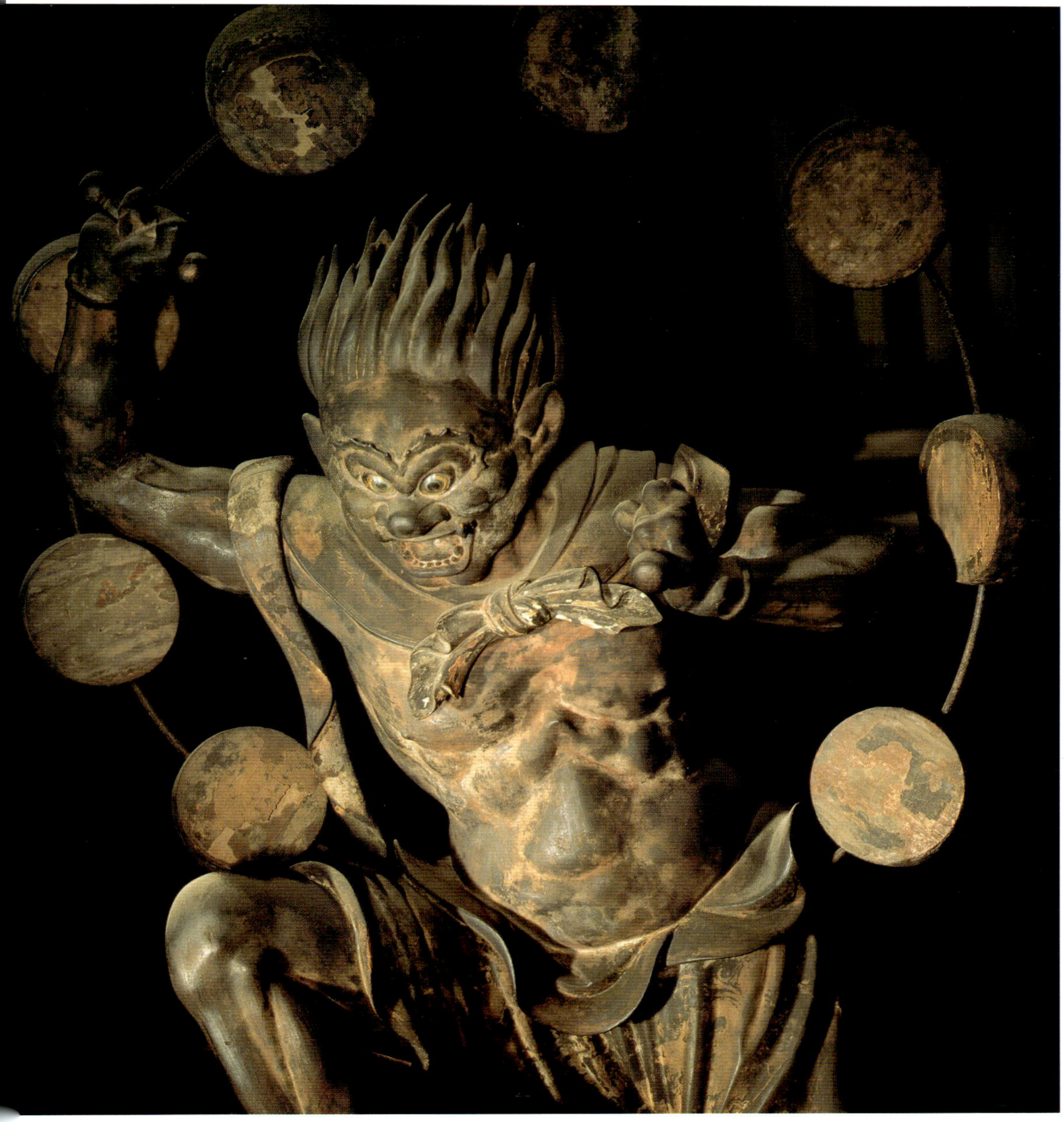

Unten und ganz unten: Ryûtôki- *(Höhe: 77,5 cm) und* Tentôki-*Statuen (77,8 cm) im Kôfuku-ji-Tempel von Nara. Die beiden Skulpturen aus dem Jahre 1215 wurden von Kôben geschaffen.*

Unten links: Buddhistischer Tempelwächter. Statue von Unkei. 13. Jahrhundert. Südlicher Haupteingang des Tôdai-ji-Tempels von Nara.

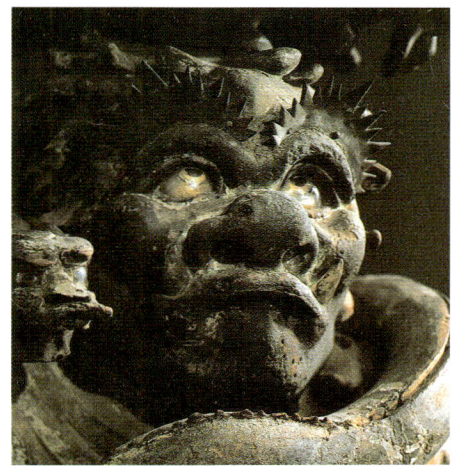

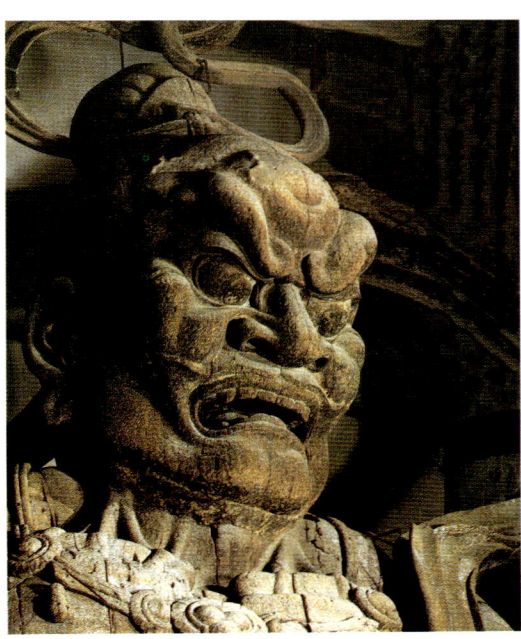

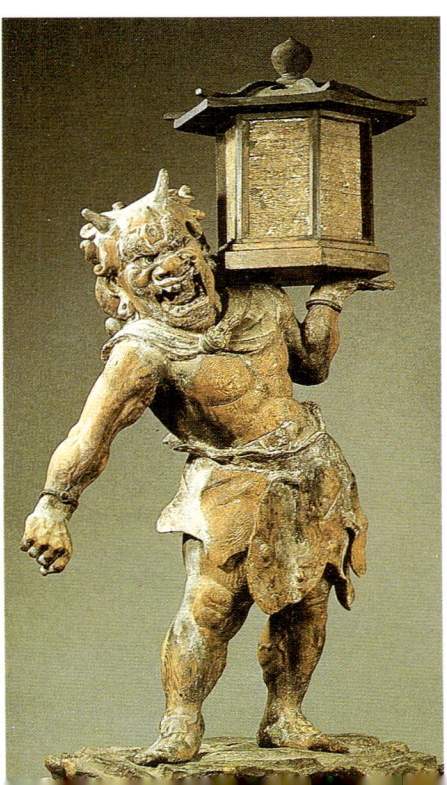

Leben im Glauben an das Reine Land symbolisiert, steht hinter diesen Bildern ganz gewiß die Absicht, die Gläubigen zu mahnen.

Die Vorstellung einer Welt, in der die Lehre verfällt, trug zur Verbreitung der Schule des Reinen Landes bei. Die Berührung mit dem Volk veränderte aber auch die Lehrinhalte. Genkû, ein Mönch der Tendai-Schule vom Hieizan, stieg auf den Berg, um dort den *Senchaku hongan nembutsu shû* – eine Sammlung von Auszügen aus dem Gelübde und der Anrufung des Amida-Buddha – zu singen. In Kyoto nahm er später den Namen Hônen an. Hônens Buddhismus stellte im Gegensatz zu frühe-

Oben: Der Genter Altar *(1432, Sint-Baafs-Kathedrale in Gent) von Hubert und Jan van Eyck.*
Auf den geschlossenen Altarflügeln sind im unteren Teil die Bildnisse des betenden Stifters Joos Vyd und seiner Eʼnefrau Isabelle Borlust zu sehen. Die Gesichtszüge des Stifters (Ausschnitt links) *wirken im Vergleich zu denen der Heiligen sehr menschlich.*

ren buddhistischen Schulen das individuelle Heil als Ziel der Frömmigkeitsübungen in den Vordergrund. Die Anrufung des Amida-Buddha war das einzige Mittel, dieses Ziel zu erreichen. Indem auf diffizilere Formen der Frömmigkeitspraxis und auf die Meditation verzichtet wurde, stellte die Anrufung Amidas eine im Prinzip jedem Menschen zugängliche «leichte Übung» dar. Auf diese Weise leistete Hônen sowohl einer Individualisierung und Verinnerlichung als auch einer Popularisierung seiner Schule Vorschub. Shinrans Neue Schule des Reinen Landes, der «Neue Buddhismus des Reinen Landes», hatte hierin ihren Ursprung.

DIE WIEDERENTDECKUNG DES DIESSEITS

Das *Senchaku hongan nembutsu shû* (1198) ist das Hauptwerk Hônens (1133 – 1212). Thema des *Senchaku* ist Amida-Buddhas Wunsch, die Menschen zu retten. Das Reine Land des Westens ist unter den verschiedenen Paradiesen, die der Buddhismus des Großen Fahrzeugs kennt, das, welches der Mensch nach Hônen wählen soll, und die Anrufung des Namens Amida-Buddhas *(nembutsu)* ist die entscheidende unter den diversen Frömmigkeitsübungen. Hônen schrieb mit dieser Lehrmeinung auch die Wahl der entsprechenden Sutras fest. Unter allen denkbaren

Oben: Chôgen-*Statue. Höhe: 82 cm. 13. Jahrhundert. Tôdai-ji-Tempel, Nara.*

Links: Statue des Elfköpfigen Kannon. Höhe: 177 cm. Heian-Zeit. Kôgen-ji-Tempel, Shiga.

Oben: «Schilderung des Bürgerkrieges von Heiji» (Heiji monogatari emaki). 13. – 14. Jahrhundert. Seikadô Bunko, Tokyo.

Sutras – darunter insbesondere das Lotus-Sutra, das die Tendai-Schule bevorzugte – wählte Hônen die «drei Sutras des Amida» aus. Entsprechend konzentrierte sich seine Schule unter allen Praktiken auf das *nembutsu,* wobei Hônen die bloße Anrufung des Amida-Buddha (*namu-amida-butsu,* «Ich nehme meine Zuflucht zum Buddha Amida») der Meditation vorzog. Des weiteren wandte sich seine Schule an das ganze Volk, das in der «Zeit des Verfalls der Lehre» lebte, und nicht etwa nur an den Adel.

Es könnte kein Denken geben, das vom shintô-buddhistischen Synkretismus weiter entfernt und der Tradition gegenüber kritischer eingestellt wäre, als Hônens Schule. Darüber hinaus steht sie auch jeglichem künstlerischen Empfinden und dessen bildlichem Ausdruck fern. Die Meditation hat Darstellungen des Reinen Landes und Statuen Amidas hervorgebracht, aber die Anrufung Amida-Buddhas geschieht allein durch die Stimme und kann bildnerisch nicht ausgedrückt werden. Seine unmittel-bare Darstellung sind die sechs Ideogramme, die die Anrufung des Namens Amida-Buddhas bilden und die Shinran zum Gegenstand des Kults machte: der «Name der sechs Zeichen», den es allerdings auch in acht oder zehn Zeichen gibt. Diese Ideogramme sind stets in einer Spalte geschrieben, an deren unterem Ende sich der Umriß eines Sockels in Form einer Lotusblüte befindet. Buddha-Statuen und -Bilder wurden von der neuen Schule zwar nicht grundsätzlich verworfen, aber ihre Bedeutung nahm doch merklich ab. Dafür fertigten die Schüler Hônens und Shinrans unermüdlich Statuen und Bildrollen an, die die Gründer der Schule darstellten und deren Leben und fromme Übungen vergegenwärtigten.

Unter diesen Statuen findet sich eine sitzende Figur aus Holz, die zu Beginn des 13. Jahrhunderts entstand (Raigô-ji-Tempel im Dorf Toki, Präfektur Nara). Der markante Schädel weist auf eine starke Persönlichkeit hin. Die Hände sind zum Rezitieren des *nembutsu* gefaltet, das linke Bein ist angewinkelt.

Keine andere Statue strahlt eine solch starke Persönlichkeit aus wie diese. Vergleichbar beeindruckende Statuen lieferte allein die Porträtkunst des 13. Jahrhunderts, deren herausragendstes Beispiel der im Nishi-hongan-ji-Tempel von Kyoto aufbewahrte *Kagami no miei* ist (Tusche auf Papier), ein Werk von Sen-Amida-butsu, einem Sohn von Fujiwara Nobuzane. Stehend und schräg nach rechts gewendet, hält die porträtierte Person mit beiden Händen einen Rosenkranz. Die vorderen Hälften seines Gewands, die von den Schultern herabfließen und sich in den Ärmeln fortsetzen, sind mit prägnanten und doch nuancierten Pinselstrichen in satter Tusche gemalt, die hervorragend die Robustheit des Körpers wiedergeben. Im Gegensatz dazu geben der mit feinen Strichen gemalte Kopf, die buschigen Augenbrauen, der geschlossene Mund und die schmalen Wangen eine Persönlichkeit zu erkennen, der eine starke innere Überzeugung eigen ist.

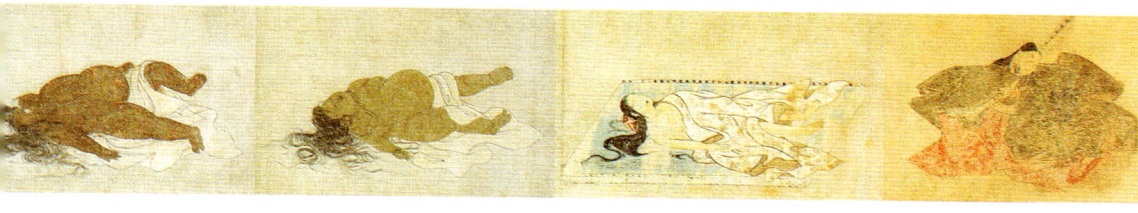

Oben und links: Kusôshi emaki, *Mitte der Kamakura-Zeit. Die Bildrolle zeigt die neun Stadien, die ein Leichnam braucht, um wieder Staub zu werden.*

Im 14. Jahrhundert begegnet man unter den Darstellungen des Lebens der Schulgründer dem «Leben des Hônen» *(Hônen shônin-gyôjô-ezu)* in insgesamt achtundvierzig Bildrollen (Chion-in, Kyoto) sowie dem *Shinran-shônin-eden* (Nishi-hongan-ji). Für die Darstellungen Hônens beauftragten seine Bewunderer zahlreiche Künstler, die einige Jahrzehnte an den Bildrollen arbeiteten. Erst um die Mitte des 14. Jahrhunderts soll das Werk, das zugleich ein wertvolles Dokument zur Sittengeschichte dieser Epoche ist, vollendet gewesen sein.

Die in künstlerisch-grafischer Hinsicht herausragendsten unter diesen Querrollen (emaki) sind die zwölf auf das Jahr 1299 datierten Bildrollen des *Ippen-shônin-eden* oder *Ippen-bishiri-e* (Kangiko-ji-Tempel in Kyoto). Sie beginnen mit der Kindheit und den Lehrjahren des Mönchs Ippen auf Shikoku und Kyûshû, folgen ihm dann auf seinen Pilgerreisen über die ganze japanische Hauptinsel und enden mit seinem Tod in Hyôgo. Die Rollen geben in einem erfrischenden Stil gemalte Naturansichten mit Tempeln wieder sowie Männer und Frauen, die auf Reisen sind oder dort leben. Es werden Menschen aller Gesellschaftsschichten dargestellt, vom Adel bis hinab zu den Paria. In der Regel sieht man die Personen auf einer Diagonalen in einiger Entfernung vorüberziehen, wobei die Anordnung der Figuren den Bildern ihre Tiefe gibt. Sämtliche Darstellungen zeugen von einer scharfen Beobachtungsgabe, meisterhafter Pinselführung und einem beeindruckenden Realismus.

Das *Ippen-shônin-eden* ist nicht nur wegen der Vielfalt seiner Natur- und Personendarstellungen von seltenem Reiz und großer Originalität, sondern es prägte darüber hinaus auch einen besonderen *emaki*-Stil, der sich am Ende der Heian-Zeit durchsetzte und während der ganzen Kamakura-Zeit wirksam blieb.

Bilder der Buddhas. Statt dessen werden die Porträts der Gründer oder besonders vorbildlicher Priester und Mönche ausgestellt. Diese *Chinsô* entstanden seit der Kamakura-Zeit in großer Zahl. Unter ihnen sind vor allem das *Rankei-dôryu-zô* (Kenchô-ji-Tempel) und das *Ikkyû-oshô-zô* (Porträt des Ikkyû, Nationalmuseum

Oben: «Herabkunft des Buddha-Amida mit seinem Gefolge» (Amida shôgu raigô-zu). Zweite Hälfte des 12. Jahrhunderts. Yûshi Hachimankô Jûhachikan-in, Wakayama.

Unter den neuen Richtungen des Buddhismus während der Kamakura-Zeit stammte allein die neue Schule des Reinen Landes aus Japan selbst, wohingegen die Zen-Schule Eisais, die Rinzai-Schule und Dôgens Sôtô-Schule von außen kamen. Das *Satori* der Zen-Schule — die intuitive Erleuchtung des Geistes — ist ein ganz individuelles Heil, das infolgedessen weder die Geschichte noch die Gesellschaft betrifft. Die neue Schule des Reinen Landes und die Zen-Schule sind in bezug auf die Transzendenz und die Verinnerlichung des Glaubens gleichermaßen radikal. Hieraus ergeben sich auch Gemeinsamkeiten der künstlerischen Hervorbringungen beider Schulen.

So entsprechen beispielsweise den Statuen Hônens und Shinrans die *Chinsô*, die Priesterbildnisse der Zen-Schule. In den Zen-Tempeln gibt es weder Statuen noch

Tokyo) zu erwähnen. Das erste, in farbiger Tusche auf Seide ausgeführte Werk zeigt den sitzenden Rankei mit einem Stock in der rechten Hand. Er ist mit einer leichten Schrägneigung nach links frontal dargestellt, in der typischen Pose des tugendhaften Mönchs. Auf dem Porträt Ikkyûs, das ebenfalls in farbiger Tusche gehalten ist, sieht man nur die obere, wiederum leicht nach links gewandte Körperhälfte, die dem Betrachter zugekehrt ist. Beide Porträts beeindrucken durch die stark individualisierte Zeichnung der Gesichter und fangen auf subtile Weise einen bestimmten Augenblick ein.

Ein bedeutendes Beispiel für die Skulptur der Kamakura-Zeit ist die Bronzestatue des Mönchs Butsudô (Hôkoku-ji-Tempel, Ehime). Besonders beeindruckend ist der durchdringende Blick der sitzenden, frontal dargestellten Figur. Der mächtige Körper, die rechte Hand, die einen Stock hält, sowie die fest geschlossenen Lippen und die Furchen zwischen den Augen – alles scheint darauf angelegt zu sein, die Wirkung des Blickes zu verstärken.

Ganz anders wirkt im Vergleich dazu die Statue des Musô (Zuisen-ji-Tempel, Kama-

Wenn Künstler wie Unkei und Kaikei ihre beeindruckenden Werke in der damaligen Zeit ohne Schwierigkeiten verwirklichen konnten, lag das gewiß auch daran, daß die Yoritomo-Krieger ihre politische Macht einsetzten, um die Wiederherstellung der verfallenen großen Tempel zu unterstützen. Nicht zuletzt konnte Fujiwara

kura) aus der Namboku-chô-Periode (1336 –1392), die durch herabfallende Schultern, einen schwachen Körperbau sowie ein Gesicht mit sanftem Blick und leicht geschlossenen Lippen charakterisiert ist.

Der Kamakura-Buddhismus hat viele neue Elemente in die Kunst eingeführt, doch stand nicht die ganze Kamakura-Zeit unter seinem unmittelbaren Einfluß. Zudem zeigte die neue buddhistische Schule auch Züge der Kunstfeindlichkeit. Viele Bauten und Kunstwerke dieser Epoche, zum Beispiel der Tôdai-ji- oder der Kôfuku-ji-Tempel, wurden nach den Vorbildern der großen Tempel aus der Nara- und der Heian-Zeit geschaffen. Die Mehrzahl der Meisterwerke entstand ohnehin unabhängig vom Einfluß der verschiedenen buddhistischen Schulen.

Takanobu gerade deshalb die Porträts von Minamoto Yoritomo und Taira Shigemori malen, weil in dieser Epoche, die ein «Jenseits» entdeckte, zugleich auch die Wiederentdeckung des «Diesseits» erfolgte; hieraus entwickelte sich der «Kamakura-Realismus».

DER REALISMUS DER KAMAKURA-ZEIT

Nachdem Minamoto Yoritomo die Macht ergriffen und das Shogunat in Kamakura begründet hatte, versuchte er, seine Beziehungen zu den Tempeln der alten buddhistischen Schule zu verbessern. Dies geschah unter anderem dadurch, daß er den Wiederaufbau der Gebäude betrieb, die während der Unruhen in der ausgehenden Heian-Zeit zerstört worden waren. Wenn er den Künstlern Kôkei, Unkei und Kaikei

Oben: Bildnis Zendôs. *Anfang der Muromachi-Zeit. Aus dem Mund Zendôs, der den* nembutsu *rezitiert, treten sechs kleine Buddhas hervor, die für die sechs Schriftzeichen der heiligen Anrufung Amida-Buddhas stehen.*

Oben links: Nika hyakutô-zu. *Ein Mensch, der durch die Verfolgung von Mördern und Dämonen in tiefe Verzweiflung geraten ist, wird von Amida gerettet.*

und weiteren buddhistischen Schnitzern aus Nanto (Nara) Stätten für ihr künstlerisches Schaffen zur Verfügung stellte, dann nicht, um einen neuen Stil zu fördern, sondern um die Wiederherstellung der alten buddhistischen Tempel voranzutreiben. Dies führte schließlich dazu, den Tempyô-Stil wiedererstehen zu lassen.

Es ist ein häufig zu beobachtendes Phänomen in der Kunstgeschichte, daß stilisierte Innovationen zum einen durch die Abkehr von den Normen der unmittelbar vorangehenden Zeit und zum anderen durch die Anlehnung an frühere Stilepochen gekennzeichnet sind. Der Rückgriff auf eine mehr oder weniger weit zurückliegende Epoche – auf die «Klassiker» – verbürgt gewissermaßen den Kunstcharakter des Neuen, der ansonsten durch dessen Opposition gegen aktuell noch geltende Werte leicht in Frage gestellt werden könnte. So verhielt es sich auch bei der Kamakura-Skulptur.

Auch in der Wahl der Materialien folgten die Kamakura-Künstler ihren Vorbildern aus der Heian-Epoche. Die Skulpturen der Kamakura-Zeit sind zum großen Teil aus Holz und in geringerer Zahl aus Metall. Die Kunst der Holzbildhauerei, einschließlich des Zusammensetzens von mehreren Einzelblöcken zu gewaltigen Statuen, hatte im Verlauf der Heian-Zeit große Fortschritte gemacht. Die meisten Künstler der Kamakura-Zeit waren ebenfalls Meister in der Beherrschung dieser Technik, und durch Experimente mit feuchtem Holz näherten sie sich der Möglichkeit, ihr Material wie Gips zu modellieren, was ihnen eine naturgetreue Wiedergabe der Körperrundungen und eine Feinheit in der Darstellung der Gesichtszüge ermöglichte, wie man sie nur von den buddhistischen Statuen des 7. und 8. Jahrhunderts her kannte.

Diese Technik wurde gegen Ende der Heian- und zu Beginn der Kamakura-Zeit weiter verfeinert, was sich beispielsweise an dem weichen Fall der Gewandfalten, der minutiösen Nachbildung der Finger sowie den Augen aus Kristall (*gyokugan*) erkennen läßt. Die *gyokugan* steigern den Ausdruck des Blicks, lassen ihn durchdringender erscheinen.

Mit diesen Techniken hat die japanische Holzbildhauerei ihren Höhepunkt in der minutiösen Wiedergabe von Details erreicht. Beispiele für das hohe Niveau der Kunst dieses Zeitraums sind unter anderem der elegante Faltenwurf des Gewands der

1192 von Kaikei gestalteten Skulptur des *Miroku-bosatsu* in der Sambô-in-Halle des Daigo-ji-Tempels von Kyoto oder die fein gebildeten Hände von Unkeis 1208 vollendetem *Miroku* in der Hokuen-dô-Halle des Kôfuku-ji. Oder auch der expressive Blick von Tankeis *Bishamonten* (13. Jahrhundert) des Sekkei-ji in Kôchi sowie die überaus natürliche Wiedergabe der Muskeln und Sehnen von Armen und Beinen, die Jokeis *Niô* (13. Jahrhundert) im Kôfuku-ji auszeichnet.

Die Künstler der Kamakura-Zeit orientierten sich an der Plastizität der buddhistischen Statuen der Tempyô-Zeit, und sie strebten, ungeachtet des Realismus in der Detailschilderung, wie die Tempyô-Künstler eine Idealisierung der menschlichen Gestalt an. Die Werke der Tempyô-Zeit zeigen einen ausgesprochenen Reichtum an Erscheinungsformen – von der Betonung fein ausgearbeiteter Gesichtszüge bis zur beeindruckenden Plastizität der Gesamtfigur; von hageren und kantigen Gestalten bis hin zu weichen Körperformen mit schwelgerischen Rundungen; von weichen, fließenden Gewändern, die den Körper verbergen, bis hin zu den Drapierungen, die seine Formen deutlich hervortreten lassen. Diese Kunst erfährt in der Kamakura-Zeit eine Art Restauration – in all ihrer beeindruckenden Vielfalt.

Wenn auch das allgemeine Ziel der buddhistischen Bildhauerei die Idealisierung des menschlichen Körpers war, stellte sich diese Idealisierung doch von Fall zu Fall anders dar, je nachdem, welche heilige Gestalt zum Motiv genommen wurde. Im Falle der Nyorais und Bosatsus ist die angestrebte Idealisierung in einem weichen, ebenmäßigen Gesicht und einem wohlproportionierten, üppigen Körper abzulesen. Beispiele hierfür sind die *Yakushi-sanzon* des Yakushi-ji-Tempels und vor allem die Assistenzfiguren des *Gakkô-bosatsu* und *Nikkô-bosatsu*. Auch die beiden Seitenfiguren des 1189 geschaffenen *Amida-sanzon* im Jôraku-ji-Tempel von Kanagawa entsprechen diesem Ideal. Sie haben leicht geschwungene Hüften, das Gewicht des Körpers lagert auf einem Standbein, während das Knie des anderen Beins leicht gebeugt ist; beide halten in einer Hand eine Lotusblüte. Brust und Bauch sind üppig gestaltet, und die durch das Gewand sichtbaren Wölbungen der Schenkel verleihen der gesamten Statue Plastizität. Die Körperhaltung wirkt locker und geschmeidig, die en face dargestellten Köpfe ruhen, die Figuren in ihrer Gesamtheit wirken nicht bewegt. Die eleganten Silhouetten sind statisch und erscheinen über alle Zeiten hinaus unwandelbar. Auch wenn die Proportionen des Körpers durchaus menschlich erscheinen, kann doch nicht von einer Abbildung realer Menschen die Rede sein: In Skulpturen wie diesen offenbart sich der transzen-

preßt, einer den Mund weit geöffnet, und die Arme sind drohend erhoben. Die Oberkörper sind entblößt, die Gewänder verhüllen die Unterkörper von der Taille abwärts und folgen den Bewegungen der ausschreitenden Beine. Diese Niôs strahlen, obwohl sie menschlichen Vorbildern nachempfunden sind, eine geradezu übermenschliche Kraft und Stärke aus.

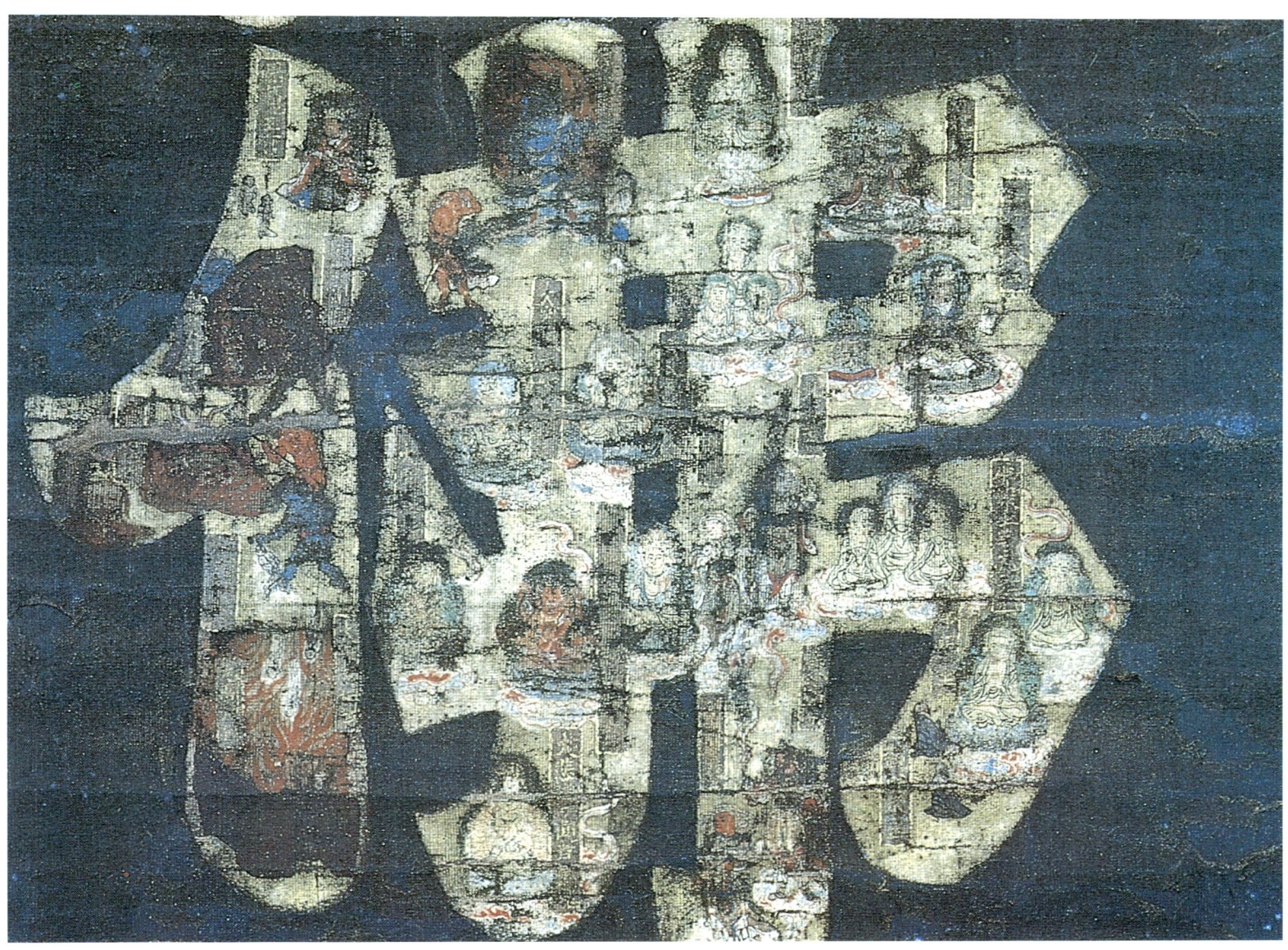

dente Charakter einer Existenz, die die sinnliche Welt *(shikikai)* mit ihren Leidenschaften *(yokukai)* hinter sich gelassen hat.

Die von Unkei und Kaikei geschaffenen *Niô*-Skulpturen des großen Südtores zum Tôdai-ji-Tempel (1203) sollen ein Bild der Kraft und Stärke bieten. Die einzig mögliche Idealisierung besteht in diesem Fall in der Darstellung eines athletischen Körpers. Die Figuren starren mit weit aufgerissenen Augen, einer hat die Lippen zusammenge-

Hierin ist ein allgemeines Charakteristikum der Kamakura-Skulptur zu sehen: Gleich, ob Bosatsus oder Niôs dargestellt werden, die Statuen nehmen den realen Menschen nur zum Modell, um seine körperlichen Merkmale zu übersteigern. Die idealisierten Gestalten lösen sich vom Vorbild des wirklichen Menschen und wirken zeitlos. Wenn die Bosatsus Mitleid ausstrahlen und die Niôs Schrecken verbreiten, so liegt das in ihrer Natur, gehört es zu

Oben (Detail) und gegenüberliegende Seite: Das Mandala der sechs Zeichen. Kamakura-Zeit (1185 – 1333). Ryûjô-ji-Tempel, Nara.
In den sechs Schriftzeichen (namu-amida-butsu) *werden die sechs Daseinsbereiche dargestellt.*

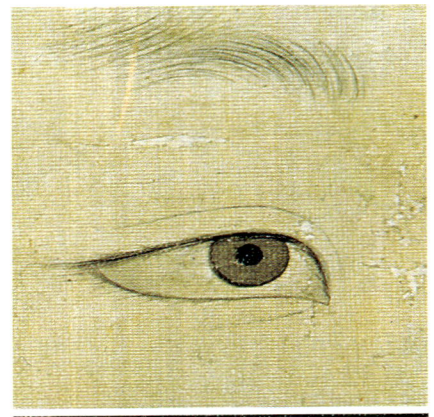

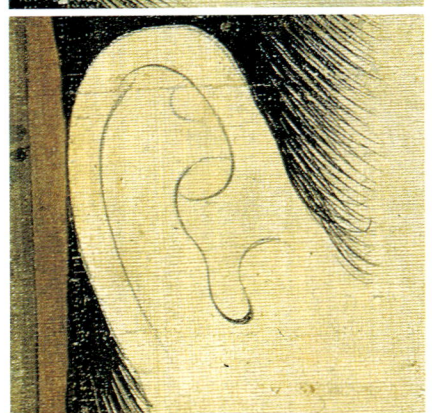

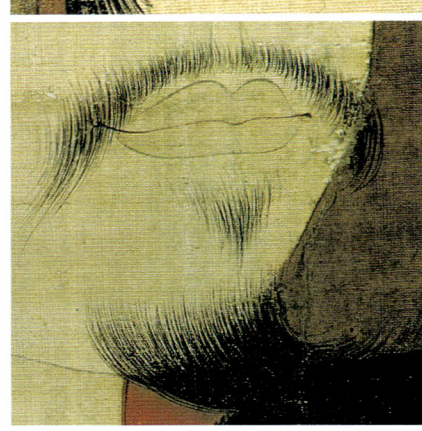

dem Bild, das man von ihnen hat. Kein Gefühlsausdruck, keine äußerlich sichtbare Willensanspannung ist individuell in dem Sinne, daß man sie als naturalistische Abbilder tatsächlicher momentaner Gefühlsausbrüche deuten könnte.

Einen individualisierten Ausdruck der menschlichen Persönlichkeit findet man in der Porträtplastik und -malerei. In der Kamakura-Zeit wurde eine Vielzahl von Porträtplastiken hergestellt, und auch das Repertoire der Darstellungsformen erweiterte sich.

ser Epoche gelten, idealisierte Porträts vorbildlicher Mönche und nicht Darstellungen von Schulgründern sind, deren individuelle Züge getreu festgehalten werden sollten. Kûya ist in Lumpen gekleidet und hält in der linken Hand einen Stock, den ein Hirschgeweih krönt. Beim Rezitieren des *nembutsu* schlägt er mit der rechten Hand auf die Zimbeln, die er über der Schulter trägt. Aus seinem Mund quellen eine Reihe kleiner Amida-Statuen heraus, die halbgeschlossenen Augen und der Gesichtsausdruck spiegeln den ekstatischen Zustand

Wenn man unter dem Begriff Realismus auch die möglichst getreue Wiedergabe der individuellen Persönlichkeitsmerkmale eines realen Modells versteht, dann muß eine Epoche, die eine große Vorliebe für die Porträtkunst zeigt, allein schon aus diesem Grund einen starken Hang zum Realismus aufweisen. Und dies gilt auch für den Kamakura-Realismus.

Bei den in der Regel frontal dargestellten sitzenden Mönchen, die oft sehr statisch wirken, tritt die Persönlichkeit eines Modells meist nur aus den Gesichtszügen hervor. Hinzu kommt, daß die Statuen des Mönchs *Kûya* aus dem Rokuharamitsu-ji-Tempel in Kyoto oder des Einsiedlers *Basû* im Sanjûsangen-dô, die als besonders repräsentative Beispiele der Porträtkunst dieser

des Mönchs wider. Kûyas Körper ist abgemagert, die Schlüsselbeine treten hervor, und an seiner gekrümmten Haltung wird erkennbar, daß es sich um einen Menschen handelt, der von einer langen Reise erschöpft ist. Der fast schon bizarre Kontrast zwischen einem müden Körper und dem verzückten Gesicht ist ein allgemeines Kennzeichen der Darstellung von Wandermönchen.

Der Einsiedler Basû wiederum zeigt das Profil eines in Lumpen gekleideten Greises, der Körper ist abgemagert, die Haut schlaff und runzlig, ihm fehlen Zähne, doch aus den Augen leuchtet ein lebendiges und eigentümliches Feuer.

Die Maler und Bildhauer der Heian-Zeit und mehr noch die Künstler früherer Epo-

Oben: Bildnis des Ikkyû, gemalt von seinem Schüler Bokusai. Zweite Hälfte des 15. Jahrhunderts. Nationalmuseum Tokyo.

Links: Vincent van Gogh (1853 – 1890). «Selbstbildnis» (à l'ami Gauguin). Arles, September 1888. Cambridge (Mass.), Fogg Art Museum der Harvard University.

chen waren seit jeher schon mehr oder weniger intensiv um die Darstellung des Alltagslebens bemüht gewesen. Die Skulptur der Kamakura-Zeit bezog ebenfalls verstärkt das Volk in den Kreis seiner Modelle und Motive ein.

Eine weitere Eigentümlichkeit der Porträtskulpturen dieser Zeit, der Versuch, individuelle Züge nicht nur statisch, sondern in Bewegung wiederzugeben, wird durch einen Vergleich des *Ganjin*-Porträts mit dem Anfang des 13. Jahrhunderts entstandenen Bildnis des *Chôgen* aus dem Shunjô-dô des Tôdai-ji-Tempels deutlich. Ganjin ist aufrecht sitzend dargestellt, die Augen sind geschlossen, die Hände über den Knien gefaltet. Sein kräftiger Körper entspricht vermutlich den Eigenschaften des

wirklichen Modells, doch der Ausdruck unwandelbarer Ruhe verleiht dem Porträt eine unrealistische Majestät. Hautfalten sowie weitere realistische Details sind weggelassen, und Ganjins Ohren sind so groß wie diejenigen Buddhas und weisen die gleiche stereotype Form auf.

Die Statue Chôgens hingegen verzichtet nicht auf die Wiedergabe von Einzelheiten: Die Gesichtsfalten, die Ohrmuscheln, die gesenkten Wimpern, die hohlen Wangen sowie die Muskeln und Sehnen des hageren Halses sind deutlich herausgearbeitet. Die Augen scheinen auf etwas zu blicken und erwecken den Eindruck, sie könnten sich jederzeit friedlich schließen und anschließend erneut öffnen. Chôgen läßt einen Rosenkranz durch seine Hände laufen, die

Gegenüberliegende Seite: Bildnisse des Minamoto Yoritomo *und des* Taira Shigemori, *Fujiwara Takanobu zugeschrieben. Um 1200. Jingo-ji-Tempel, Kyoto.*
Die Details (linke Bildkolonne) *zeigen die Meisterschaft des Künstlers, individuelle Merkmale seiner Modelle hervorzuheben.*

aber nicht – wie diejenigen Ganjins – unbeweglich wirken, sondern ebenfalls den Eindruck hervorrufen, als würden sie im nächsten Augenblick ihre Haltung ändern.

Von der realistischen Wiedergabe der Details in der Darstellung Chôgens einmal abgesehen, liegt der Hauptunterschied zwischen den beiden Statuen darin, daß Ganjin dem Betrachter ferner und entrückter, Chôgen dagegen ihm näher und lebensechter erscheinen, weil Ganjin in zeitloser Unwandelbarkeit verharrt, während Chôgen nur für einen Augenblick in seiner Bewegung gebannt scheint – und das, obwohl sich beide im Zustand der Meditation befinden.

Die Vollendung einer Kunst, bei der aus Ruhe Bewegung entspringt, ist mit Unkeis 1208 geschaffener *Muchaku*-Statue in der Hokuen-dô-Halle des Kôfuku-ji-Tempels erreicht. Muchaku ist eine historische Gestalt aus dem Gandhâra des 4. Jahrhunderts, doch hat für Unkeis Statue gewiß ein Japaner seiner Zeit Modell gestanden. Mu-

chakus Blick ist sanft, aber sein fest verschlossener Mund und sein kantiges Kinn deuten auf einen unbeugsamen Willen. Seine Habseligkeiten trägt er in der linken Hand. Aufrecht stehend, schaut er ruhig vor sich hin. Er hat den Fuß noch nicht erhoben, aber seine Haltung verrät, daß er sich gleich in Bewegung setzen wird.

Leidenschaften im buddhistischen Porträt entspringen einem jeweils besonderen Augenblick. Wenn zum Beispiel der *Archat* (Ton, 8. Jahrhundert) von der Pagode des Hôryû-ji-Tempels vor Schmerz schreit, so bezieht sich diese Darstellung auf den konkreten historischen Augenblick des Todes von Buddha Shakyamuni. Im allgemeinen wandeln sich Gefühle von einem Moment zum anderen, und mit ihnen wandeln sich auch die Gesten und Zeichen, durch die diese Gefühle ausgedrückt werden; mit dem Schwinden etwa des Schmerzes entzerrt sich ein Gesicht. Sieht man jedoch das Gesicht des Oka-dera, das von den Gesichtern der anderen Mönche stark ab-

Gegenüberliegende Seite: Notre-Dame de Paris, Ile de la Cité, Innenansicht.

Unten: Simone Martini (1284 – 1344). Verkündigung. 1333. Uffizien, Florenz.

89

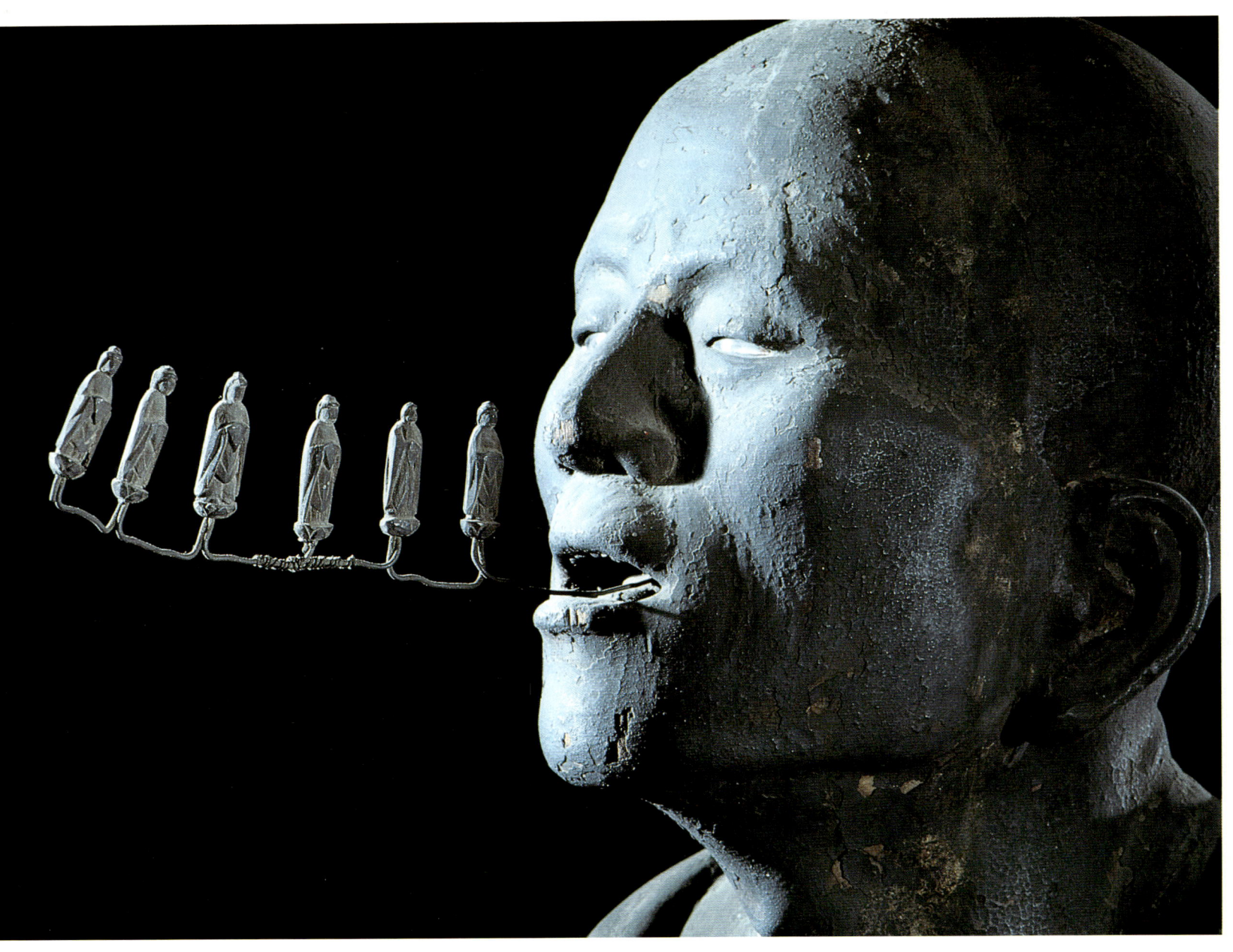

Oben und gegenüberliegende Seite:
Kûya-Statue von Kôshô. Höhe:
117,5 cm. 13. Jahrhundert.
Rokuharamitsu-ji-Tempel, Kyoto.
Die sechs kleinen Buddhas, die aus
Kûyas Mund treten, versinnbildlichen
die sechs Schriftzeichen der heiligen
Anrufung Amida-Buddhas (namu-
amida-butsu).

weicht, zweifelt man kaum daran, daß sich dieser Ausdruck in der Zeit nicht ändern wird.

Die beschriebenen Veränderungen in der Porträtkunst blieben nicht auf die Bildhauerei beschränkt, sondern sie dehnten sich auch auf die Malerei aus. Zudem blieben die Mönche nicht die einzigen Objekte dieser Kunst, fortan wurden auch Laien dargestellt. Das Porträt *Myôes* aus dem Kôzan-ji in Kyoto (Tusche und Farben auf Papier, 1230) zeigt Myôe im Lotussitz auf einem Kiefernast inmitten eines bewegt dargestellten Kiefernwaldes. Das Bildnis *Shinrans* aus dem Nishihongan-ji-Tempel (auch bekannt als *Kagami-no-mie,* Tusche auf Papier, 1255), das Sen Amida Butsu, dem Sohn Fujiwara Nobuzanes zugeschrie-

ben wird, arbeitet die charakteristischen Merkmale dieser Persönlichkeit prägnant heraus. Die Darstellung verzichtet auf jeglichen Hintergrund, das Gewand ist nur flüchtig umrissen, aber Kopf und Gesicht Shinrans sind mit feinen Pinselstrichen gezeichnet.

Der Kunstgriff, Kleidung und Hintergrund nur anzudeuten, um die Aufmerksamkeit des Betrachters auf das Gesicht zu lenken, ist auch bei den Fujiwara Takanobu zugeschriebenen Porträts von *Minamoto Yoritomo* und *Taira Shigemori* (Farbe auf Seide, Ende des 12., Anfang des 13. Jahrhunderts) angewendet worden. Der monochrome Hintergrund ist nüchtern und matt, die Umrisse sind geradlinig, die schwarzen Gewänder sind großflächig ge-

zeichnet und nehmen die gesamte Bildmitte ein. Den einzigen hellen Akzent auf dieser homogenen schwarzen Fläche bilden ein Zepter und ein Schwertgriff. Die mit feinen Strichen gezeichneten Gesichter sind leicht zur Seite gewendet, Yoritomo wird im rechtsseitigen, Shigemori im linksseitigen Halbprofil gezeigt. Die Augen verleihen dem Bildnis Yoritomos Lebhaftigkeit, während das Porträt Shigemoris Sanftheit ausstrahlt. Auf diese Weise geben beide Bilder individuelle Merkmale der Modelle wieder, obwohl die dünnen Schnurrbärte, die Kinnbärtchen und auch die Formen der Ohren bei beiden fast identisch sind.

Ein Grund dafür, daß ausgerechnet in der Kamakura-Zeit vergleichsweise viele Porträtstatuen und -malereien entstanden, ist mit Sicherheit im Niedergang der Aristo-

kratie des Hofes von Heian zu sehen, der auch das Verschwinden der durch sie geprägten Kultur nach sich zog.

Wenn die Ordnung einer Gesellschaft und ihrer Kultur, die in extremem Maße durch einen Gruppengeist geprägt war, zusammenbricht, treten wieder verstärkt die Individuen in den Vordergrund: Jeder einzelne zählt nur noch auf sich selbst, und Kreativität wie auch Persönlichkeit, die bei jedem Menschen verschieden sind, verschaffen sich verstärkt auch in der Kunst Geltung.

Darüber hinaus folgt aus der Tatsache, daß die Herrschaft des Adels untergraben wird, eine Aufwertung aller anderen Schichten und Individuen: Lehnsherren und reiche Gutsbesitzer aus der Provinz, Krieger, Jäger, Fischer, Freudenmädchen, Wandermönche und selbst Diebe sind fortan nicht mehr nur bloße Untertanen, son-

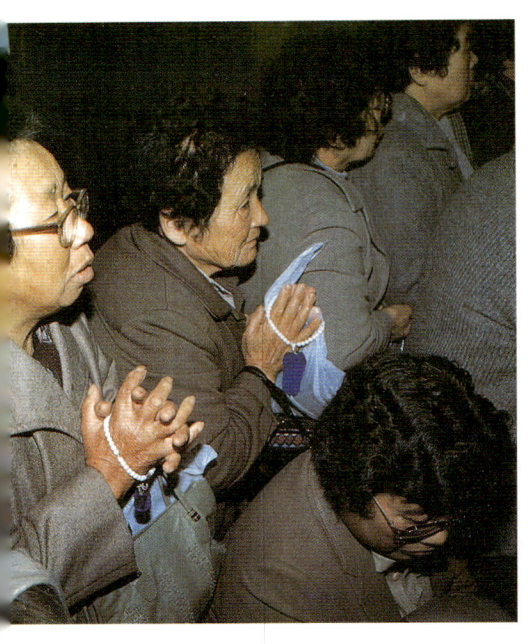

Oben und rechts: Im Higashihongan-ji-Tempel von Kyoto findet jedes Jahr vom 21. bis zum 28. November die Feier des Hôonkô statt, zu der viele Gläubige herbeiströmen. Am Abend des 25. November wird dort die Lebensgeschichte Shinrans vorgelesen.

dern sie treten als Individuen in Erscheinung. Menschen, die über ihre Gruppenzugehörigkeit definiert sind, haben keine unverwechselbare Persönlichkeit, doch das Volk ist eine Vielheit von einzelnen mit je einzigartigen Physiognomien.

Und schließlich wurde die Porträtkunst durch die zuvor erwähnten Individualierungs- und Verinnerlichungsbestrebungen der neuen buddhistischen Schulen gefördert: Die Schulen Shinrans und Nichirens waren von der Verwaltung der großen Tempel ausgeschlossen und verfügten somit nicht über die finanziellen Mittel, buddhistische Künstler in ihre Dienste zu nehmen. Die Zen-Tempel wiederum, die unter dem Verbot der bildlichen Darstellung Buddhas standen, ließen die Porträts ihrer Gründer oder hoher buddhistischer Würdenträger anfertigen, die sie in ihren Tempeln ausstellten.

Diese geschichtlichen Voraussetzungen trugen in Verbindung mit der Perfektionierung alter sowie der Entwicklung neuer Techniken dazu bei, daß der Kamakura-Realismus auch in der Porträtkunst zu höchster Blüte gelangte.

Unten: Szene vom letzten Tag der Feier des Hôonkô (28. November) im Higashihongan-ji von Kyoto.

Die Tuschmalerei zwischen Darstellung und Ausdruck

Bei der Tuschmalerei zeichnet der Künstler mit einem in Tusche getunkten Pinsel auf Papier oder Seide. Wenn er keine Farben verwendet, arbeitet er mit denselben Hilfsmitteln wie bei der Kalligraphie. Die Ausdrucksvielfalt dieser Kunst hängt davon ab, wie dick oder dünn der Pinselstrich oder wie gesättigt die Schattierungen ausgeführt werden. Neben der Beschaffenheit des Pinsels und der Verdünnung der Tusche lassen der Druck der Pinselspitze auf das Papier und die Geschwindigkeit der Pinselbewegung die Zeichnungen unterschiedlich ausfallen. Wird der Pinsel nicht rasch genug bewegt, durchtränkt die Tusche den Malgrund. Ein einmal gesetzter Strich kann anschließend weder korrigiert noch ausradiert werden. Die Pinselstriche müssen daher in einem Zug ausgeführt werden.

Diese technischen Voraussetzungen diktieren dem Maler einige künstlerische Bedingungen. Zunächst einmal kann er den Gegenstand nicht erst beim Zeichnen erkunden und beliebig ausgestalten, sondern er muß sich schon vor dem ersten Pinselstrich ein genaues «Bild» von ihm gemacht haben, das er dann in einem einzigen Zug auf den Malgrund bannt. Die aufmerksame Beobachtung geht immer der Umsetzung voraus.

Will der Künstler nicht einen Naturgegenstand abbilden, sondern ein überliefertes Vorbild der Tuschmalerei möglichst getreu nachahmen, muß er sich das Original Stück für Stück genau einprägen, ehe er es nachzuzeichnen beginnt. In einem Land wie China, wo das Anknüpfen an eine überlieferte und stetig verfeinerte Technik höher eingeschätzt wurde als das Schaffen von Bildern, in denen sich die Individualität des Künstlers ausdrückt, zählte die Nachahmung oder Kopie einer berühmten klassischen Vorlage zu den höchsten und verdienstvollsten Leistungen eines jeden Tuschmalers.

Die Freiheit der künstlerischen Schöpfung wurde überdies noch dadurch eingeschränkt, daß für eine Reihe von möglichen Bildelementen bestimmte Malweisen streng vorgeschrieben waren. So unterschied man beispielsweise verschiedene standardisierte Arten *(shunhô)*, Felsen zu zeichnen, und auch das Zeichnen der Blätter von Bäumen war durch eine Vielzahl von Vorgaben reglementiert, die in den Musteralben als nachahmenswerte Beispiele aufgeführt waren. Wurden diese Formen hinreichend beherrscht, war es dem Maler allerdings auch möglich, seine Arbeiten sehr schnell zu realisieren.

Die Striche geben die Spur der über das Papier eilenden Pinselspitze und damit sehr getreu den Akt des Zeichnens wieder, wodurch die Tuschmalerei auch in dieser Hinsicht eher der Kalligraphie als einem Gemälde vergleichbar ist. Die Bewegung des Pinsels entspricht der Bewegung der Hand, die zugleich die Bewegung des Herzens spiegelt. Die Pinselführung verrät so Charaktereigenschaften und Stimmungen des Künstlers: Zaudern oder Entschlossenheit, Zartheit oder Vehemenz, Selbstsicherheit, Würde oder Meisterschaft. Mit anderen Worten, das Innere des Malers, sein Geist und seine Gefühle, wird unmittelbar nach außen projiziert, wird zur Ausdruckskraft des Pinselstrichs, zum *hissei*. Der *hissei* kann entweder stärker die deskriptive Funktion des Strichs (Realismus) annehmen, oder er kann stärker die malerische Funktion – etwa in der abstrakten dekorativen Malerei – betonen. Wird diese malerisch-expressive Funktion extrem betont, dann tendiert die Tuschmalerei zu einem abstrakten «Expressionismus».

Die Technik der Tuschmalerei gelangte in China bereits in der Epoche der Song und Yuan zur Reife, doch wurden die kompositionellen Mittel in der Folgezeit maßgeblich erweitert. Man begnügte sich nicht mehr damit, mit dem Pinsel Zeichnungen auf weißem Hintergrund auszuführen, sondern malte die Hintergründe in abgestuften Schwarztönen aus. Dies konnte auf zweierlei Weise geschehen: Entweder wurden zunächst die Umrisse gezeichnet und anschließend Tuschlavierungen im Inneren hinzugefügt *(haboku)*; oder der Künstler begann damit, die Flächen durch das Auftragen verdünnter Tusche zu behandeln,

Oben: «Zwei Zen-Patriarchen in innerer Harmonie» (Ausschnitt). Shi Ko zugeschrieben. 10. Jahrhundert. Nationalmuseum Tokyo.
Shi Ko, ein chinesischer Maler aus der Zeit der fünf Dynastien, ist bekannt für seine kräftigen Pinselstriche.

Gegenüberliegende Seite: Die Tuschmalerei gelangte in der Kamakura-Zeit nach Japan. Sie hat bis auf den heutigen Tag eine enge Beziehung zum Zen-Buddhismus bewahrt.

ohne die Konturlinien besonders zu betonen *(hatsuboku)*.

Der unbestrittene Meister des *shiboku* – einer Maltechnik, bei der die Tusche mit den Fingern statt mit dem Pinsel aufgetragen wird – war Ike no Taiga, der im Japan des 18. Jahrhunderts wirkte. Die mit der in Tusche getunkten Fingerkuppe aufgetragenen Striche sind breit und locker, die nur mit dem Fingernagel ausgeführten spitz und dünn.

Diese Techniken haben in erster Linie die deskriptiven Möglichkeiten der Tusch-

Marc und Wassily Kandinsky gegründete Künstlergemeinschaft «Der Blaue Reiter» ist hier hervorzuheben. Faßt man den Begriff weiter, könnte man beispielsweise im Hinblick auf das «Action Painting» des Amerikaners Jackson Pollock von einem «abstrakten Expressionismus» sprechen. Der Begriff Expressionismus bezeichnete dann weniger eine Darstellung von Landschaften oder Tieren im Stile von Franz Marc als vielmehr eine künstlerische Haltung, die ganz allgemein die Darstellung der Wirklichkeit hinter den Ausdruck der

Oben: Sôami (zugeschrieben), «Acht Ansichten von Xiao und Xiang» (Shôshô hakkei-zu). 1513. *Daisen-in-Tempel, Kyoto.*
Die «Acht Ansichten» waren ursprünglich ein Genre der chinesischen Landschaftsmalerei, das sich später auch in Japan größter Beliebtheit erfreute. Japanische Künstler stellten so immer wieder die Landschaft von Xiao und Xiang dar, die sie selber nie gesehen hatten.

malerei vermehrt, aber sie boten den Künstlern gleichzeitig auch zusätzliche Mittel des expressiven Ausdrucks. Denn das Spiel mit Farbtönen und Schattierungen vermag auf vergleichbare Weise wie ein energischer oder ein weicher Pinselstrich den augenblicklichen inneren Zustand des Malers offenzulegen.

In Europa ist der Begriff «Expressionismus» nahezu ausschließlich einer künstlerischen Richtung vorbehalten, die sich kurz vor dem Ersten Weltkrieg herausbildete; namentlich die 1913 in München von Franz

Künstlerindividualität und ihrer Empfindungen zurücktreten läßt. Als Medium, in dem sich das Ich des Künstlers ausdrückt, erscheint die reale Außenwelt im Bild in anderer Gestalt – zum Beispiel extrem verzerrt – oder in anderen Farben als in der Wirklichkeit. Und in dieser Hinsicht zeigen sich expressionistische Tendenzen in der europäischen Malerei schon weit vor dem «Blauen Reiter».

Indem die Beschreibung der äußeren Welt dem Ausdruck innerer Zustände untergeordnet wird, zeigt sich deutlich, daß die abbildende Funktion der Kunst für den

Expressionismus im Prinzip völlig verzichtbar ist. So wandte sich etwa Wassily Kandinsky konsequenterweise schon bald der abstrakten Malerei zu. Die abstrakten Gemälde des Expressionismus unterscheiden sich ihrerseits grundlegend von denjenigen Paul Cézannes und der Kubisten oder auch von der Kunst Piet Mondrians. Wenn die Kubisten oder Mondrian auf eine ihnen eigene Weise versuchen, das Problem einer Übertragung der dreidimensionalen Wirklichkeit auf die zweidimensionale Fläche der Leinwand zu lösen, zielen sie damit

dualismus zu verstehen, sondern es ist ein Ich, das in der Welt aufgeht, das im Sinne des Pantheismus mit der Außenwelt zusammenhängt und sich über eine Teilhabe an ihr, nicht durch eine strikte Abgrenzung von ihr definiert.

Bei der Kalligraphie entsprechen die Schriftzeichen dem gezeichneten Gegenstand auf dem Bild. So stellt die Tuschzeichnung zum Beispiel eine bestimmte Wolke dar, während die Kalligraphie das Schriftzeichen «Wolke» danebensetzt.

nicht auf einen Ausdruck ihres Selbst, sondern sie streben eine Beschreibung der Wirklichkeit an – nicht ihrer äußeren Erscheinungen, sondern ihrer Strukturen und Gesetze.

Die Kalligraphie und die Tuschmalerei Japans zeigen eine Kandinskys Expressionismus verwandte Tendenz: Das Ziel des Tuschmalers liegt nicht darin, die Struktur der Welt zu erfassen, sondern er stellt die Außenwelt in Wechselwirkung mit seinen Gefühlen dar. Im *hissei* offenbart sich das «Ich» des Künstlers. Allerdings ist dieses Ich nicht im Sinne des modernen Indivi-

In Entsprechung zu bestimmten Schemata, nach denen in der Malerei ein Gegenstand auf der Leinwand dargestellt werden kann, gibt es auch in der Kalligraphie festgelegte Pinseltechniken, die den verschiedenen Elementen eines Schriftzeichens entsprechen.

Diese Techniken wirkten auf die Tuschmalerei zurück. Nimmt man Zeichnungen wie den *Hanshan* (japanisch *Kanzan*) des Kaô aus der ersten Hälfte des 14. Jahrhunderts, Josetsus «Die drei Lehren (Shâkyamuni, Konfuzius und Lao-tze)» aus dem 15. Jahrhundert, Nôamis «Kannon im wei-

Oben: Ausschnitt aus Sôamis «Acht Ansichten von Xiao und Xiang».

*Rechts: Wassily Kandinsky
(1866 – 1941), «Grüngasse in Murnau».
1909. Lenbach Haus, Sammlung der
Städtischen Galerie München.*

*Oben: Das Russische Haus in Murnau,
in dem Kandinsky von 1909 an wohnte.*

ßen Gewand» (1468) oder Kanô Motonobus «Bodhidharma und Hui-k'o» aus dem 16. Jahrhundert, stellt man fest, daß die Umrisse der Gewänder sämtlicher Personen mit hellen oder dunklen Pinselstrichen gezeichnet sind. Dieser Stil erklärt sich nicht allein aus den jeweiligen Absichten, die mit den Darstellungen verfolgt wurden, sondern er geht auch auf den Einfluß der Kalligraphie zurück, der sich unabhängig von sämtlichen Schulen und Zeitstilen in zeitlich weit auseinanderliegenden Bildern bemerkbar macht.

Die vier obengenannten Bilder stellen allesamt außergewöhnliche Persönlichkeiten dar: Kanzan, Konfuzius, Shâkyamuni, Lao-tze, Kannon, Bodhidharma Hui-k'o. Diese legendären Persönlichkeiten gelten als Inbilder seelischer Stärke, und es fällt auf, daß sich japanische Tuschmaler eines von der kalligraphischen Tradition inspirierten Stils bedienten, um den Geist dieser Personen zu vergegenwärtigen. Der Geist eines Menschen offenbart sich in seinem Gesichtsausdruck und mehr noch in seinem Blick. Ein erster Kunstgriff zur Darstellung einer ausgeprägten Geistigkeit besteht in der vereinfachten Wiedergabe des Hintergrunds und der unwesentlichen Körperteile, wodurch die Aufmerksamkeit des Betrachters ganz auf das minutiös gezeichnete Gesicht gelenkt wird.

Josetsu läßt den Hintergrund ganz weg, Kaô zeichnet mit heller Tusche lediglich den Ausschnitt einer Kiefer. Wenn Nôami seine «Kannon im weißen Gewand» (Farben auf Seide) in eine Landschaft aus Wasser, Felsen und Gräsern plaziert oder Motonobu Bodhidharma und Hui-k'o einander vor einem Felsengebirge gegenüberstellt, dann dienen diese Hintergründe zur Erklärung der jeweils dargestellten Situation: Die Kannon erscheint in der realen Welt, und Bodhidharma meditiert vor der Felswand.

Die japanischen Tuschmaler wollten durch die Verwendung von Pinseltechniken, die auf die Tradition der Kalligraphie zurückgehen, die Spiritualität der jeweils porträtierten Persönlichkeiten herausstellen; die Kalligraphie im allgemeinen und diejenige der Zen-Mönche im besonderen galt als visueller Ausdruck hoher Vergeistigung. In dem von der Kalligraphie inspirierten Pinselstrich wohnte ihrer Auffassung nach der Geist des Zen, und deshalb begnügten sie sich bei der Darstellung Bodhidharmas oder Kanzans nicht damit, diese legendären Gestalten mit einem durchdringenden Blick und in aufrechter Haltung zu porträtieren, sondern sie setzten zusätzlich den kalligraphischen Duktus ein, um die Vergeistigung zu betonen.

DIE CHINESISCHE UND DIE JAPANISCHE TUSCHMALEREI

In Japan wurden die chinesischen Tuschmalereien am Ende der Kamakura-Zeit hauptsächlich über die Zen-Tempel verbreitet, wobei umfangreiche Importe auf den Handel des Ashikaga-Shogunats mit der Ming-Dynastie zurückgingen. Selbst während der Abriegelung des Landes in der Tokugawa-Zeit riß der über Nagasaki laufende Einfuhrstrom nicht ab.

Vom 14. bis zum 16. Jahrhundert wurden vor allem die Malereien der Song- und der Yuan-Dynastie sowie deren Nachahmungen von China nach Japan gebracht, und vom 17. Jahrhundert an gelangten unter der Tokugawa-Herrschaft hauptsächlich Malereien der Ming- und der Qing-Dynastie ins Land.

Der Hauptgrund für diese Importe war gewiß die große Nachfrage. Die «rein japanische Malerei» *(yamato-e)* unterschied sich hinsichtlich der Darstellungstechniken wie auch ihrer bevorzugten Themen völlig von den chinesischen Tuschmalereien der Song- und der Yuanzeit, und ein sich wandelnder Zeitgeschmack förderte das Interesse an der Festlandskunst. Zen-Mönche hängten chinesische Malereien in ihren Wohnräumen auf, und Krieger dekorierten ihre Studierzimmer mit ihnen.

Die Frage nach den Schöpfern und den Charakteristika der importierten chinesischen Tuschmalereien ist von großer Bedeutung für die Geschichte der japanischen Kunst. Die japanische Tuschmalerei hat nämlich ihren Ursprung in der Nachahmung der Song- und Yuan-Malereien, und daran änderte sich bis zum Ende der Toku-

Unten: Alexej von Jawlensky (1864 – 1941), «Murnauer Landschaft». 1909. Lenbach Haus, Sammlung der Städtischen Galerie München.

Unten: Kaô, «Sperling unter Bambus» (Take suzeme-zu, *Ausschnitt*). Zweite Hälfte der Kamakura-Zeit. Yamato Bunkakan, Nara.
Kaôs Bild ist eine der frühesten japanischen Tuschemalereien überhaupt.

Oben: Zetian Wu Hon. Steinabreibung. 699. China.

Rechts und ganz rechts: Eine Kûkai (Kôbô Daishi) zugeschriebene Kalligraphie aus der ersten Hälfte des 9. Jahrhunderts.

gawa-Zeit nichts Wesentliches. Die Entscheidung für oder gegen bestimmte chinesische Künstler verrät also unzweifelhaft den Geschmack der Japaner und läßt mithin Rückschlüsse auf die Beschaffenheit der japanischen Kultur zu, die diesen Geschmack hervorbrachte.

Nach den schriftlichen Zeugnissen und der Anzahl der bis heute überlieferten Werke zu schließen, war Mûqi der beliebteste chinesische Künstler in Japan, gefolgt von Liang Kai. Hingegen wurden Werke von Ma Yuan und Xia Gui, den beiden bedeutendsten Hofmalern der Südlichen Song-Dynastie, in vergleichsweise geringer Zahl importiert.

Mûqi war ein Malermönch aus der zweiten Hälfte des 13. Jahrhunderts, das heißt der Zeit zwischen dem Ende der Song- und dem Beginn der Yuan-Dynastie. In seinen Werken verwendete er fast nie Farben. Bewundernswert ist sein nuancenreicher Einsatz der Tusche und die daraus resultierende feine Lavierung. In seinen Porträts pflegte er auch den feinen Pinselstrich, doch verglichen mit dem konzisen Stil eines Liang Kai erreichte er nie dessen realistische Genauigkeit. Mûqis malerische Sujets sind vielfältig, sie reichen von Gräsern und Blumen über Berge, Wasser und Vögel bis hin zu Menschen.

Das Bild «Fischerdorf in der Abendsonne» aus der Mûqi zugeschriebenen Serie «Acht Ansichten von Xiao und Xiang» (Nezu-Museum) stellt eine friedvolle Landschaft mit Bäumen am Wasser dar. Auf dem Wasser sieht man Boote, im Hintergrund sind unter Dunstschleiern verhüllte Berge zu erkennen. In dieser Zeichnung sticht kein einzelner Pinselstrich besonders ins Auge.

In dem Triptychon «Kannon, Affen und Kranich» (Farben auf Seide, Daitoku-ji-Tempel) verband Mûqi die Technik des *hatsuboku* mit einer lebhaften Pinselführung. Der auf einem Felsen sitzende Bodhisattva (Kannon) bietet einen Anblick des Friedens, die beiden Affen, die auf dem Ast eines alten Baumes hocken, wirken außergewöhnlich lebensecht, und der vor einem Bambuswäldchen stehende Kranich scheint im nächsten Augenblick davonschreiten zu wollen. Die außerordentliche Meisterschaft dieses Künstlers zeigt sich gleichermaßen in dem gelassenen Gesichtsausdruck des Bodhisattvas, der gewiß dem japanischen Geschmack sehr entsprach, wie auch in den eleganten Strichen seines

weißen Gewandes und dem samtigen Fell der Gibbons beziehungsweise dem satten Schwarz der Schwanzfedern des Kranichs.

Mûqi wurde in China nicht sonderlich geschätzt, weil hier zu seiner Zeit die Malerei der Kaiserlichen Akademie vorherrschte. Die Vorliebe, die die Japaner der Muromachi-Zeit für sein Œuvre zeigten, wirft mithin ein bezeichnendes Licht darauf, daß sein Stil einen Nerv der japanischen Kultur traf, der tiefer lag als die vordergründige Orientierung an Vorbildern, die vom Festland nach Japan gelangten.

Liang Kai war ein akademischer Maler aus der mittleren Periode der Südlichen Song-Dynastie, der mit Zen-Mönchen Umgang pflegte. In seiner Landschaftsmalerei legte er den Akzent auf den *hatsuboku* und nicht auf die Linienführung; überdies gab er offensichtlich dem virtuosen Spiel mit Abstufungen der Tusche gegenüber dem Einsatz von Farben den Vorzug, wenngleich er auch mit ihnen arbeitete. Ein Beispiel hierfür ist seine «Schneelandschaft» (Farben auf Seide, Nationalmuseum Tokyo). In seinen Bildnissen von Personen zeichnete er sich gleichermaßen durch Diskretion und realistische Genauigkeit aus. Die Zeichnung «Li Bai beim Rezitieren» (Tusche auf Papier, Nationalmuseum Tokyo) ist repräsentativ für seine Porträtkunst.

In China gehörte Liang Kai nicht zur Hauptströmung des akademischen Stils, sondern er galt als Außenseiter. Die repräsentativen Vertreter der Hofkunst zur Zeit der Südlichen Song-Dynastie waren, wie schon angedeutet, Ma Yuan und Xia Gui. Der akademische Stil, wie ihn Bilder von Li Tang — einem Künstler aus der Zeit am Ende der Nördlichen und am Beginn der Südlichen Song-Dynastie — zu erkennen geben, ist durch den virtuosen Wechsel dünner und breiter Striche in einer traditionellen Zeichentechnik sowie den geschickten Einsatz der Farbe charakterisiert. Dieser Stil lieferte verbindliche Muster für realistische Landschaftsbilder.

Malereien dieser Art wurden jedoch nur in geringer Zahl nach Japan importiert. Die Kriterien der ästhetischen Wertung und der jeweilige Geschmack waren offenbar in den beiden Ländern sehr verschieden. Schätzten die Chinesen eine stärker realistische Kunst, die an eine starke Tradition anknüpfte, so neigten die Japaner, die über keine eigene Tradition in der Tuschmalerei verfügten, zu einem freieren und unabhängigeren Ausdruck, bevorzugten

Oben: Kaô, Hanshan (jap. «Kanzan»). Mitte des 14. Jahrhunderts. Nationalmuseum Tokyo. Hanshan war ein exzentrischer Gelehrter, der in der Tang-Zeit gelebt haben soll.

«Wie weit man auch blickt,
weder Blüten noch
leuchtend verfärbtes
Ahornlaub.
Am Ufer nur eine
riedgedeckte Hütte in der
herbstlichen
Abenddämmerung.»

Teika Fujiwara

Rechts: Eine Gebirgslandschaft in China. Die Gipfel der Hunshan-Berge erheben sich bis zu einer Höhe von 1997 Metern.

sie Bilder, in denen sich die Individualität ihrer jeweiligen Schöpfer Bahn brach.

Ein weiterer Unterschied zwischen den Kulturen Chinas und Japans zeigte sich im Hinblick auf die Behandlung der kalligraphischen Schriften von Zen-Mönchen, die in Japan sorgfältig aufbewahrt wurden, während sie in China als nicht den Regeln entsprechend galten.

Nach Auffassung von Kanda Kiichirô basiert die chinesische Kalligraphie auf dem Gleichgewicht von Regelhaftigkeit, Gestaltung und spiritueller Kraft. Die Zen-Mönche vernachlässigten die Aspekte der Regelhaftigkeit und der Gestaltung und strebten danach, durch den *hissei* ihre spirituelle Kraft zu beweisen. Wer Regeln und Gestaltung mißachtete, durfte in China kaum auf Anerkennung rechnen. In Japan hingegen, wo man nicht auf vergleichbar lange und verpflichtende kalligraphische Traditionen zurückblickte, zögerte man nicht, auch die Zen-Kalligraphie anzuerkennen. Im Gegenteil, sie wurde um so höher geachtet, je beeindruckender die spirituelle Kraft war, die ihr Schöpfer in sie hineingelegt hatte.

Regel und Gestaltung bilden eine objektive Ordnung, die spirituelle Kraft hingegen stellt ein subjektives Moment dar. Die Neigung der Japaner, der objektiven Ordnung keinen großen Wert beizumessen, steht in Analogie zu ihrer Geringschätzung des Realismus in der Tuschmalerei. Das Fehlen einer verbindlichen, vorbildhaften Tradition und ihrer festgeschriebenen künstlerischen Formen verhinderte eine

ernsthafte Auseinandersetzung zwischen dem persönlichen Gestaltungswillen des Künstlers und seiner Bindung an einen etablierten künstlerischen Kanon. Unter diesen Bedingungen dominierte sowohl in der Tuschmalerei als auch in der Kalligraphie die subjektive Anschauung.

Hasegawa Tôhaku (1539–1610) lieferte mit seinem Stellschirm «Kiefernwald» (Nationalmuseum Tokyo) das gelungenste Beispiel einer realistischen Nachahmung überhaupt, das die Tuschmalerei in Japan zu bieten hat. Mûqi ist nun gewiß kein herausragender Vertreter der realistischen chinesischen Tuschmalerei, doch wenn man seine Affen in dem Triptychon «Kannon, Affen und Kranich» aus dem Daitoku-ji-Tempel mit Tôhakus «Affen im alten

Oben: Ausschnitt eines Stellschirms mit einer Shûun zugeschriebenen Darstellung der «Acht Ansichten von Xiao und Xiang». Mitte des 15. Jahrhunderts. Kôsetsu-Museum, Kôbe.

Links: Li Cheng (919–967), «Hohe Kiefern» (chin.: «Gao song ping yuan tu»).

103

Baum» vergleicht, das sich in der Ryûsen-an-Halle des Myôhô-ji-Tempels findet, wird deutlich, wie sehr der japanische Nachahmer seinem chinesischen Vorbild im Hinblick auf eine realistische Darstellung nachsteht.

Ohne Frage ist Mûqi der Kunstgriff zuzuschreiben, das flauschige Fell der Affen mit feinem Pinsel zu zeichnen; Tôhaku hat diesen Effekt nur verfeinert. Aber bei Mûqi sind die Arme der Affen knochig, die Haare des Fells bilden nur ihr Kleid, unter dem man die Muskeln und Knochen spürt. Tôhakus Affen hingegen haben zwar ein Fell, das man optisch «spürt», aber darunter ist nichts. Wo Mûqi die wirklichen Körper der Tiere malt, stellt Tôhaku nur deren Oberflächen dar. Die Affen des japanischen Künstlers ruhen sich überdies auf einem alten Baumstamm aus, während die Affen in Mûqis Zeichnung an der Spitze eines von Baumstamm und Ästen gebildeten Dreiecks in der Bildmitte plaziert und so in eine überzeugende strukturelle Gesamtkomposition eingebunden sind. Die Schlingpflanzen, die sich den Baumstamm entlangwinden, sind ebenso wie die Blätter des Baums zusätzliche realistische Details, die dazu beitragen, die Affen ins Zentrum der Komposition zu rücken.

Tôhaku scheint der Dreieckskomposition in Mûqis Bild keine Beachtung geschenkt zu haben. Der Stamm seines Baumes ist viel dicker und nimmt fast die ganze linke Bildhälfte ein. Die knorrigen Äste und die Schlingpflanzen bilden eine mit kräftigen dunklen Strichen gemalte Wirrnis, in der kein geometrisches Schema mehr zu erkennen ist. Auch in anderen Details zeigt sich, daß Tôhaku, anders als Mûqi, der sich eng an die Natur anlehnt, mit den Kontrasten der Tusche nur spielt. Die Szene erweckt dadurch die Erwartung eines dramatischen Geschehens, die aber kompositorisch nicht eingelöst wird.

Das berühmte Porträt des *Fukuro jinbutsu* von Kaihô Yûshô (1533–1615) ist ein weiteres aufschlußreiches Beispiel für die Übernahme chinesischer Tuschmalereien, vor allem, wenn man es mit Porträts von Liang Kai vergleicht, die mit sparsamen Strichen ausgeführt sind. Es ist interessant, dieses Bildnis mit Werken wie «Li Bai beim Rezitieren» oder «Die sieben Weisen im Bambus-Hain» (Kennin-ji-Tempel) zu vergleichen. Wenn Liang Kai die Konturen der Gewänder mit dünnen Strichen umreißt, gibt er damit zugleich die Bewegung der Personen lebhaft wieder.

Yûshô dagegen setzt kräftige Striche in dunkler Tusche, die nichts beschreiben, sondern nur Akzente seines künstlerischen Selbstbewußtseins setzen. Zwar zeichnet auch er die Konturen der Gewänder, aber seine Darstellungen vermitteln nicht den Eindruck von Bewegung: Der Li Bai schreitet resolut aus, Yûshôs Personen hingegen sind statisch im Raum plaziert. Abermals überzeugt Liang Kai durch eine realistische Darstellung, während sein japanischer Epigone durch die Expressivität seines Ausdrucks das Interesse auf sich lenkt.

Oben: Mokuan, «Vier Schläfer» (Shisuizu). *Mitte des 14. Jahrhunderts. Maeda ikutoku-kai, Tokyo. Der Zen-Mönch und Maler Mokuan lebte am Ende der Kamakura-Zeit. Im Jahr 1326 bereiste er die chinesische Provinz Yuan, wo er starb, ohne Japan wiedergesehen zu haben. Mokuan wurde der «zweite Muqi» genannt, weil er sich den Malstil seines chinesischen Vorbilds perfekt aneignete.*

Betrachtet man die Landschaftsmalereien der drei «Ami» – Nôami (1397–1471), Geiami (1431–1484) und Sôami (um 1485 –1525), ein berühmtes Malertrio, das einen prägenden Einfluß auf die Kunst der Muromachi-Zeit ausübte –, lassen sich entsprechende Tendenzen feststellen. Die drei Künstler lassen den Betrachter ihrer Werke mit ihren weiten ebenen Wasserflächen, den welligen, baumbestandenen Hügeln sowie den wallenden Dunstschleiern über den Landschaften die Unendlichkeit des Raumes erahnen. Die Sôami zuge-

schriebenen «Acht Landschaften von Xiao und Xiang» (1513) in der Daisen-in-Halle des Daitoku-ji-Tempels gehen vermutlich auf die gleichnamige Serie des Mûqi (Nezu Museum) zurück. Vergleicht man Sôamis Werk aber mit dem Meisterwerk der chinesischen Landschaftsmalerei, der nach Japan importierten «Schneelandschaft» von Liang Kai (Nationalmuseum Tokyo), dann zeigt sich, daß Sôamis Landschaften die beschwörende Kraft des Chinesen mangelt, die dessen Darstellungen der Wirklichkeit nahekommen lassen.

Allerdings gab es unter den japanischen Tuschmalern Ausnahmen, beispielsweise den Malermönch Sesshû (1420–1505) vom Shôkoku-ji-Tempel, der die Malerei bei Shûbun erlernt haben soll. Nachdem er den Shôkoku-ji verlassen hatte, genoß er die Protektion der Ôuchis, einer Familie, die regen Handel mit China trieb. Sesshû lebte in der Provinz Yamaguchi, ehe er von 1467 bis 1469 das China der Ming-Dynastie besuchte. Nach seiner Rückkehr reiste er durch ganz Japan und verbrachte schließlich seine letzten Lebensjahre wieder in Heimatprovinz. Zu seinen bekanntesten Alterswerken zählen die Bilder «Lange Querrolle mit Landschaften» (1486, Môri Hôkô Kai), «Herbst- und Winterlandschaft» sowie «Landschaft von Ama-no-hashidate» (1501, beide im Nationalmuseum Tokyo). Der Stil der ersten beiden Werke entspricht der akademischen Malerei Chinas und steht besonders den Xia Gui zugeschriebenen Landschaften nahe; der Standort des Betrachters befindet sich etwas oberhalb der Wasserlinie. «Landschaft von Ami-no-hashidate» erinnert teils an den Stil von Xia Gui, teils auch an denjenigen von Liang Kai. Die kräftigen dunklen Tuschelinien der Häuser des Dorfes, die zarten Lavierungen der fernen Berge und die mit feinem Pinsel ausgeführten Nuancen, mit denen das Holz der Kiefern ausgestaltet ist, zeugen von großer Virtuosität in der Beherrschung der unterschiedlichen Techniken. Die Landschaft ist zudem aus der Vogelperspektive dargestellt.

Eine erste auffällige Besonderheit der «Langen Querrolle mit Landschaften» wie auch der «Herbst- und Winterlandschaft» besteht darin, daß durch die Verbindung der Geraden von Dächern oder Schiffsmasten sowie der bizarren Formen von Felsumrissen oder Bäumen mit den Kontrasten zwischen heller und dunkler Tusche ein Eindruck von Tiefe erreicht wird. Außer-

Oben: Liang Kai, «Der sechste Patriarch Huineng beim Bambushacken» (Rokusôsaichiku-zu). Epoche der Südlichen Song-Dynastie. Nationalmuseum Tokyo.

Links Mitte: Der Steingarten des Ryûan-ji-Tempels in Kyoto, der teils auf die Muromachi-, teils auf die Tokugawa-Zeit zurückgeht.

Rechts: Die Tôkyô-dô-Halle des
Ginkaku-ji-Tempels in Kyoto. Ende des
16. Jahrhunderts.

Oben: Ming Zhao (zugeschrieben),
«Kleine Hütten im Schatten am Fluß»
(Ausschnitt). 1423. Konji-in, Nanzen-ji-
Tempel, Kyoto.

dem sind die zerklüfteten Felswände und
die üppige Vegetation bis in die Details
hinein ausgestaltet, so daß sich beide Bilder durch eine schier unglaubliche Mannig-
faltigkeit der wiedergegebenen Naturerscheinungen auszeichnen und in ihrer
realistischen Fülle der Kunst eines Liang
Kai kaum nachstehen. Doch wie schon gesagt, steht Sesshû in der Geschichte der

japanischen Tuschmalerei ziemlich einzig
da.

Im 16. Jahrhundert verband sich die
Tuschmalerei schließlich mit der Tradition
des *yamato-e,* der «rein japanischen Malerei». Der dem Shogunat dienende Maler
Kanô Motonobu (1476–1559), der Gründer der Kanô-Schule, vereinte in seinen Bil-

106

dern die Pinselführung der Song- und Yuan-Malerei mit dem prachtvollen Kolorit des *yamato-e*. Auf großformatigen Wandbildern stellte er vielfältige Sujets dar, vorzugsweise Landschaften, Personen, Blumen und Vögel.

Je nach Blickwinkel könnte man sagen, die Kanô-Schule habe die Tuschmalerei endgültig «japanisiert» beziehungsweise die *yamato-e*-Malerei habe unter dem Einfluß der Tuschmalerei zu ihrer verlorengegangenen Originalität und Vitalität zurückgefunden. Fest steht auf jeden Fall, daß sich die Tuschmalerei nun stärker von ihren chinesischen Ursprüngen entfernte als in der Zeit zuvor.

Eine weitere Form der «Japanisierung» brachte die Rimpa-Schule mit sich, insbesondere durch die Technik des *tarashikomi,* die Tawaraya Sôtatsu in seinem Bild «Stiere» anwandte. Auch die Personen- und Bambus-Studien des Ogata Kôrin wären hier zu nennen: Die Verwendung der Tusche als Farbe, die «Deformation» des Gegenstands durch überscharfe Beobachtung, die bis ins kleinste kalkulierte Komposition − all dies sind Entwicklungen, in denen sich die zunehmende Originalität und Eigenständigkeit der japanischen Tuschmalerei zeigt.

DIE ENTSTEHUNG
DER «LITERATENMALEREI»

Mit der Regierungsübernahme durch die Tokugawa-Familie und der folgenden Abschließung des Landes gegenüber der Außenwelt traten vom Ende des 17. bis zur Mitte des 19. Jahrhunderts gesellschaftliche Klassen in den Vordergrund, die dem Leben in Japan ihr Gepräge gaben. Wirtschaftlich dominierte die Schicht der Kaufleute, die ihr Zentrum in Osaka hatte, und das intellektuelle Klima beherrschten die konfuzianischen Gelehrten (Lehrer und Ärzte). Im Bereich der Philosophie konkurrierten verschiedene konfuzianische Schulen miteinander.

In der Kunst führten diese Veränderungen zunächst einmal zur Stagnation. Die geistlichen Ämter waren erblich und fest an bestimmte Rechte gebunden, was keinerlei Raum für Originalität ließ. Man ahmte die eigene Vergangenheit nach und versuchte, überlebten und längst bedeutungslos gewordenen Inhalten künstlich neues Leben einzuhauchen. In der Malerei herrschte zu dieser Zeit die Kanô-Schule vor, die mit Motonobu begonnen hatte und mit Tanyû

endete. Im 17. Jahrhundert lebten in ihr kurzzeitig noch einmal schöpferische Kräfte auf, aber im 18. Jahrhundert blieb der Stil dieser Schule ausschließlich an eine tote Tradition gebunden.

Innerhalb der Kanô-Schule kam es zu einer Spaltung. Kusumi Morikage, ein Künstler des 17. Jahrhunderts, der von Tanyû aus der Schule verstoßen wurde, stellte auf seinem Stellschirm «Abendkühle unter einer Winden-Laube» (Nationalmuseum Tokyo) das Leben der Bauern mit lebendiger Frische dar. Es ist nicht bekannt, ob Kusumi seiner Originalität wegen verstoßen wurde oder ob er sich erst nach seinem Ausschluß aus der Schule zu einem schöpferischen Maler entwickelte. So oder so aber verdeutlicht sein Fall, daß schon zu Tanyûs Zeiten eine Lähmung innerhalb der Kanô-Schule zu spüren war.

Die Nachfrage der wohlhabenden Bürger nach neuen Malereien befriedigten vor allem die Brüder Ogata Kôrin und Ogata Kenzan. Andere urbane Maler schufen für die Städter die *ukiyo-e-nikuhitsu*-Malereien und trugen damit auch zum Aufschwung des Holzschnitts bei. Die konfuzianischen Intellektuellen schließlich wendeten sich strikt von der Kanô-Schule ab und suchten in der klassischen Kunst Chinas nach Vorbildern. Dies war eine der Voraussetzungen für das Entstehen der sogenannten «Literatenmalerei».

Die Literaten *(bunjin)* waren eine Schicht von Intellektuellen, die in der ersten Hälfte des 18. Jahrhunderts aus den Abkömmlingen von Samuraifamilien hervorging. Sie verfaßten chinesische Gedichte und widmeten sich der Kalligraphie. Ihrer sozialen Stellung nach waren sie etweder im Dienst stehende Samurai oder ohne einen Herren, aber als ein sowohl von den Kriegern als auch von der städtischen Elite unterschiedener Personenkreis bildeten sie auf jeden Fall eine eigenständige soziale Gruppe. Die Malerei von Angehörigen dieser Gruppe bezeichnet man als «Literatenmalerei» *(bunjin-ga)*.

Die Literatenmalerei der Tokugawa-Zeit begann mit Gion Nankai (1677/78 − 1751) und Yanagisawa Kien (1704 − 1758). Nankai war der älteste Sohn eines Arztes des Kishû-Klans, der als Beamter im Dienst stand, aber auch ein guter Samisen-Spieler war. Kien entstammte einer alten Samuraifamilie. Im übrigen war er ein gebildeter Mann, der die *tsuzumi,* eine Schultertrommel, schlug, das Samisen spielte, *Haikus*

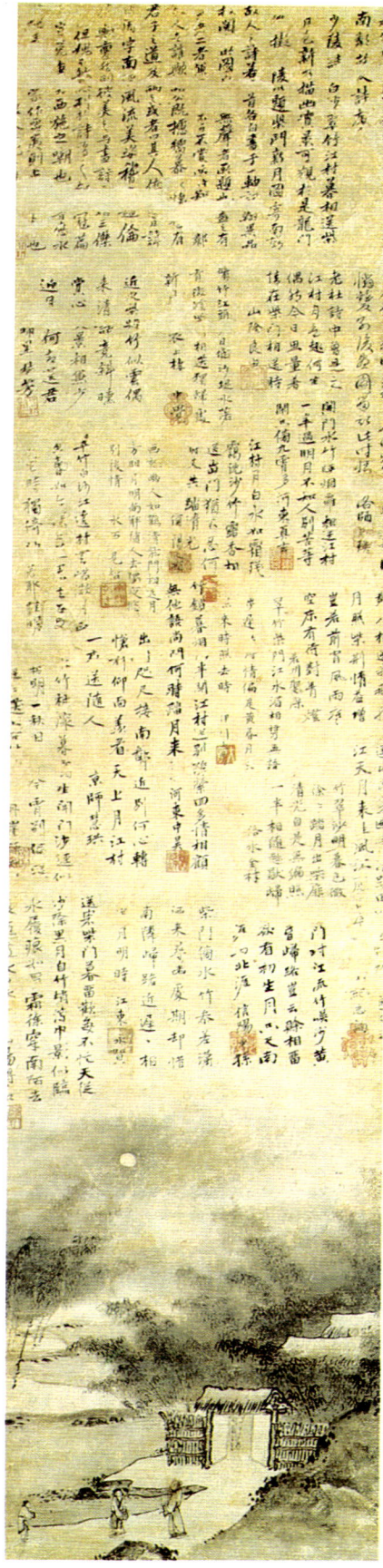

Oben: «Mond über Reisig-Zaun» (Saimon shingetsu-zu). 1405. Fujita-Museum, Osaka.

dichtete und darüber hinaus auch die Duft-Kunst *(kôdô)* pflegte. In seiner Jugend wurde er einmal wegen «schlechter Führung» seines Amtes enthoben, was darauf hindeutet, daß er nicht so recht in eine Kriegergesellschaft paßte.

Nankai und Kien waren beide keine Berufsmaler, sondern sie lernten aus Abhandlungen über Malerei – vor allem aus dem 1748 neu aufgelegten chinesischen «Handbuch der Malerei aus dem Senfkorn-Garten» – die traditionellen Regeln der chinesischen Tuschmalerei. Diese Bezugnahme auf das Vorbild der chinesischen Klassik hatte zur Folge, daß die Kunst der Literaten zunächst dem Geschmack der konfuzianischen Intellektuellen und teilweise auch der herrschenden Kriegerkaste entsprach. Schon die nächste Generation der Literatenmaler betrachtete ihr Schaffen nicht mehr als Zeitvertreib von Literaten, sondern Künstler wie Ike no Taiga (1723 –1776), Yosa Buson (1716–1783) und Uragami Gyokudô (1745–1820) verstanden sich selbst als Berufsmaler.

Jeder dieser Künstler schuf seine eigene Welt. Taiga wurde im Nishijin-Viertel von Kyoto geboren und trat mit sieben Jahren in den Mampuku-ji-Tempel ein. Seit seiner frühesten Jugend genoß er eine literarische Bildung, aber erst Yanagisawa Kien entdeckte seine malerische Begabung. Taiga hinterließ ausschließlich Malereien und keine einzige literarische Schrift. In der Nachfolge der Song- und Yuan-Malereien schuf er Phantasielandschaften und fast karikaturenähnliche Bildnisse von Menschen, wobei sein Strich – der bisweilen auch «mit dem Finger» ausgeführt wurde – lebhaft und zwanglos wirkt. Wenn er einen großen Bildraum gestaltet, beweist er eine brillante Beherrschung der Perspektive, doch übersteigert er die «Deformation» des Gegenstandes bisweilen aufs äußerste, gleich ob es sich um einen Berg oder um den Gesichtsausdruck einer Person handelt. Diese Übersteigerung, mit der er sich von der Realität entfernt, kann als Ausdruck eines inneren «Bildes» angesehen werden; in diesem Sinne ist Taiga ein «expressionistischer» Künstler. Darüber hinaus versuchte er sich vom Fächer bis zum Stellschirm in allen Formaten. In diesem Punkt unterscheidet sich dieser Künstler von den anderen Literatenmalern, die eher kleine Bilder schufen. Taigas Malerei ist

Rechts: Sesshû (1420 – um 1506), «Landschaft von Ama-no-hashidate». Um 1501. Museum Tokyo.

ohne Zweifel die originellste und persönlichste im Japan des 18. Jahrhunderts.

Yosa Buson wurde in Settsu geboren. Im Alter von 20 Jahren ging er nach Edo, um dort die Kunst des Dichtens zu üben und das Zeichnen zu erlernen. Obwohl ein von ihm gemeinsam mit Ike no Taiga geschaffenes Werk existiert – «Zehn Vergnügungen und zehn Annehmlichkeiten des Landlebens» –, unterscheidet sich Busons Stil stark von demjenigen Taigas. Ob er sich im Wind wiegende Weiden oder eine abendliche Schneelandschaft malte, er folgte stets dem Gegenstand, den er ausschließlich dem alltäglichen Leben entlehnte, und er wich nie von einer realistischen Darstellungsweise ab. Wie Taiga beherrschte auch Buson alle Formate. Seine großflächigen Malereien in luftigen Farben sind ausgesprochen poetisch, seinen von Gedichten inspirierten «Skizzen» fehlt es nicht an Humor, und seine Tuschmalereien, zum Beispiel die «Gabi-Berge» (1778), vermitteln dem Betrachter ein geradezu metaphysisches Gefühl. Busons Meisterwerke sind zweifellos einige Arbeiten aus seinen Altersjahren: «Nächtliche Landschaft», «Der Berg Fuji», die «Gabi-Berge» oder «Roter Milan und Rabe».

Gyokudô schließlich stammte aus einer alten Vasallenfamilie. Mit dreiundvierzig Jahren gab er sein Amt auf. Dank seiner Militärlaufbahn war er in Kalligraphie und Dichtung geübt.

Dieser Künstler zeichnete vorzugsweise Berge und Bäume vor einem nuancenreichen Hintergrund. Teile seines Œuvres wirken sehr abstrakt, zum Beispiel seine «Winterlandschaft, Bambus im Schnee».

Vergleicht man die Werke dieser drei Maler mit dem traditionellen Realismus der chinesischen Tuschmalereien aus der Zeit der Ming- oder der Qing-Dynastie, dann wirken ihre Bilder phantasievoll, lyrisch oder gar abstrakt-expressionistisch; jeder von ihnen darf Anspruch auf Originalität erheben. Dennoch erreicht keiner dieser Literatenmaler das Niveau der kühnen «Surrealisten» Shitao und Badashanren, die am Ende der Ming- beziehungsweise zu Beginn der Qing-Dynastie lebten. Die schwach ausgebildete Tradition in Japan erlaubte zwar einen vergleichsweise ungebundenen künstlerischen Ausdruck, aber da der Zwang zur Auseinandersetzung mit verbindlichen Regeln nicht gegeben war, fehlte den japanischen Malern auch die Energie zur Konstruktion extremer, aus künstlerischer Einsamkeit geborener Welten.

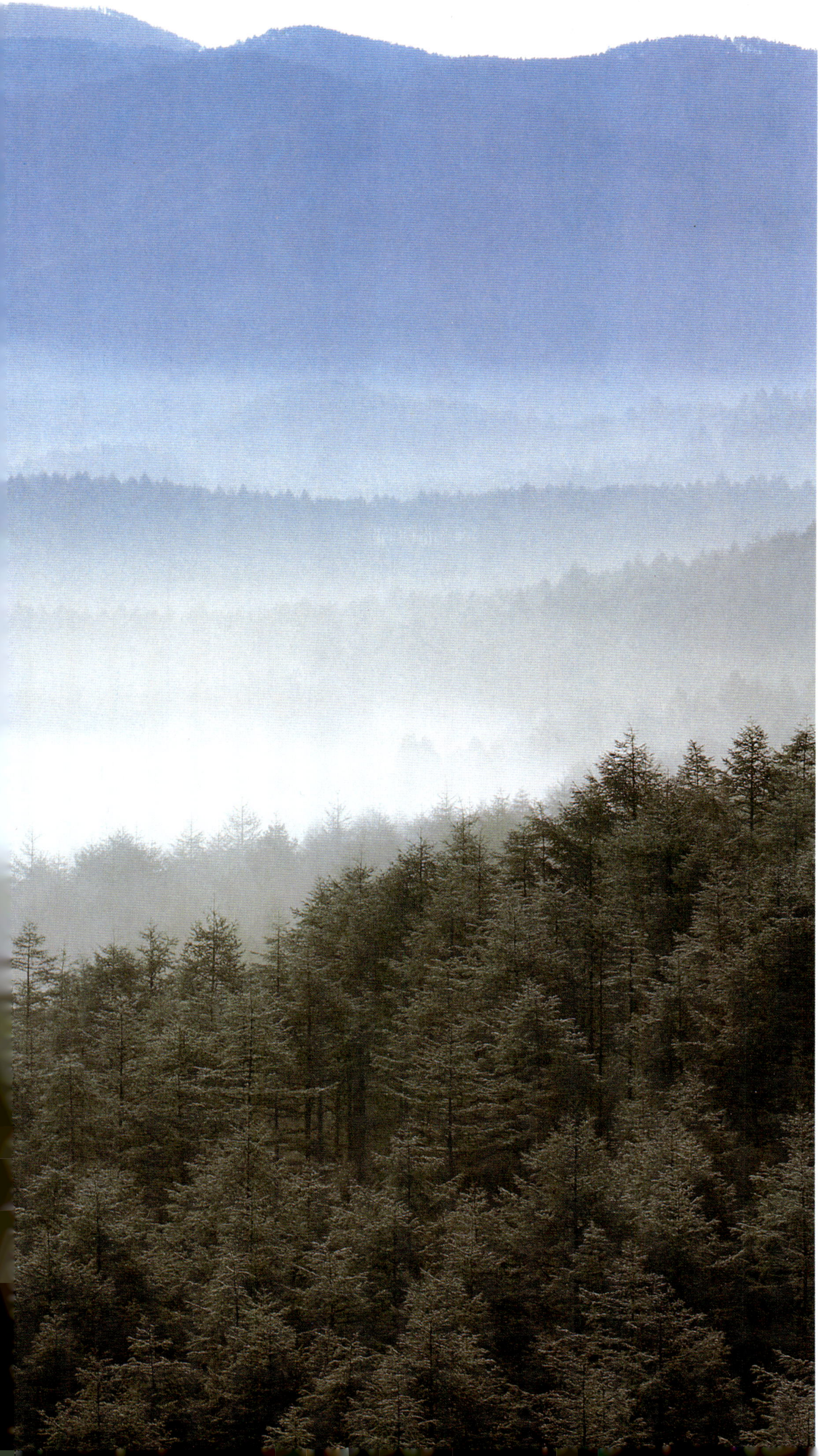

Links: Die Naturlandschaften Japans wirken oft wie Tuschmalereien.

Unten: Hasegawa Tôhaku, «Kiefernwald» (Shôrin-zu byôbu). *Sechsteiliger Stellschirm (Ausschnitt). Ende des 16. Jahrhunderts. Nationalmuseum Tokyo.*

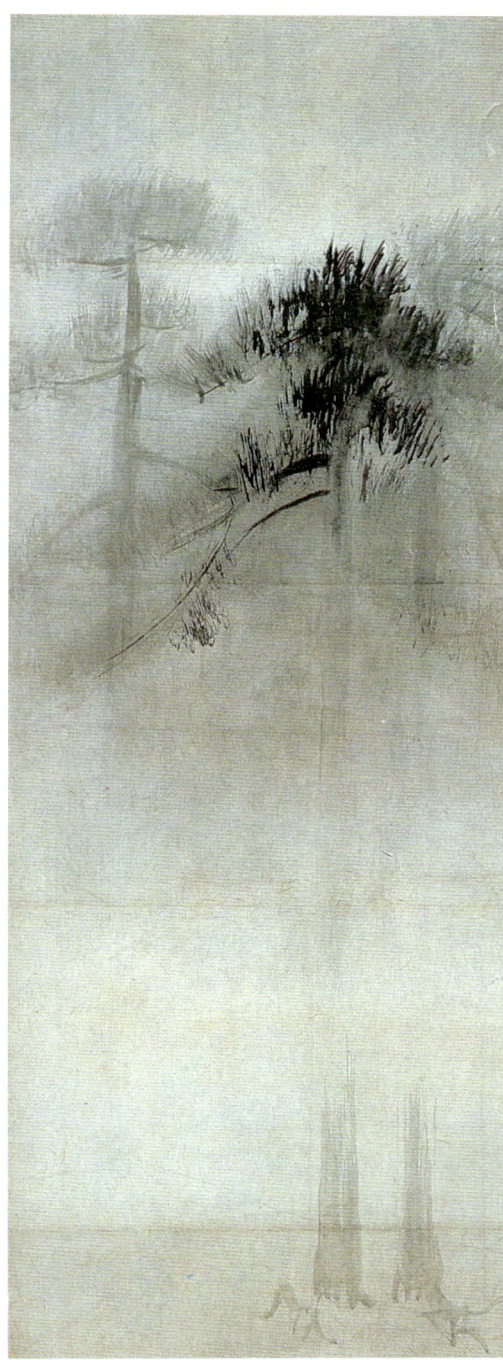

釋迦説吾言孔子者
一卷蘆達磨東指回
人參百草白木陳皮
中在毒薬多枝一服
濃煎萬里共服之
鍾鹿老人九十書

Oben: Tomioka Tessai, «Heilige bei einer Bootsfahrt» (Seija shuyû-zu). 1924. Tessai-Museum, Takarazuka.

Oben rechts: Das Schriftzeichen Mu (Leere, Nichts), geschrieben von Hakuin.

Die Literatenmalerei der Tokugawa-Zeit ist ein in Zeiten der Ruhe geborener und sorgsam kultivierter künstlerischer Subjektivismus. In dieser Hinsicht stand sie im Gefolge der Tuschmalerei der Muromachi-Zeit. Gleichzeitig bereitete sie aber auch die Kunst von Tomioka Tessai (1836 – 1924), des letzten großen Literatenmalers, vor.

Im Studium der chinesischen Klassiker bewandert, war Tessai ein brillanter Kalligraph. Seine Tuschmalereien halten sich in Stil, Komposition und Sujetwahl an die seit Taiga etablierte Tradition. Dennoch überschritt Tessais Kunst bei weitem den Rahmen der «Literatenmalerei». Zwar benutzte er gelegentlich auch zarte Farbtöne, aber meist setzte er kräftige Farben wie Grün, Rot und Blau ein; sein Bild «Ein alter Mann» mag hierfür als Beispiel dienen.

Tessais Stil ist weiterhin sowohl durch kräftige, elegante Striche als auch durch feine Abstufungen gekennzeichnet, wobei er häufig farbige Effekte aus der Gestaltung eines Hell-Dunkel-Kontrastes erzielt.

Das Ergebnis ruft geradezu nach einem Vergleich mit dem abstrakten Expressionismus früherer Phasen. Wenn Sesshû den Realismus in der Tuschmalerei vertritt, dann ist Tessai der Exponent einer expressionistischen Tuschmalerei.

In der traditionellen «Literatenmalerei» liegt der Standort des Betrachters bei Landschaftsdarstellungen auf halber Höhe; Tessais Bild «Heilige bei einer Bootsfahrt» weicht jedoch deutlich von dieser Regel ab. Auch die Komposition seines Bildes «Ein alter buddhistischer Schrein», bei der der Blick des Betrachters in eine Aufwärtsperspektive gedrängt wird, ist in dieser Hinsicht einzigartig.

Das Erstaunliche an Tessais Kunst ist aber nicht nur, daß sie eine Überwindung

Oben: Tomioka Tessai, «Tusche zum reinen Geschmack» (Suiboku seishu-zu). *1924. Tessai-Museum, Takarazuka.*

Oben links: Hakuin, Bildnis Bodhidharmas. *Zweite Hälfte des 18. Jahrhunderts. Shôju-ji-Tempel, Aichi.*

113

Oben: Munan, «Leere» (Mu). Kalligraphie. Der Zen-Mönch Munan lebte in der frühen Tokugawa-Zeit.

Rechts: Sengai (1750–1837), «Kreis, Dreieck und Viereck». Erste Hälfte des 19. Jahrhunderts. Idemitsu-Museum, Tokyo.

Der Mönch Sengai gehörte der Rinzai-Schule an. Der Kreis symbolisiert das Wasser, das Dreieck das Feuer und das Viereck die Erde. Die Zeichen können aber auch für die Zen-, die Shingon- und die Tendai-Schule stehen.

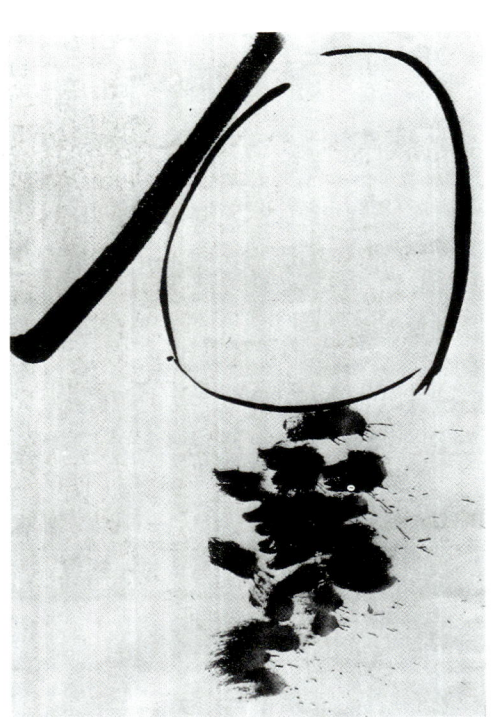

Oben: Hans Hartung, «Zeichnung». 1937. Tusche auf Papier.

Oben rechts: Pierre Alechinsky, «Variationen nach Sengais Zeichen des Universums». 1960. Lithographie und Tusche auf Papier. Galerie van der Loo, München.

des engen Rahmens der traditionellen «Literatenmalerei» darstellt, sondern daß dieser Künstler alle nur denkbaren Sujets in einer Vielzahl der unterschiedlichsten Stile gestaltete. Es hat in der Geschichte der gesamten Malerei selten einen Künstler gegeben, der sich auf der Höhe seiner Meister-schaft innerhalb einer relativ kurzen Zeit-spanne in derart vielen Stilen erfolgreich künstlerisch auszudrücken vermochte.

Doch Tessai versuchte nicht, neue Themen, neue Techniken oder neue Materialien für sich zu erschließen. Statt sich etwa in der Ölmalerei zu üben, malte er weiter-

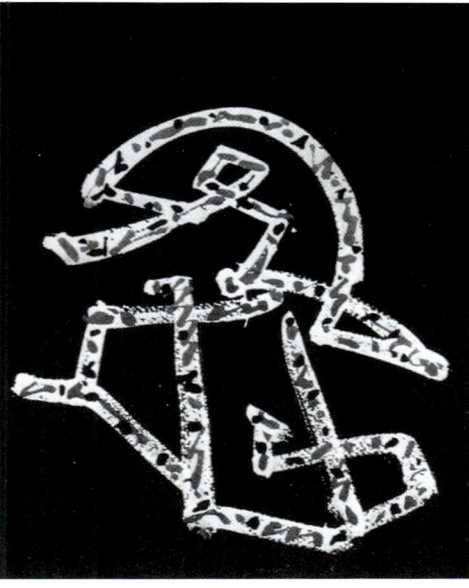

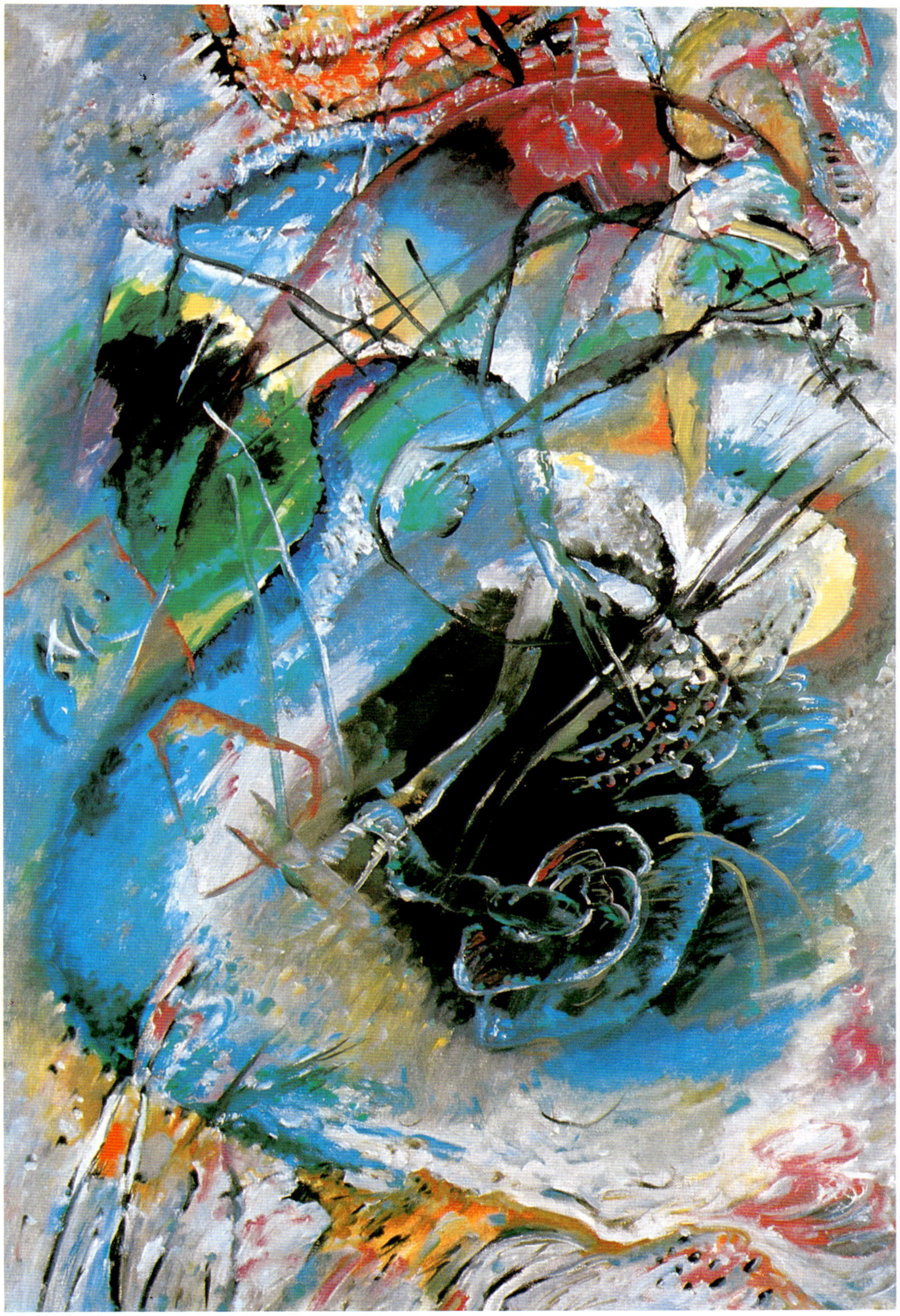

Links: *Wassily Kandinsky, «Unbekannte Improvisationen». 1914. Lenbach Haus, Sammlung der Städtischen Galerie München.*

Oben: André Masson, «Kabuki Nr. 1». 1955. Gouache. Galerie Louise Leiris, Paris.

hin unbeirrt mit Tusche und japanischen Pinseln auf Papier oder Seide, ganz wie die Literatenmaler der Tokugawa-Zeit. In dieser bewußten und gewollten Beschränkung auf die Darstellung seiner eigenen Welt legte er auf beeindruckende Weise Zeugnis ab von der Vitalität und Eigenwüchsigkeit der gesamten japanischen Malerei von Hokusai bis zum Anfang des 20. Jahrhunderts. Denn nicht trotz, sondern umgekehrt gerade wegen seiner Bindung an traditionelle Kunstmittel und -techniken gelangte er zu dem kühnen bildnerischen Ausdruck seiner Meisterwerke.

Die Rimpa-Schule überquert den Ozean

Die japanische Kunst beeinflußte die Kultur des Westens in drei verschiedenen Epochen: erstmals im 17. und 18. Jahrhundert mit ihrer Keramik, dann um die Mitte des 19. Jahrhunderts mit den *ukiyo-e*-Farbholzschnitten und schließlich in der Zeit der letzten Jahrhundertwende mit den Dekors und dem Kunsthandwerk der Tokugawa-Zeit. Am Ende der Tokugawa-Ära machten sich gleichzeitig erste Einflüsse der westlichen Kunst auf die japanische Kultur bemerkbar, die dann, nach der Öffnung des Landes in der Meiji-Zeit, stetig zunahmen. Dieser Sachverhalt könnte den Eindruck erwecken, Japan und der Westen hätten einander gegenseitig befruchtet. Dies ist prinzipiell zwar zutreffend, nur waren die Austauschbeziehungen zwischen den beiden Kulturkreisen weder gleichgewichtig noch gleichwertig.

Der Einfluß Japans auf die westliche Kultur beschränkte sich auf die Kunst und das Kunsthandwerk, in allen anderen Kulturbereichen – von der Technik bis hin zur Medizin – blieb er ohne Wirkung. Außerdem inspirierte die japanische Kunst nur den fernen Westen, chinesische oder koreanische Künstler wurden nie von ihr geprägt. Umgekehrt erstreckten sich die westlichen Einflüsse auf die japanische Kultur schon in der späten Tokugawa-Zeit auf die Bereiche der Astronomie, Geographie und Medizin, ehe im letzten Drittel des 19. Jahrhunderts auch die bildende Kunst und Architektur sowie die Literatur und Musik des Landes ansatzweise «verwestlicht» wurden, von den Naturwissenschaften sowie von Industrie und Technik einmal ganz zu schweigen.

Die «Verwestlichung» der Kultur ist ein Phänomen, das keineswegs allein in Japan zu registrieren ist, sondern in allen Ländern Asiens – einschließlich Chinas und Indiens –, Afrikas sowie Mittel- und Südamerikas. Verallgemeinernd läßt sich sagen, daß die westliche Kultur – die Kultur des Abendlandes und ihre modernste Variante, die Kultur der Vereinigten Staaten von Amerika – im 19. und 20. Jahrhundert weltweit einen übermächtigen Einfluß gewann, während alle anderen Kulturen sich nie in vergleichbarer Weise auszudehnen vermochten: Wenn sie ihrerseits den Westen beeinflußten, dann nur in einzelnen Bereichen und nicht auf Dauer.

Gefördert wurde die expansive Kraft der westlichen Kultur allerdings auch durch ihre Bereitschaft und ihr Vermögen, sich die Errungenschaften anderer Zivilisationen je nach Bedarf einzuverleiben. Betrachtet man speziell die Austauschbeziehungen zwischen Europa und Japan, so ist festzustellen, daß die japanische Kultur über Jahrhunderte hinweg nahezu ausschließlich durch die chinesische Kultur geprägt wurde und auf die Inspirationen durch eine völlig fremde Kultur verzichten mußte beziehungsweise aus freien Stücken verzichtete. Als sich die Europäer hingegen für japanische Keramiken zu interessieren begannen, waren sie längst schon mit chinesischem Porzellan vertraut; und auf ähnliche Weise, wie sie im 19. Jahrhundert die japanischen *ukiyo-e*-Holzschnitte in ihre Kunst übernahmen, behandelten sie später auch Holzmasken aus dem Kongo und andere Erzeugnisse der afrikanischen oder ozeanischen Volkskunst.

Diese unterschiedlichen Grade der Vertrautheit mit dem «Fremden» prägten zwangsläufig auch die Wechselbeziehungen zwischen Japan und Europa seit Beginn der Meiji-Zeit: Die Fähigkeit, Fremdes aufzunehmen und auf schöpferische Weise in die eigene Kultur zu integrieren, war im fernen Westen erheblich weiter ausgebildet als in Japan, das sich über mehr als zwei Jahrhunderte hinweg gegenüber der Außenwelt abgeschottet hatte. Wie noch zu sehen sein wird, hatte das zur Folge, daß die Kreativität japanischer Künstler zunächst äußerst schwach ausgebildet war, als sie begannen, im westlichen Stil zu gestalten; vieles blieb bloße Nachahmung, blieb Technik, ohne von innerem Geist und Leben durchdrungen zu sein.

Ein rezeptiver ästhetischer Sinn, der die Kunst fremder Völker und Kulturen zu bewerten vermag, fällt nicht zwangsläufig mit schöpferischer Kraft zusammen. Wenn Kunstliebhaber und -sammler im Paris des Fin de Siècle das hohe ästhetische Niveau

Oben: Kôetsu, «Brücke» (Funabashi makie suzuri-bako). Schreibkasten mit Streudekor (maki-e). Nationalmuseum Tokyo.

Gegenüberliegende Seite: Emile Gallé, Milchkrug mit dem Motiv der Gottesanbeterin (Ausschnitt). Höhe: 15 cm.

Unten und ganz unten: Ogata Kôrin (1658 – 1716), «Weiß- und rotblühende Pflaumenbäume» (Kôhakubai-zu byôbu). Stellschirm (Ausschnitt). MOA-Museum, Atami. Der Künstler schuf dieses Meisterwerk in seinen letzten Jahren.

von Schöpfungen der Tokugawa-Kultur, beispielsweise der Farbholzschnitte eines Hokusei, zu würdigen vermochten, hieß das noch lange nicht, daß aus dieser Aufgeschlossenheit gegenüber den Einflüssen japanischer Kunst auch eine Bereicherung der europäischen Kultur folgte. Für Künstler wie Edgar Degas oder Vincent van Gogh hingegen wurde die Begegnung mit der fernöstlichen Kunst zu einer wirklichen «Entdeckung»: Das Fremde aufzunehmen und es zu etwas Neuem, Eigen-

mendekors verziertes Porzellan der späten Ming-Dynastie in großen Mengen nach Europa eingeführt. Um diese Zeit wurden erstmals auch japanische Waren im Westen bekannt: die *Ko-Imari* und die *Kakiemon*. Seit dem 17. Jahrhundert wurden in Delft und Meißen dekorative Porzellanwaren nach chinesischen und japanischen Vorbildern und Verfahren hergestellt, und obwohl diese Produkte «Chinoiserien» genannt wurden, handelte es sich doch um eine Vermischung chinesischer und japani-

ständigen kreativ umzugestalten, waren zwei nicht voneinander zu trennende Seiten ihrer Auseinandersetzung mit der Kunst Japans.

Als im 17. und 18. Jahrhundert japanische Keramiken nach Europa gelangten, waren chinesische Porzellanwaren schon seit drei Jahrhunderten bekannt. Neben den portugiesischen Importen aus Macao, die im 16. Jahrhundert von größter Bedeutung gewesen waren, hatten im 17. Jahrhundert vor allem die Holländer mit blauen Blu-

scher Einflüsse; zumindest in den Dekors waren die Stile der beiden fernöstlichen Länder nicht eindeutig voneinander zu unterscheiden.

Hatte es sich bei der europäischen Porzellanproduktion um eine mehr oder weniger unschöpferische Nachahmung asiatischer Vorbilder gehandelt, so wirkte die Begegnung der Europäer mit den *ukiyo-e*-Farbholzschnitten in der zweiten Hälfte des 19. Jahrhunderts inspirierend auf ihre Kunst. Die sogenannte «Japan-Mode», deren Zentrum Paris war, wirkte besonders befruchtend auf die französischen Impressionisten. Japanisch inspiriert zeigte sich deren Kunst zunächst in der Behandlung des Raumes: Die *ukiyo-e*-Farbholzschnitte verzichten auf die Zentralperspektive und zeichnen sich statt dessen durch eine Flächigkeit aus, die in der europäischen Malerei seit der Renaissance ungebräuchlich war. Auffällig in der japanischen Kunst sind des weiteren die Vielfalt der Blickwinkel, die Ausschnittvergrößerungen, die neuartigen Farbharmonien und die präzise

Kunst weniger kreativ und originell ausgefallen.

Für eine relativ kurze Zeitspanne – etwa vom letzten Jahrzehnt des 19. Jahrhunderts bis um das Jahr 1914 – setzte sich in der bildenden Kunst Europas ein neuer Stil durch, der auch die Architektur und Innenarchitektur sowie das Möbeldesign und das Kunsthandwerk prägte. Diese Stilrichtung hieß in Frankreich «Art Nouveau», in Deutschland und Österreich «Jugendstil»,

Pinselführung, mit der Bewegungen festgehalten werden.

Diese Aspekte finden sich in der Malerei des Impressionismus wieder. Sicher wäre es übertrieben zu behaupten, Künstler wie Edouard Manet, Edgar Degas, Paul Gauguin oder Pierre Bonnard verdankten die Neuerungen ihrer Malerei allein den *ukiyo-e*-Farbholzschnitten; aber ihr Versuch, ein Verfahren zu entwickeln, die dreidimensionale Wirklichkeit in die Zweidimensionalität der Bildfläche zu übersetzen, wäre ohne die Anregungen der fernöstlichen

und sie holte sich entscheidende Anregungen beim Kunsthandwerk der Tokugawa-Zeit.

Zu den auffälligen Merkmalen des Art Nouveau zählt die künstlerische Durchgestaltung des Alltags. Ein für die Innenarchitektur dieser Zeit charakteristisches Beispiel ist Victor Hortas berühmtes «Haus Nr. 12» (1883) in der Rue de Turin (heute Rue Paul-Emile Janson) in Brüssel: Den Künstlern geht es nicht mehr darum, Malereien und Skulpturen zu schaffen, sondern sie beschäftigen sich zunehmend mit der

Oben links: Tawaraya Sôtatsu, «Sekiya-Szene» aus dem Roman über das Leben des Prinzen Genji (Genji monogatari senkiya miotsukushi-zu). Seikadô bunko, Tokyo.
Der Stellschirm aus dem 17. Jahrhundert illustriert das 16. Kapitel des berühmten Liebesromans, der um das Jahr 1000 entstand.

Oben und ganz oben: Details aus Tawaraya Sôtatsus Stellschirm.

künstlerischen oder kunsthandwerklichen Gestaltung von Zimmerdecken, Fensterrahmen, Schreibtischen, Stühlen, Betten, Kommoden, Nippes, Kerzenleuchtern und Lampenschirmen. Etliche Künstler, unter ihnen Henri Toulouse-Lautrec und Alphonse Mucha, finden in der Plakatkunst ein Betätigungsfeld − sicher auch, um sich auf diese Weise ihren Lebensunterhalt zu sichern.

Die Ästhetisierung der Gegenstände des alltäglichen Lebens ist auch ein Kunstprinzip der Tokugawa-Zeit. Zweifelsfrei hat die europäische Kultur die Tendenz zu einer künstlerischen Überformung der Alltagswelt nicht aus Japan entlehnt, denn im Ansatz ähnliche Bestrebungen gab es bereits vor dem Art Nouveau, beispielsweise bei William Morris und den Präraffaeliten. Um die Jahrhundertwende aber wurden diese Tendenzen vorherrschend, und in genau dieser Zeit erwies sich die japanische

te. Die Perfektion des Kunsthandwerks der Tokugawa-Zeit sucht ihresgleichen, und ihr unstrittiger Einfluß zeigt sich selbst noch in künstlerisch so hochwertigen Objekten wie den Gallé-Vasen aus Nancy. Auf ihnen finden sich japanische Zeichnungen von Blumen und Blättern, Libellen und Schmetterlingen, die zuvor nicht zum Repertoire westlicher Dekormotive gehörten.

Ein Vergleich des Art Nouveau mit der *ukiyo-e*-Holzschnittkunst ist auch im Hinblick auf die Linienführung aufschlußreich: Das Art Nouveau setzte die Linie wieder in ihre Rechte ein. Der Impressionismus hatte viel von der japanischen Holzschnittkunst übernommen, aber im Gegensatz zu ihr die Konturen aus seinen Bildern verbannt. Art-Nouveau- und Jugendstilkünstler, zum Beispiel Aubrey Beardsley oder Gustav Klimt, fanden unter dem Einfluß japanischer Farbholzschnitte Möglichkeiten, sinnlich überzeugende Darstellungen mit Hilfe sanft geschwungener Linien anstelle scharfer Konturen zu erreichen.

Von den verschiedenen Stilrichtungen der Tokugawa-Epoche übte vor allem die Rimpa-Schule großen Einfluß auf das Art Nouveau und den Jugendstil aus. Die Dekormotive dieser Schule hatten im Lauf der Zeit den Geschmack aller sozialen Schichten der Tokugawa-Epoche durchdrungen und stellten eine allen Künstlern gemeinsame Formensprache dar. Die Werke von Künstlern wie Tawaraya Sôtatsu und Honami Kôetsu hatten zwar noch keine Popularität in breiteren Volksschichten erlangt, aber immerhin die Kunst Ogata Kôrins vorbereitet, die dann entscheidenden Einfluß auf die Ästhetik der gesamten Tokugawa-Epoche und später auch auf das Art Nouveau und den Jugendstil gewann.

DIE ÄSTHETIK DER RIMPA-SCHULE

Die Rimpa-Schule nahm an der Wende des 16. und 17. Jahrhunderts mit Honami Kôetsu, Tawaraya Sôtatsu und einigen anderen Künstlern ihren Anfang. Hundert Jahre danach griffen die beiden Brüder Ogata Kôrin und Kenzan diesen Stil wieder auf, und ein weiteres Jahrhundert später setzte Sakai Hôitsu diese Tradition fort. Ungeachtet aller historischen Entwicklungen und Veränderungen deuten die Werke dieser Künstler auf eine gemeinsame Ästhetik, die man die Ästhetik der Rimpa-Schule nennen kann und die ihren eigenen, unverwechselbaren Stil prägte.

Oben: Ausschnitt aus einem Stellschirm mit dem Titel «Bugaku-Tanz» (Bugaku-zu byôbu). *Spätes 17. Jahrhundert. Rinnô-ji-Tempel, Nikkô.*

Kunst als eine nahezu unerschöpfliche Quelle der Inspiration.

Auffällig ist auch die Vorliebe des Art Nouveau für Naturmotive wie Blumen, Vögel, Insekten, Bäume und Wasserläufe, die gleichfalls zu den Hauptmotiven der dekorativen Tokugawa-Zeichnungen zählen und dort vorzugsweise auf goldgrundierten Stellschirmen, lackierten Tabletts und Schreibkästen oder auf kostbaren Gewändern zu finden sind. Ausgeführt wurden diese Arbeiten in einer Technik, die in unerreichter Weise die Raffinesse, den taktilen Reiz, die Farbharmonie schillernder Oberflächen und die Eleganz fließender Linien betonte und eine bis ins Detail durchkalkulierte Gesamtkomposition ermöglich-

Ein erstes gemeinsames Kennzeichen aller Künstler der Rimpa-Schule ist die Vielfalt der verwendeten Bildformate, die vom kleinen Fächer oder Teller bis hin zum großen Stellschirm reicht. Zudem ist die Bildform nicht immer rechteckig und die Fläche keineswegs immer eben, sondern sie kann auch gewölbt sein, etwa bei den Deckeln der Schreibkästen oder bei Porzellanwaren.

Angesichts einer solchen Vielfalt an Malgründen, Bildgrößen und -formaten verwundert es nicht, daß Sôtatsu und die anderen Maler der Rimpa-Schule ein feines Gespür für die jeweiligen Strukturen der unterschiedlichen Bildflächen entwickel-

Rimpa-Schule: Sämtliche Künstler dieser Schule zeichnen sich durch eine Art malerisches Strukturdenken aus. Ein Maler kann bei der Gestaltung eines Bildes den Akzent seiner Darstellung unterschiedlich setzen: Er kann stärker die Beschaffenheit der abzubildenden Gegenstände betonen oder aber das Hauptaugenmerk auf die Komposition legen, indem er die Stellung verschiedener Gegenstände und Personen zueinander ins Blickfeld des Interesses rückt. Die visuelle Wirkung einer Technik, die ihr Augenmerk auf die Beziehungen legt, wird verstärkt, wenn der Künstler Objekte wählt, die einander in Form, Größe und Farbe ähneln.

ten. Die Arbeit eines jeden Malers beginnt mit der Strukturierung einer vorgegebenen Fläche, und je variabler diese Fläche ist, desto wichtiger ist es, möglichst früh Mittel zu finden, um auf ihr eine räumliche Ordnung zu errichten.

Aus diesem Gefühl für die räumliche Ordnung rührt eine zweite Eigenart der

Die Vorliebe für mehr oder weniger ähnliche Objekte, die auf einer homogenen Fläche zueinander in Bezug gesetzt werden, ist ein hervorstechendes Merkmal der Rimpa-Schule. Beispielhaft hierfür sind die collagenartig dekorierten Stellschirme (senmen harimaze byôbu). Der Hintergrund besteht aus Blattgold, die aufgeklebten Fä-

Oben links und rechts: Ausschnitte aus Tawaraya Sôtatsus Stellschirm «Bugaku-Tanz» (Bugaku-zu byôbu). Daigo-ji-Tempel, Kyoto.

121

cher haben alle dieselbe Größe und dasselbe Format und unterscheiden sich nur in den Mustern. Da feine Muster von weitem nur schwer zu erkennen sind, nimmt der Betrachter zunächst die Stellung der Fächer zueinander wahr. Ein extremes Beispiel hierfür ist das sechsteilige Stellschirmpaar mit Fächern von Sakai Hôitsu, dessen Gestaltungsprinzip auf den Relationen der Fächer gleicher Größe und gleichen Formats beruht. Jeder Fächer ist mit Bergen, Flüssen, Gräsern, Blumen und Tieren bemalt, aber diese schlichten Zeichnungen

sind für den Gesamteindruck von untergeordneter Bedeutung.

Ein für Sôtatsu charakteristisches Werk ist das zweiteilige Stellschirmpaar «Bugaku-Tanz» (Kyoto, Sambô-in-Tempel). In der linken oberen Ecke ist der untere Teil einer Kiefer zu sehen, und in der rechten unteren Ecke erkennt man den oberen Teil eines Vorhangdekors. Diese ausschnitthafte Wiedergabe ist ein Kunstgriff, mit Hilfe dessen der Künstler dem goldgrundierten Raum, der sich um eine von links oben nach rechts unten verlaufende Diagonale

spannt, die nötige Struktur verleiht. Entlang der Diagonalen sind vier Tänzer zu erkennen, zwei in rotem, die beiden anderen in dunklem Farbton gehalten. Es ist offensichtlich, daß Kiefer und Vorhangdekor nicht die Aussage der Zeichnung zu erkennen geben. Was der Gesamtkomposition Symmetrie verleiht, ist die Vierergruppe in indigoblauen Gewändern und grünen Masken links unter der Kiefer und rechts, direkt über dem Vorhangdekor; eine Person in weißem Gewand wendet sich zur Bildmitte.

Die Belebung des goldgrundierten Raumes, dessen Tiefe man zu spüren meint, der Eindruck von Bewegung, den die vier Tänzer in der Bildmitte vermitteln, und die Symmetrie der Komposition, ihr ausgewogenes Verhältnis zur Bildhorizontalen — eine solche Stimmigkeit aller Elemente findet man nur bei Sôtatsu.

Man hat es bei diesem Werk nicht mit einem Dekor und noch weniger mit einer Zeichnung zu tun, sondern mit einem sehr persönlichen, in einem außerordentlich malerischen Stil gehaltenen Ausdruck von

Oben: Tawaraya Sôtatsu, «Windgott und Donnergott» (Fûjin Raijin-zu byôbu). *Stellschirm. Kennin-ji-Tempel, Kyoto.*

123

Bewegung und Ruhe, Wechsel und Harmonie, Vielfalt und Einheit, der durch einen Hell-Dunkel-Kontrast verstärkt wird. In Sôtatsus Arbeiten zeigt sich der Stil der Rimpa-Schule bereits in seiner höchsten Vollendung.

Ähnlich repräsentativ für die Kunst Ogata Kôrins ist das sechsteilige Stellschirmpaar «Iris» (Nezu-Museum, Tokyo), bei dem blaue Blüten und grüne Blätter auf einem Goldgrund plaziert sind. Für die Blüten wurden zwei unterschiedlich helle Blautöne verwendet, während die Blätter, die weder Blattadern noch eine Binnenzeichnung aufweisen, in einem satten Dunkelgrün gehalten sind. Die Blüten sind stark stilisiert, und die Blätter, deren Form und Farbe fast identisch sind, bilden vor dem abstrakten Hintergrund zahlreiche Büschel. Die Komposition der Zeichnung, insbesondere die Stellung der einzelnen Büschel zueinander, verleiht dem Bild einen wogenden, schlängelnden Rhythmus, eine lyrische Qualität, die auf den entsprechend eingestimmten Betrachter wie eine visuelle Melodie wirkt.

Die Rimpa-Schule erreicht die abstrakte Organisation des Bildraumes keineswegs ausschließlich durch die Methode, Objekte gleicher Form, Farbe und Beschaffenheit vor einem homogenen Hintergrund zu plazieren. In anderen Fällen wird nach der Tradition der *yamato-e*-Malerei eine große Fläche – zum Beispiel ein Hügel – in einem einheitlichen Farbton gemalt und diese Fläche anschließend von welligen Konturen umrandet.

Das Sôtatsu zugeschriebene sechsteilige Stellschirmpaar mit dem Titel «Der schmale Efeu-Weg» (mit einer Kalligraphie von Karasumaru Mitsuhiro) ist ein bezeichnendes Beispiel für diese Technik. Eine dunkelgrüne Fläche nimmt die untere Bildhälfte ein. Von links zieht sie sich in einer Wellenlinie über zwei Drittel des Bildes bis an den unteren Rand hinab. Eine zweite, ebenfalls dunkel gehaltene Fläche beginnt etwas höher, überschneidet sich mit der ersten und dehnt sich, immer breiter werdend, bis an den rechten Bildrand aus. Die beiden farbigen Flächen lassen Teile des Goldgrundes frei, und im mittleren Teil des Bildes, links und rechts oben, sind Efeublätter zu erkennen. Das Bild besteht aus nichts anderem als den grünen Flächen, die wie grundiertes Papier aussehen, dem Goldgrund, den verstreuten Efeublättern und den Schriftzeichen der Kalligraphie,

die in ihrer Verbindung eine brillante Komposition bilden. Sôtatsus «Der schmale Efeu-Weg» ist die erste großformatige abstrakte Malerei in der Geschichte der japanischen Kunst; beim Betrachten des Werkes drängt sich bisweilen der verwirrende Eindruck auf, es wären konkrete Figuren abgebildet.

Die Rimpa-Schule, vor allem aber Kôetsu, schuf nicht nur Malereien, sondern kreierte eine Vielzahl anderer visueller Ausdrucksformen, beispielsweise die Skizzen und Kalligraphien zu Gedichten in *kana-(hiragana-)*Schrift, einer der beiden Silbenschriften des Japanischen, die sich aus chi-

nesischen Schriftzeichen entwickelten. Gedichte in dieser Schrift zu verfassen wurde in der Heian-Zeit gebräuchlich, wobei im wesentlichen *Waka*-Gedichte auf dekoriertes Papier geschrieben wurden. Kôetsus Originalität bestand darin, daß er die *kana*-Schrift unter Nutzung ihrer malerischen Qualitäten weiterentwickelte. In der Bildrolle «Hirsche» übertrug er Gedichte aus der «Neuen Sammlung aus alter und neuer Zeit» (*Shin-kokin-waka-shû*, Gôtô-Mu-

Oben: Rollen des Genji Romans (Genji monogatari emaki). *12. Jahrhundert. Gotô-Museum, Tokyo.*

Oben: «Kraniche». Zeichnung von Tawaraya Sôtatsu mit einer Kalligraphie von Hon-ami Kôetsu. Nationalmuseum Kyoto.

Gegenüberliegende Seite: Tawaraya Sôtatsu, «Kiefern» (Matsu-zu) (Ausschnitt). Yôgen-in, Kyoto.

seum, MOA-Museum und andere), und in der Bildrolle «Blumen der vier Jahreszeiten» griff er auf die «Sammlung japanischer Gedichte aus tausend Jahren» *(Senzaiwakashû)* zurück. Er schrieb dabei diese Gedichte nicht in senkrechten, in gleichen Abständen stehenden Spalten, sondern wählte die Position jedes einzelnen Schriftzeichens unter rein malerischen Gesichtspunkten und variierte die Abtönung der Tusche und die Dicke des Strichs, wie es ihm gerade erforderlich schien.

Führt man ein aus vielen Strichen zusammengesetztes Zeichen mit breiten Pinselstrichen und in satter Tusche aus, erhält es dadurch eine besondere Betonung; werden hingegen dünne Striche und verdünnte Tusche verwendet, so wird sein Gewicht abgeschwächt. Indem man den optischen Eindruck auf diese Weise verstärkt und zudem die Positionen der Zeichen auf dem Papier so wählt, daß sie mit der Zeichnung harmonisch zusammenspielen, entsteht ein ganz besonderer Rhythmus: Die Schriftzeichen werden zu einem Teil der Zeichnung, die ihrerseits deren rhythmische Anordnung zusätzlich betont und intensiviert.

Die subtile Harmonie der Bildrollen Kôetsus ist auch innerhalb der Rimpa-Schule einmalig. Kôetsu entdeckte strukturelle Analogien in der Kalligraphie von Gedichten in *kana*-Schrift, schuf anschauliche, skizzenhafte Figuren und vereinte diese beiden Aspekte mit Hilfe weniger Kunstgriffe zu unübertrefflichen Werken von subtiler Harmonie.

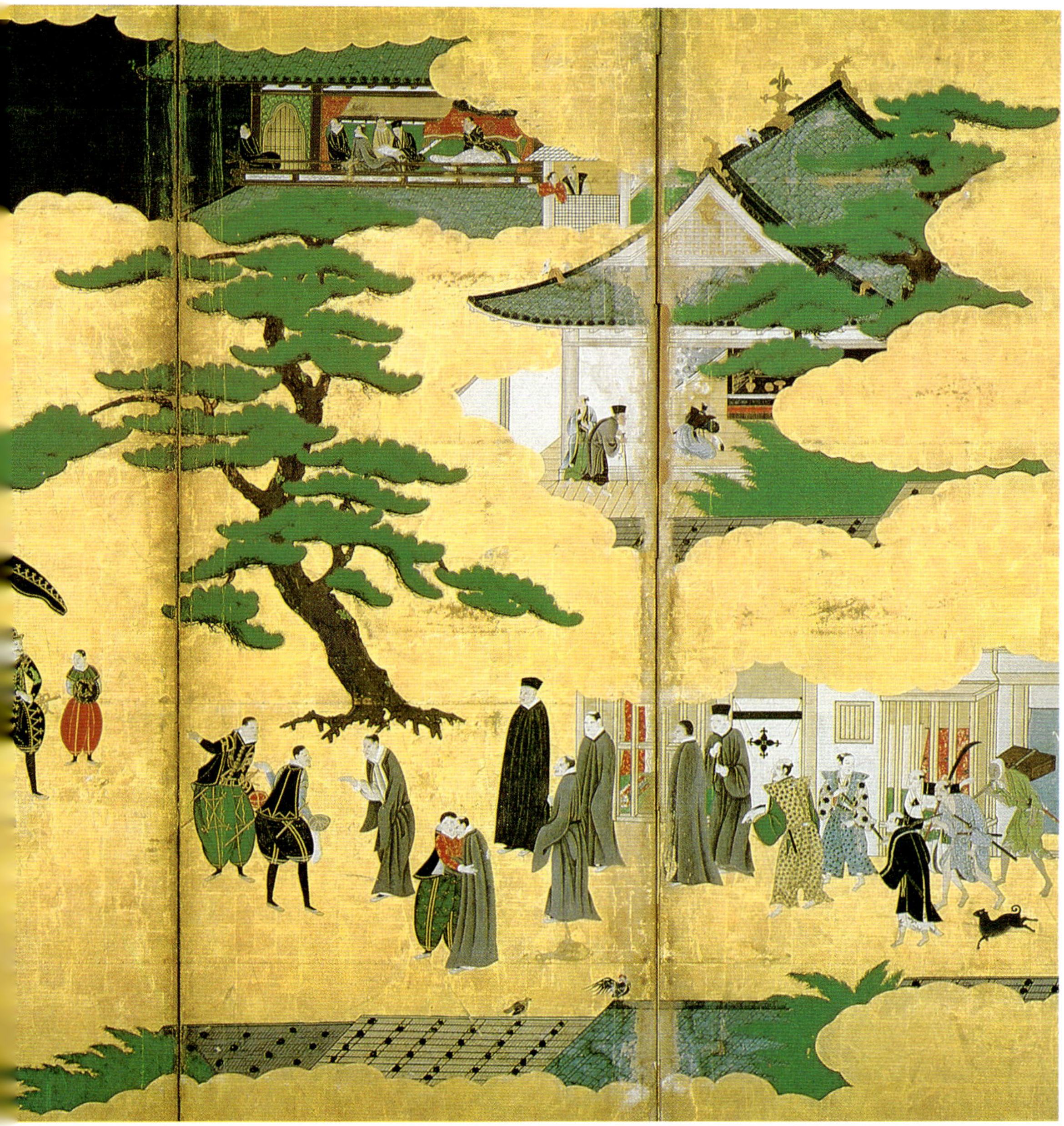

Unten: Tawaraya Sôtatsu, «Kyoto und Umgebung» (Auslage eines Fächerhändlers; Rakuchû rakugai-zu byôbu). *Stellschirm (Ausschnitt). Anfang des 17. Jahrhunderts. Nationalmuseum Tokyo. Der Künstler stammte wahrscheinlich aus einer Familie von Fächermachern.*

Unten: Münze aus der Epoche des Toyotomi Hideyoshi.

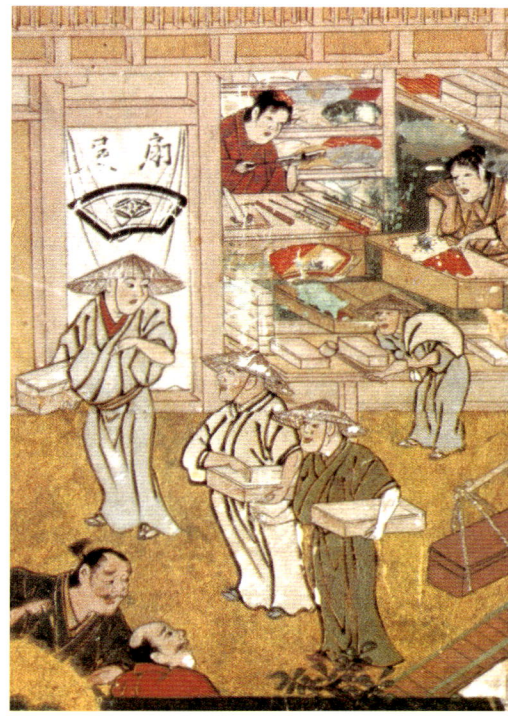

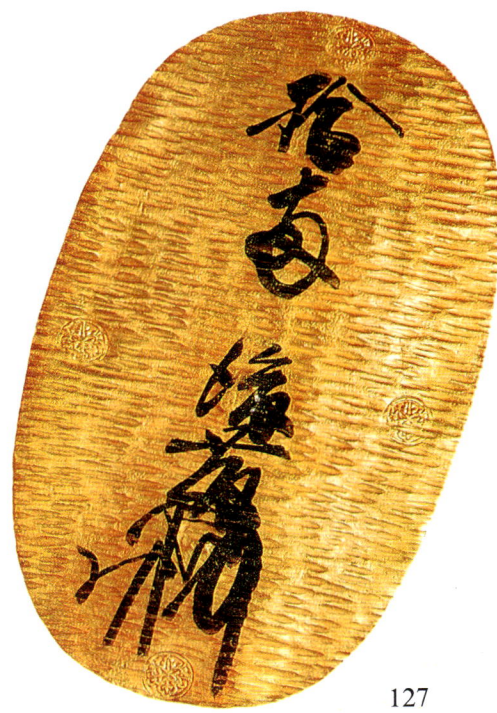

Einen eigenen unverwechselbaren Stil zeigt die Rimpa-Schule auch im Hinblick auf die Wiedergabe des einzelnen Objekts: Auffällig sind einerseits die kühnen Deformationen, andererseits die einzelnen Details, die unabhängig von der Gesamtkomposition sorgfältig zu eigenständigen Miniaturen ausgearbeitet werden. Das anschaulichste Beispiel für das erste Phänomen liefern der Sôtatsu zugeschriebene Löwe und sein weißer Elefant auf den Schiebetüren im Hauptgebäude des Yôgen-in-Tempels in Kyoto. Bei dem ganz in chinesischer Manier gemalten Löwen sind Mähne und Schweif stilisiert, wodurch ein dekorativer Effekt erzielt wird. Die Neigung, durch die Verbindung unterschiedlicher Motive der Komposition einen ornamentalen Charakter zu verleihen, ist ein allgemeines Charakteristikum der Rimpa-Schule.

Der weiße Elefant wiederum nimmt mit seinem runden, in Chinaweiß ausgemalten Körper die gesamte Türfläche ein, die darüber gezogenen kräftigen Tuschestriche betonen seinen massiven Charakter. Die sparsame Pinselschrift und die extreme Deformation lenken die Aufmerksamkeit des Betrachters auf die weiße Fläche. Man fragt sich kaum noch, ob dies nun ein Elefant sei oder nicht, sondern spürt vor allem die Ausstrahlung einer ungeheuren Kraft.

Kôrin hält sich bei der Verwendung der Tusche eher an das Verfahren des *tarashikomi,* das Sôtatsu erfunden haben soll. Bei dieser Technik wird Wasser auf die noch

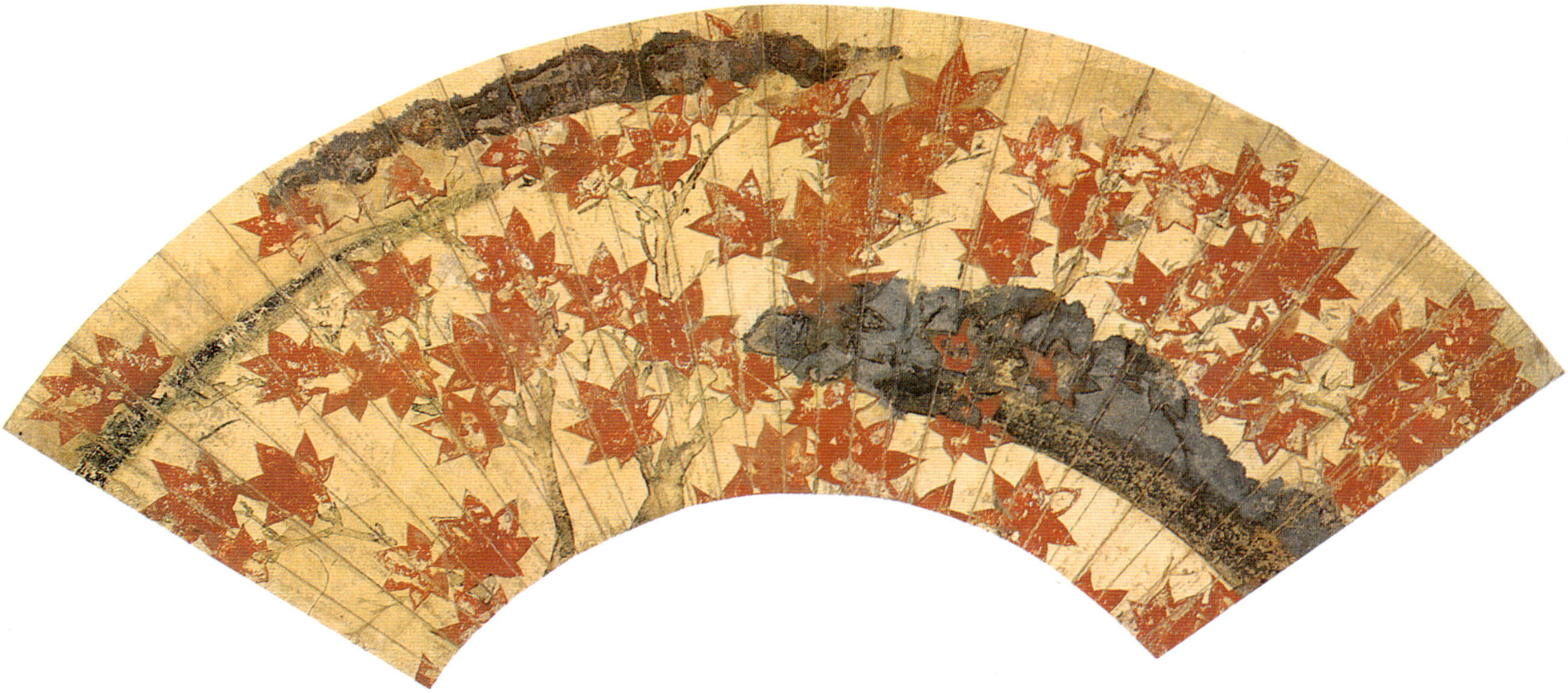

Oben: Tawaraya Sôtatsu, «Die Ahornbäume». Stellschirm (Ausschnitt). Myôhô-in, Kyoto.

Unten: Honami Kôetsu, «Schneegipfel» (Sekihô). Rote Raku-Teeschale. Umfang: 11,6 cm. Museum zum Gedächtnis Hatakeyamas.

feuchte Tusche getropft, so daß der Tuschton scheinbar zufällig verläuft. In dem Hängerollenpaar «Stiere» — mit einer Kalligraphie von Karasumaru Mitsuhiro (Kyoto, Chômyô-ji-Tempel) — beweist Sôtatsu sein überragendes Talent als Tuschmaler, indem er ohne irgendeinen Pinselstrich, allein mit der Technik des *tarashikomi,* einen Eindruck von der im Nacken und Bauch des Tieres versammelten Kraft vermittelt.

Kôrin und Sôtatsu versuchen sich in der Mehrzahl ihrer Zeichnungen der ideellen Gestalt eines Einzeldings zu nähern, wobei sie von Details absehen und doch der Realität entsprechen. Vereinzelt bemühen sie sich jedoch durchaus um die Darstellung von Details im Stil der *yamato-e*-Malerei, beispielsweise wenn Sôtatsu filigrane Blumenmotive auf die Räder des Ochsenkarrens im Stellschirm «Sekiya-Szene» malt oder Kôrin in der *tarashikomi*-Technik grünes Moos auf die Stämme der Pflaumenbäume des Stellschirmpaares «Weiß- und rotblühende Pflaumenbäume» (MOA-Museum) zeichnet. Auch in dem zweiteiligen Stellschirmpaar «Pfau und Iris» sind die Ränder der Pfauen wie Miniaturen mit feinem Pinsel ausgearbeitet. Diese filigranen Zeichnungen sind für einen Betrachter, der einen ausreichenden Abstand hält, um die Gesamtkomposition zu würdigen, kaum noch erkennbar. Dies läßt darauf schließen, daß der Künstler diese in seine

großformatige Malerei integrierten Miniaturen nicht als Elemente der übergreifenden Struktur, sondern als von der Gesamtkomposition unabhängige Details betrachtete.

Auch in der Wahl der Farben zeigen die Maler der Rimpa-Schule große Gemeinsamkeiten, die ihre Werke in der Regel leicht von denen anderer Schulen abgrenzen lassen. Zwar verwendete auch die Kanô-Schule das Dunkelgrün der Kiefern auf Goldgrund, aber die Vorliebe für ein Dunkelgrün, das große Bildflächen bedeckt — zum Beispiel auf den Stellschirmen «Sekiya-Szene» und «Der schmale Efeu-Weg» — läßt doch schon auf den ersten Blick Werke der Rimpa-Schule erkennen. Ähnlich verhält es sich mit dem Rot in der Bildmitte des Stellschirms «Bugaku-Tanz» oder mit dem Indigoblau und Grün als strukturierenden Elementen der Komposition auf dem Stellschirm «Iris». Zu erwähnen ist in diesem Zusammenhang schließlich auch das wie eine Farbe verwendete Chinaweiß des Elefanten auf den Schiebetüren des Yôgen-in-Tempels in Kyoto, des Donnergottes auf dem Stellschirmpaar «Windgott und Donnergott» oder eines Tänzers mit Greisenmaske auf dem «Bugaku-Tanz»-Schirm.

Gegenüberliegende Seite: Zaun des Kôetsu-ji-Tempels in Kyoto. Der Tempel erhebt sich an der Stelle des Dorfes Kôetsu, das auf Anordnung Ieyasus in Takagamine gegründet wurde.

Die bislang aufgeführten Charakteristika der Rimpa-Schule treten in den einzelnen Kunstwerken nicht unabhängig voneinander auf, sondern verbinden sich in den repräsentativsten Werken der jeweiligen Künstler auf ein und derselben Bildfläche. Diese Synthese, diese Harmonie heterogener Kunstmittel, die allesamt einem gemeinsamen Darstellungsziel dienen, ist das bedeutsamste Merkmal der Rimpa-Schule. Eines der prägnantesten Beispiele für die harmonische Vereinigung der verschiedensten Techniken und Kunstmittel ist das Stellschirmpaar «Windgott und Donnergott» im Kennin-ji-Tempel von Kyoto. Auf beiden Seiten eines goldgrundierten Hintergrunds sind der Gott des Windes in Grün und der Gott des Donners in Weiß zu erkennen. Der eine eilt über die Wolken, während der andere seine Kräfte sammelt. Einzelheiten wurden ausgespart, die Muskelpartien sind deformiert, aber in ihrer Bewegung durchaus richtig wiedergegeben. Sämtliche bildnerischen Mittel wurden eingesetzt, um die imposante Kraft der göttlichen Personen und ihre stürmische Bewegung darzustellen. Der Goldgrund auf Stellschirmen und Schiebetüren (fusuma) zählt zu den Konventionen der zeitgenössischen japanischen Malerei: Er ist ein Symbol des Himmels.

Ogata Kôrins Stellschirmpaar «Weiß- und rotblühende Pflaumenbäume» zeigt in der Bildmitte die stark stilisierte Darstellung eines Wasserlaufs. Dieses Motiv wurde später von Sakai Hôitsu aufgenommen und findet sich in unzähligen Dekorationen auf kunsthandwerklichen Gegenständen der Tokugawa-Zeit. Zuletzt wurde es zu dem «volkstümlichen» Schmuckmotiv schlechthin, und es ist heute sogar auf seriell hergestellten Lackarbeiten zu finden. Zu Beginn des 18. Jahrhunderts, als Kôrin den stilisierten Wasserlauf gewissermaßen

Unten links: Ogata Kôrin, «Iris am Wasser» (Detail). Im Besitz der Firma Kanebô.

Unten rechts: Sakai Hôitsu (1761 – 1828), «Blumen und Vögel der Vier Jahreszeiten» (Ausschnitt). Nationalmuseum Tokyo.

130

in die japanische Kunst einführte, war dieses Motiv Teil des kühnen Unternehmens eines originellen Malers, sich der reinen, abstrakten Malerei zu nähern – ein Versuch, der bis dahin noch nie unternommen worden war. Der ins Zentrum des Bildes gerückte Wasserlauf und die minutiös gemalten, rot- und weißblühenden Pflaumenbäume links und rechts neben ihm – subtile Ausschnitte miniaturhafter Blüten, deren Verteilung über die Bildfläche geradezu musikalisch wirkt – vereinigen die

Kraft des Wassers und die Zartheit der Blüten zu einem Ganzen von seltener Harmonie.

Fragt man zum Abschluß dieser Darstellung der Rimpa-Ästhetik nach den bevorzugten Themen der Schule, so ist festzuhalten, daß sie durch und durch profan sind: Die Rimpa-Schule kennt weder religiöse Themen, seien diese nun buddhistisch, shintoistisch oder synkretistisch, noch stellt sie mythologische Wesen wie den Drachen oder das Einhorn dar. Sôtatsus chinesischer Löwe und sein Wind- und Donnergott sind seltene Ausnahmen. Bevorzugt werden statt dessen immer wieder Bildmotive, aus der höfischen Literatur der Heian-Zeit gewählt, insbesondere aus dem *Genji monogatari,* dem *Ise monogatari* sowie aus den Kalligraphien der *Waka*-Dichtung. Daneben erfreuen sich Naturmotive wie Pflanzen, Wasserläufe, Kiefern, Bambus, Pflaumenbäume und kleine Vögel

größter Beliebtheit. An diesem profanen Charakter ändert sich vom Ende des 16. bis zum Ende des 19. Jahrhunderts nichts. Und obwohl nicht allein die Maler der Rimpa-Schule eine ausgesprochene Vorliebe für diese beiden Arten von Motiven zeigten, repräsentiert ihre Kunst doch in reinster Form jenen profanen Geist, der für die gesamte Tokugawa-Kultur charakteristisch ist.

DIE RIMPA-SCHULE: DIE KÜNSTLER UND IHRE WERKE

Honami Kôetsu (1558 – 1637), der Begründer der Rimpa-Schule, lebte in einer Epoche, in der die Feudalherrschaft des Shogunats der Muromachi-Zeit zusammenbrach und nach mehreren blutigen Aufständen eine Militärregierung die Herrschaft übernahm und das Land wieder einte. Die neue zentrale Macht kontrollierte die Territorialherren, die Aristokratie in Kyoto und das städtische Bürgertum, das in der Muromachi-Zeit zum Träger der wirtschaftlichen Macht geworden war.

Die Militärregierung führte das Land ziemlich schnell in die Isolation: 1633 wurden das Reisen und der Handel mit dem Ausland eingeschränkt, 1635 verfügte man offiziell die «Schließung des Landes». Die großen Kaufmannsfamilien in Kyoto, die durch den Außenhandel reich geworden waren, hatten unter dieser Entwicklung stark zu leiden. Eine weitere Folge der Isolationspolitik war die Unterdrückung des Christentums; die Aufsicht über die buddhistischen Tempel hatten die Tokugawa zuvor schon an sich gerissen.

Honami Kôetsu entstammte einer reichen Familie aus Kyoto, desgleichen auch Sumi-no-Kura Soan (1571 – 1632) und Chaya Shirojirô (1542 – 1596), die ihm nach Takagamine folgten. In diesem Dorf in der Nähe von Kyoto gründete Kôetsu eine Künstlerkolonie auf einem Stück Land, das ihm der Shogun Tokugawa Ieyasu 1615 überließ. Ob die Tokugawa-Regierung die Kunst fördern wollte oder ob sie nur die mächtigen und sie störenden Kaufleute aus Kyoto fernhalten wollte, indem sie den Künstlern und ihren Familien diese Kolonie übertrug, ist nicht zu entscheiden. Kôetsu und Soan jedenfalls nutzten die Abgeschiedenheit von Takagamine und veröffentlichten dort ihre illustrierten Bücher wie das *Ise monogatari* und die *Waka*-Anthologien, in denen sie ihre Verbundenheit mit der höfischen Literatur der Heian-Zeit bekundeten.

Oben: Vincent van Gogh, «Der Baum». Paris 1886 – 1888. Kopie nach Hiroshiges «Blühender Pflaumenbaum im Kameido-Garten». Öl auf Leinwand. Amsterdam, Rijksmuseum van Gogh.

Oben: Andô (Utagawa) Hiroshige (1797 – 1858), «Der blühende Pflaumenbaum im Kameido-Garten». Um 1857. Vielfarbenholzschnitt. Privatbesitz.

Ein anderes Beispiel für die Schöpfungen dieser Zeit ist Kôetsus Schreibkasten «Brücke» (Nationalmuseum Tokyo), dessen Thema ebenfalls der Heian-Kultur entlehnt ist. Den stark gewölbten Deckel des Schreibkastens schmückt in der Diagonalen eine breite Bleiplatte, auf der sich eine Zeichnung von Wellen und Booten in

tischen Raffinements erreicht hat. Wie nahezu alle Arbeiten dieses Künstlers zeugt auch der Dekor dieses Schreibkastens von der einzigartigen Verbindung eines inhaltlichen Konservatismus mit großer stilistischer Innovationskraft.

Gold-Streudekor (*kin makie*) sowie versilberte Kalligraphien von Gedichten in *kana*-Schrift finden. Die Verteilung der Kalligraphien auf der gewölbten Fläche, der Kontrast zwischen dem dunklen Blei und dem hellen Silber und die harmonische Verbindung beider Elemente mit dem Goldstreu sind bewundernswert und beweisen, daß Kôetsu mit diesem Werk den Gipfel ästhe-

Oben links: Andô Hiroshige, Die Ohashi-Brücke bei Regen (Meisho Edo hyakkei: Oohashi atake no yûdachi). Edo, um 1857. Vielfarbenholzschnitt. Österreichisches Museum für angewandte Kunst, Wien.

Oben: Vincent van Gogh, «Die Brücke». (Japonaiserie). Paris 1886 – 1888. Kopie nach Andô Hiroshiges «Die Ohashi-Brücke bei Regen». Öl auf Leinwand. Amsterdam, Rijksmuseum van Gogh.

Oben: Emile Gallé (1846 – 1904), Vase mit Algendekor. Höhe: 23,5 cm.

Rechts: Emile Gallé, Vase in Form einer Aubergine. Höhe: 29 cm.

Links: Emile Gallé, «Die Schmerzensvase». Diese Vase ist mit einem eingravierten Vers eines Gedichts von Maurice Maeterlinck verziert.

Das Werk Tawaraya Sôtatsus ist in vielem dem Schaffen Kôetsus vergleichbar. Sôtatsu knüpfte inhaltlich-thematisch an die Tosa-Schule an, die der Tradition der *yamato-e*-Malerei verpflichtet war, dieser Tradition aber infolge mangelnder schöpferischer Phantasie keine neuen Impulse zu geben vermochte. Anders als die Maler der Tosa-Schule schuf Sôtatsu, inspiriert vom *yamato-e,* völlig neue und eigenständige Bilder. Seine Themen fand er im Bugaku-Tanz, im *Ise monogatari* und im *Genji monogatari.* Seine Kunst steht also inhaltlich völlig im Bann der Kultur des kaiserlichen Hofes, doch gelang es dem Talent dieses Künstlers, den Geist der Epoche in Bilder von großer Ausdruckskraft zu verwandeln.

Anders als im Falle Kôetsus ist über Sôtatsus Leben fast nichts bekannt. Der Name Tawaraya scheint einem Fächermacher aus Kyoto gehört zu haben. Unumstritten ist lediglich, daß ein Maler namens Sôtatsu, der ungefähr zur gleichen Zeit wie Kôetsu lebte, Bilder für Personen aus dem Umkreis Tawarayas sowie für die großen buddhistischen Tempel malte.

Ogata Kôrin (1658 – 1716) und sein Bruder Kenzan (1663 – 1743) entstammten einer alten Kimonohändlerfamilie aus Kyoto. Der Urgroßvater der beiden Brüder war mit der ältesten Tochter Kôetsus verheiratet, und ihr Großvater hatte gemeinsam mit dem Künstler in Takagamine gelebt.

Kôrin hatte, bevor er Maler wurde, in einem ausschweifenden Leben sein Vermögen durchgebracht, während Kenzan sein Brot zuvor mit der Töpferei verdient hatte. Der Ältere studierte die Malerei zunächst bei Yamamoto Soken aus der Kanô-Schule, ehe er zu einem großen Bewunderer der Kunst Sôtatsus wurde. Kenzan erlernte die Töpferei bei Kôu, dem Enkelsohn Kôetsus, wurde dann Nonomura Ninseis Schüler, bis er sich selbständig machte. Im Alter malte er auch Stellschirme.

Für Kôrin, den Schöpfer des *Yuima* und des *Hotei,* sind Blumen, Vögel und Wasserläufe die bevorzugten Sujets seiner Malereien. Kenzan verwendet die gleichen Motive für die Dekors seiner Keramikwaren und Stellschirme. Diese Rückkehr zu Motiven aus dem Alltagsleben erklärt sich aus den gegenüber der Zeit Kôetsus veränderten gesellschaftlichen und politischen Verhältnissen: Die Anknüpfung an die höfische Kultur der Heian-Zeit war jetzt, wo sich die Herrschaft des Tokugawa-Shogu-

Oben: Aus der Werkstatt Emile Gallés, Milchkrug mit Gottesanbeterin und Zikade als Dekor. Höhe: 15 cm.

nats einigermaßen stabilisiert hatte, hinfällig geworden. Denn wie so oft war auch hier der Rückgriff auf ein historisch zurückliegendes Ideal der Versuch gewesen, in Zeiten der Unsicherheit und des Übergangs der Auseinandersetzung mit den gegenwärtigen Verhältnissen zu entgehen.

Kôrin und Kenzan wollten sich mit ihren Werken nicht als Künstler ausweisen, sondern sie beabsichtigten, dem Alltagsleben der wohlhabenden Städter ihrer Zeit künstlerischen Glanz zu verleihen. Unabhängig davon, daß die Themen der Künstler von der Zeit bestimmt und ihre Werke fraglos

Oben: Emile Gallé, Parfumflacon in Form einer Ehrenpreisblüte. Höhe: 15 cm.
Dem Flacon ist ein Gedicht von Pierre Dupont eingraviert.

einem kommerziellen gesellschaftlichen Gebrauch unterworfen waren, setzten sich in ihnen doch die ästhetische Qualität und die Originalität ihrer Schöpfer durch: Kôrin und Kenzan gelang es, ihre Individualität auf unvergleichliche Weise mit dem Pinsel auszudrücken.

Nach Kôrin und Kenzan waren es das Talent und die psychologische Kraft von Sakai Hôitsu (1761 – 1828), die vom Ende des 18. bis zum Beginn des 19. Jahrhunderts der Rimpa-Schule zu neuem Schwung verhalfen. Hôitsus Meisterwerk ist das Stell-

schirmpaar «Sommer- und Herbstblumen» (Nationalmuseum Tokyo), auf dessen unterer Bildhälfte Stielblütengras, Stechwinden, Lilien und Goldbaldrian sowie in der linken oberen Ecke ein kleiner Wasserlauf zu sehen sind. Auf der rechten Seite schaukeln die Blüten des Stielblütengrases und die Blätter des Pfeilwurzes im Wind, während drei rote Weinblätter über den Himmel davonwirbeln. Die Grundierung, die bei Kôrin golden war, ist nun silbern. Kôrins breite Irisblätter scheinen sich gedehnt zu haben, ihre Spitzen wirken so scharf wie Rasiermesser.

Oben: Emile Gallé, Vase mit Quallenmotiv. Höhe: 30,5 cm.

Oben: Lampe mit Wellen- und Fischdekor aus der Werkstatt Gallés. Höhe: 33 cm. Kitazawa-Museum, Nagano.

Gegenüberliegende Seite: Detailansicht von Gallés Vase mit Quallenmotiv.

Rechts: Alphonse Mucha (1860 – 1939),
Plakat für das Théâtre de la
Renaissance, Paris: Sarah Bernhardt in
«Die Kameliendame». 1896.

Oben: Gustav Klimt (1862 – 1918),
«Medizin» (Entwurf zu einem
Deckengemälde für den Festsaal der
Neuen Wiener Universität, Ausschnitt).
1901. Ehemals Schloß Immendorf.
Nicht erhalten.

Kann man dies als den symbolischen Ausdruck einer Ordnung deuten, die kurz vor ihrem Zerfall steht? Ohne daß er die zeitgenössischen Sitten unmittelbar schilderte, war Hôitsu der Maler, der das Wesen seiner Epoche am tiefgründigsten erfaßte und abbildete.

Suzuki Kiitsu (1796–1858), der Schüler Hôitsus, steckte voller neuer Ideen und Erfindungen. Aber seinen Bildern fehlte die nervöse Gespanntheit, die delikate Empfindung und das geradezu sinnlich gegenwärtige Gefühl für die verfließende geschichtliche Zeit, die man in Hôitsus Werk findet. Mit Sakai Hôitsu sind die letzten Strahlen der schöpferischen Kraft der Rimpa-Schule erloschen, ganz so, als habe dieser Künstler das Ende der Tokugawa-Zeit vorausgeahnt.

Links: Titelblätter für Partitionen von Senoo, entworfen von Takehisa Yumeji (1884–1934). Zwanziger Jahre.

Oben: Sugiura Hisui (1876–1965), Plakat für das Bekleidungshaus Mitsukoshi. 1907.

Eine der originellsten Erscheinungen der japanischen Kultur ist die unregelmäßige Teeschalenform. Wenn Keramikerzeugnisse in einer Kultur, die das Arbeiten mit der Töpferscheibe nicht kennt oder nur mangelhaft beherrscht — beispielsweise in den Dörfern —, unregelmäßige Formen annehmen, ist das ein auf der ganzen Welt verbreitetes Phänomen. Entsprechend hat man es auch bei den unregelmäßig gestalteten Töpferwaren der Jômon-Zeit mit Formen zu tun, die eher auf technische Unzulänglichkeiten als auf einen bewußten Gestaltungswillen zurückgehen.

Die Teekunst als Symbol der japanischen Kultur

Oben: Dônyû (1599 – 1656), Kinoshita. Schwarze Teeschale. Durchmesser: 11,6 cm. 17. Jahrhundert. Raku-Museum, Kyoto.

Gegenüberliegende Seite: Eingang zum Teepavillon des Takagiri-in, Daitoku-ji-Tempel, Kyoto, Tokugawa-Zeit.

Nimmt man hingegen die unregelmäßigen *Raku*-Schalen des Töpfermeisters Chôjirô aus dem späten 16. Jahrhundert, muß man nach einer anderen Erklärung suchen. In einer Kultur, die über ein so hohes Niveau in der Keramiktechnik verfügt wie das Japan dieser Zeit, steht hinter den unregelmäßigen und höchst komplizierten Formen der Teeschalen fraglos eine schöpferische Absicht.

Wie so vieles, kam auch die Keramiktechnik vom chinesischen Festland nach Japan. China und Korea verfügten schon früh über ein hohes Niveau in der Töpferei. Unter der Tang-Dynastie erwiesen sich die Chinesen bereits als Meister in der Porzellanherstellung, und ihre Produkte zeichneten sich durch ebenso elegante wie feine Formen aus. Zur Zeit der Ming-Dynastie wurden die Dekortechniken weiter verfeinert, aber die Absicht, komplizierte unregelmäßige Formen zu gestalten, läßt sich nicht nachweisen. Allenfalls in Korea finden sich Beispiele von unregelmäßigen Teeschalen, doch handelt es sich hierbei im allgemeinen um Erzeugnisse der Volkskunst, die für den täglichen Bedarf bestimmt waren. Teeschalen dieser Art, an denen auch die Oberschicht Gefallen fand und die als Kunstwerke angesehen werden können,

sind ein rein japanisches Phänomen — und das über einen Zeitraum von mehreren Jahrhunderten, von der Monoyama- bis zur Tokugawa-Epoche.

Die in China zur Zeit der Song-Dynastie hergestellten Vasen und Teller markieren im Hinblick auf ihre Form einen Höhepunkt an Geschmack und Eleganz und sind in ihrer Art makellos. Die leicht glänzenden Farben ihrer homogenen Oberflächen strahlen eine eigentümliche Ruhe aus. Diese Vasen und Teller waren dazu bestimmt, bewundert zu werden, und man wird nicht müde, dies auch zu tun.

Die Teeschalen dagegen sollten auch benutzt werden. Ihr Gewicht und die vielfältigen Wellen auf ihren Oberflächen lassen uns noch immer die Fingerbewegungen ihrer Hersteller nachvollziehen, die sie einst in Ton modellierten. Die Form des Gegenstandes ist zugleich vollendet und in Bewegung, sichtbar und fühlbar. Die Oberfläche ist nicht gleichmäßig gestaltet, sondern einige Partien wurden herausgehoben, andere glatt gelassen. Tastet man eine dieser Teeschalen ab und bewegt sie in den Händen hin und her, so ändern sich ihre Farbe und ihr Glanz beständig, und jeder veränderte Blickwinkel vermittelt neue, wunderbare Eindrücke, ohne daß dabei die Kontinuität verlorenginge.

In Japan herrschten offensichtlich andere ästhetische Prinzipien als im China der Song-Dynastie. Die Schalen repräsentieren insofern schon keine in sich vollendeten Schönheiten, als ihr Entstehungsprozeß noch im fertigen Produkt sichtbar nachzuvollziehen ist.

Unter den roten Teeschalen des Chôjirô gibt es eine, die den Namen «Dämmerung» trägt (Sammlung des Gotô-Museums, Tokyo) — einen Namen, der die Assoziation an den Sonnenuntergang wachrufen soll. Entsprechend erinnert diese Schale an den weiten, leicht rosa getönten Himmel, an dem bereits einige leuchtend rote und einige graue Wolken aufgezogen sind.

In einem anderen Fall leuchtet das Grün des Tees auf dem Grund einer schwarzen *Raku*-Keramikschale. Je nach Blickwinkel und individuellem Assoziationsvermögen kann dieses Farbenspiel an Lärchenwälder zu Frühlingsbeginn erinnern, an die Farbe des Mittelmeeres, von einem Steilhang an der Côte d'Azur aus betrachtet, oder an die Augen einer Frau, die man im raschen Vorübergehen flüchtig wahrgenommen hat.

Eine von ihm abgetastete Shino-Teeschale erinnerte den Schriftsteller Kawaba-

Unten und rechts: Die Teemeisterin öffnet den Wandschrank mit den Hilfsmitteln, die sie für die Zubereitung des Tees benötigt.

Ganz unten: Das Wasser für den Tee wird mit einer kleinen Kelle (hishaku) *geschöpft.*

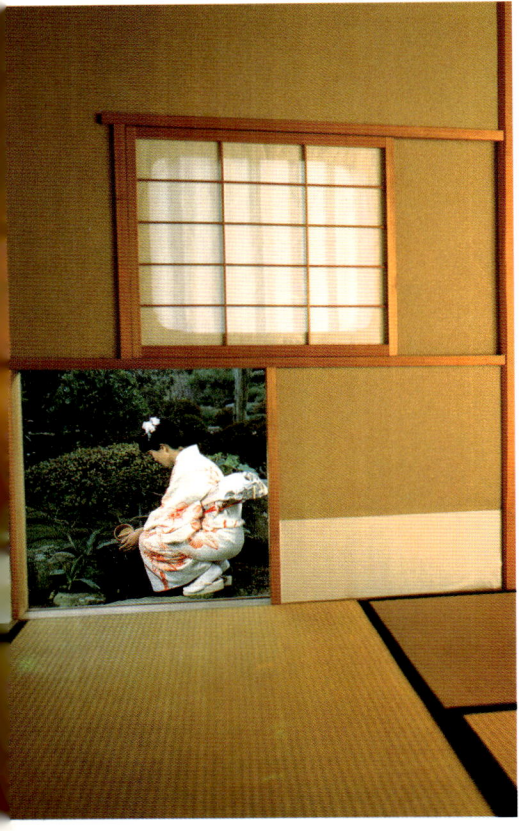

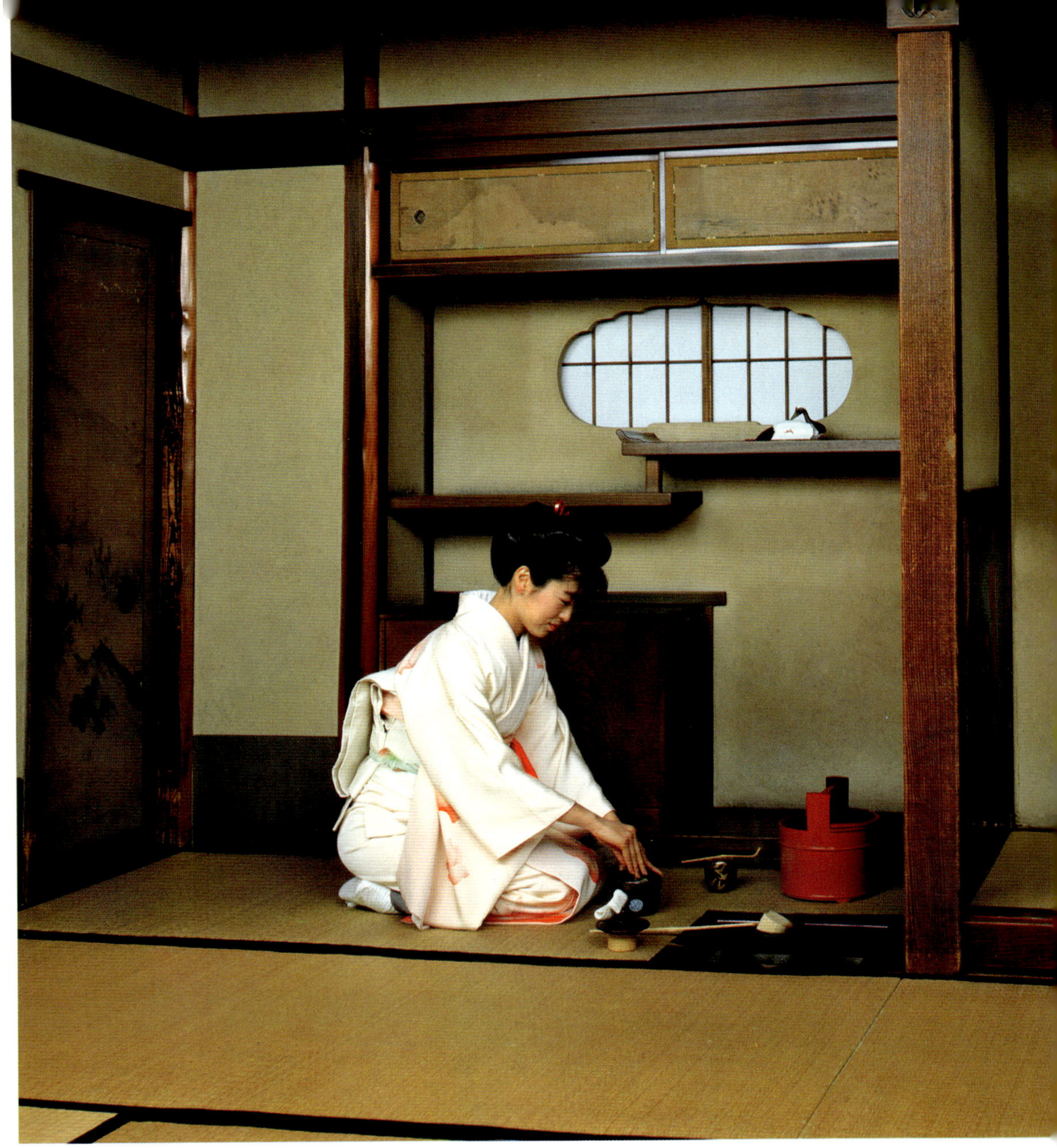

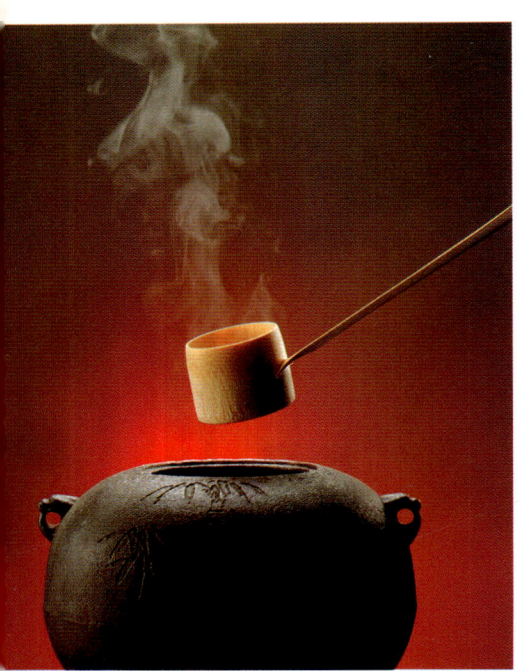

ta Yasunari an die Haut einer seiner Romanheldinnen: Anders als bei dem kalt glänzenden weißen Porzellan hat man es hier mit einer matten, milchigen Oberfläche zu tun, die feine Unebenheiten aufweist; und wenn man eine dieser Schalen in der Hand hält, übt ihr Eigengewicht einen leichten Widerstand aus.

Jede der Schalen, die in den Teeräumen benutzt werden, hat ihre eigene Persönlichkeit. Dies gilt natürlich nicht für Porzellanschalen, die in Serie produziert wurden. Trotzdem findet man auch in anderen Kulturen Beispiele einer hochentwickelten Keramikkunst. Beispiele hierfür sind in China die *Yôhen-temmoku,* die in kleiner Zahl hergestellt wurden und bei denen doch jedes Stück individuell ausgestaltet ist.

Die in Japan weit verbreitete Gewohnheit, dem einzelnen Erzeugnis einen eigenen Namen zu geben und so seine einzigartige Persönlichkeit zu betonen, gab es weder in China noch im Westen. Um einer Teeschale einen charakteristischen Namen zu verleihen, kann man sich auf ihre besonderen Eigenschaften beziehen, indem man beispielsweise eine große, schwarze Schale *Oguro* («Großes Schwarz») nennt. Oder man gibt ihr den Namen ihres ersten Besitzers, wie dies bei der *Shibata-* oder der *Kizaemon*-Teeschale geschah. Vereinzelt verbinden sich mit diesen Namen legendäre Anekdoten oder symbolische Bedeutungen. Shibata Katsuie beispielsweise war ein berühmter General, und von Takeda Kizaemon wird berichtet, daß er sich nie von seiner Teeschale getrennt haben soll, selbst dann nicht, als er bereits völlig ruiniert war. In diesen Fällen verleihen die Namen den Schalen ein literarisches und legendäres Flair und heben sie so endgültig aus

dem Status bloßer Gebrauchsgegenstände heraus.

Keramikerzeugnisse wurden aber nicht nur nach ihren sichtbaren Eigenschaften oder nach ihren Besitzern benannt. Nicht selten spiegelte der Name eine der Schale zugrundeliegende «Idee» wider und stellte so gewissermaßen eine «Anspielung» (*mitat-e*) dar. Dies gilt für die bereits erwähnte *Raku*-Teeschale mit dem Namen «Dämmerung».

Eine weitere Schale von Chôjirô, die den Namen *Dôjô-ji* (Dôjô-ji-Tempel) trägt, erinnert an eine umgekehrte Glocke. Zudem spielt das Wort *Dôjô-ji* auf eine Szene eines Nô-Stückes an.

Unter den *Raku*-Waren von Honami Kôetsu (1558 – 1637) wiederum findet sich eine Schale mit Namen *Fuji-san* («Berg Fuji»), deren Farbeffekte in der Glasur den Betrachter unwillkürlich an den schneebe-

deckten Gipfel des Berges Fuji denken lassen. Eine Shino-Schale heißt *Unohana-gaki* («Dentzienblütenzaun»); sie wirkt wie ein von Dentzienblüten umrankter Zaun. Auch Ausdrücke wie *Fuji-san* und *Unohana-gaki* lassen denjenigen, der sie hört, weniger an ihre realen Bezüge, etwa den größten Berg Japans, als vielmehr an die vielfältigen Gedichte denken, die ihnen gewidmet sind. «Anspielungen» dieser Art, die auch von den *ukiyo-e*-Malern des 16. Jahrhunderts sehr geschätzt wurden, haben mithin einen literarischen Charakter.

Der literarische oder symbolische Unterton der Benennung einer Teeschale ist nicht immer eindeutig greifbar. Oft unterstreicht die «Anspielung» nur den plastischen Charakter oder den visuellen Eindruck der Schale: Manchmal steht sie in gar keinem direkten Bezug mehr zu dem Objekt, das durch sie bezeichnet wird. Die *Shunkan*-Schale beispielsweise wurde nach dem Mönch Shunkan benannt, der am Ausgang der Heian-Epoche lebte und der mit zwei anderen Mönchen auf die Insel Kikai-ga-shima verbannt wurde. Während man die Strafe der beiden anderen aufhob, mußte Shunkan auf der Insel bleiben. Um diese Schale rankt sich folgende Geschichte: Ein Mann aus der Provinz Satsuma bestellt bei Sen no Rikyû (1522 – 1591) eine Chôjirô-Schale, und von dreien, die Rikyû ihm zur Auswahl schickt, sendet er zwei wieder zurück. Wenn Satsuma für Kikai-ga-shima steht, repräsentiert die ausgewählte Schale den verbannten Mönch, der allein auf der Insel verbleibt. Hier steht der Name in keinerlei Bezug mehr zu Eigenschaften der Schale, sondern er stellt eine Art Rätsel dar.

Ähnlich verhält es sich bei einer schwarzen *Raku*-Schale mit dem Namen *Akujo* («Häßliche Frau»). Da diese Schale sehr tief ist, hat man ihr diesen Namen wahrscheinlich verliehen, um auf die «unendlich tiefe Liebe einer häßlichen Frau» anzuspielen. Allerdings bewegen sich Bezeichnungen dieser Art an der Grenze zum Bereich bloßer Wortspielereien, die nur noch unter großen geistigen Anstrengungen nachzuvollziehen sind.

Die Vorliebe für die literarischen Bezüge von Namen, die sich vom Charakter der mit ihnen benannten Dinge weit entfernen, ist eine Eigentümlichkeit der japanischen Kultur. Wenn in zahlreichen Gedichten der *Waka*-Anthologie immer wieder der Kukkuck ruft oder die Nachtigall singt, liegt das keineswegs daran, daß in den japani-

Oben und ganz oben: Der grüne Pulver-Tee wird mit einem Teebesen (chasen) *fein in einer Schale zerteilt.*

schen Wäldern kein anderer kleiner Vogel singen würde oder nur Kuckuck und Nachtigall schöne Stimmen hätten, sondern es erklärt sich daraus, daß die Wörter für Kuckuck (*hototogisu*) und Nachtigall (*uguisu*) zum traditionellen Vokabular der japanischen Poesie gehören.

Die Teeschalen der Momoyama-Zeit sind zwar für die Originalität der japanischen Töpferei charakteristisch, aber die Geschichte dieses Kunsthandwerks ist sehr lang, während die unregelmäßige Teeschale nur ein zeitlich begrenztes Phänomen darstellt. Betrachtet man die Geschichte der japanischen Töpferei in ihrer Gesamtheit, dann sind zwei Besonderheiten festzuhalten: In Japan selbst fand – anders als etwa in China – nie eine technische Revolution statt, so daß neue Techniken stets vom Festland importiert werden mußten.

tig chinesisch beeinflußt, während andere Künstler offensichtlich von der *yamato-e*-Malerei oder der Kunst der Rimpa-Schule inspiriert wurden, ohne daß deren Werke den chinesischen Vorbildern nachempfundenen Schalen an Schönheit und Eleganz nachstünden.

Einige der Teeschalen wurden größtenteils weiß belassen, bei anderen schwärzte man die Oberfläche. Oft bedeckte man auch die Schalen mit Blattgold oder Blattsilber, und nicht selten bediente man sich kräftiger Farben wie Rot, Gelb, Violett oder Grün. Die Zeichnungen wurden stets sorgfältig und fein ausgearbeitet, was unter anderem der «Teeblätter-Behälter mit Glyziendekor» (MOA-Museum, Atami) oder der «Teeblätter-Behälter mit Mohndekor» (Idemitsu-Museum, Tokyo) nachdrücklich belegen. Der beeindruckende dekorative Effekt der Blumen und Gräser der Sôtatsu-

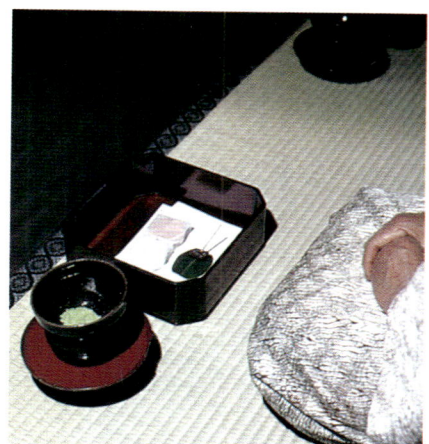

Von oben nach unten: Nachdem die Teeschalen und Kuchen verteilt sind, gießen die Zelebranten mit der linken Hand heißes Wasser in die Schalen, während sie mit der rechten Hand den Grüntee schlagen.

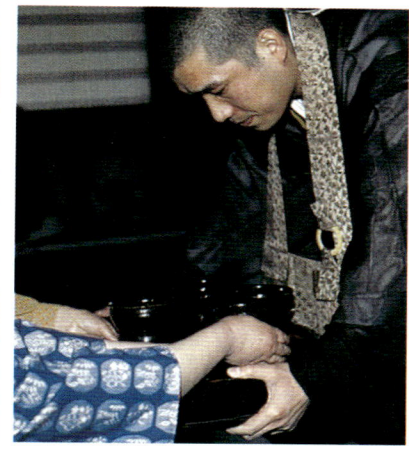

Und obwohl sich die Japaner alles, was aus China oder Korea zu ihnen kam, rasch aneigneten, gaben sie die traditionellen Techniken doch nie völlig auf, sondern entwickelten sie parallel zu den neuen Errungenschaften weiter. Das ist einer der Gründe dafür, daß die japanische Töpferei eine solch erstaunliche Vielfalt aufweist.

Um die Mitte des 16. Jahrhunderts stand die Kunst des erfindungsreichen Dekors in höchster Blüte. Nonomura Seiemon, dessen Lebensdaten nicht bekannt sind, installierte seinen Brennofen direkt vor der Tür des Ninna-ji-Tempels und stellte unter dem Namen Ninsei hauptsächlich Teeschalen her. Die Form der auf Töpferscheiben produzierten Schalen unterscheidet sich nicht sonderlich von der chinesischer Vasen. Auch das Dekor einiger Schalen ist eindeu-

Werkstatt wird so auch auf der Oberfläche der Töpferwaren deutlich.

Nach Ninsei stellte Ogata Kenzan (1663 bis 1743), der jüngere Bruder des Malers Ogata Kôrin, in Kyoto die Originaldekors auf den farbigen Töpfereierzeugnissen her. Anfänglich arbeitete er am Ofen von Narutaki in der Region von Saga, ehe er sich in Kyoto niederließ. Seine späteren Jahre verbrachte Ogata Kenzan schließlich in Edo, wo er sich parallel zur Töpferei auch der Malerei widmete.

Gegenüberliegende Seite: Ein Teemeister bei der Yotsugshira-Zeremonie im Kennin-ji-Tempel von Kyoto.

Mitte (von links nach rechts): In den Tüllen der mit heißem Wasser gefüllten Teekannen stecken Teeschläger aus Bambus. Vier Zelebranten händigen die Schalen auf runden Untersetzern an die Teilnehmer der Zeremonie aus und verteilen die Kuchen. Jeder Teilnehmer erhält eine Schale mit Grüntee.

Oben: Chinesische Yôhen-temmoku-Teeschale. Durchmesser: 12,2 cm. Südliche Song-Dynastie. Seikadô bunko, Tokyo.

Unten: «Vollmond» (Mangetsu). Seladon-Teeschale. Durchmesser: 12,4 cm. Fujita-Museum, Osaka.

Unten: Yôhen-temmoku-Teeschale mit Blattdekor. Durchmesser: 15 cm. Südliche Song-Dynastie. Itsukushima-Museum, Tokyo.

Kenzan stellte vorwiegend zwei Arten von Töpfereien her: viereckige Behältnisse für glimmende Asche, die mit Blumen, Vögeln, Bergen, Wasserläufen oder Kalligraphien – darunter auch einige seines Bruders Kôrin – dekoriert sind; außerdem farbige Teller, Töpfe, Deckel sowie Teeschalen.

Im Gegensatz zu Ninsei und anderen japanischen Töpfermeistern bildete Kenzan auf seinen Arbeiten keine konkreten Gegenstände oder Lebewesen ab, sondern er zeichnete abstrakt und stilisiert. Im viereckigen «Teller mit Kameliendekor» (im Besitz der Firma Dai-Kasai-kaijô-hoken, Tokyo) stellte er auf einem dunkelgrünen Untergrund weiße Blumen mit acht Blütenblättern dar und versah sie mit gelben Punkten. Der erzielte Farbkontrast ist beeindruckend; die ständige Wiederholung von Blumen in gleicher Form und Farbe ist im übrigen so charakteristisch für die Arbeiten Kenzans, daß man seine Werke schon aus großer Entfernung erkennt. Im Ergebnis sieht man nicht elegante, sondern dynamische, nicht zarte, sondern kräftige Werke vor sich, die sich stark von der Formen- und Farbenwelt Ninseis unterscheiden.

Ein anderes Beispiel ist die «Teeschale mit Kieferndekor» (Sammlung von Shinji Shûmei-Kai, Kyoto), bei der Kenzan einen Pinienhain mit Hilfe der Farben Grau und Grün wiedergibt, was in Verbindung mit der blauen Farbe des Himmels eine strahlende Wirkung hervorruft. Dieser Stil entspricht kaum dem Geschmack von Rikyû oder Furuta Oribe (1544 – 1615).

Kenzans Teeschalen sind nicht immer so leuchtend und farbenfroh wie diese, aber der charakteristische Dekor seiner Töpfereien hebt sich dennoch ausnahmslos von der Ästhetik des *wabi* und von allem, was mit der Teezeremonie zu tun hat, deutlich ab. Zwar ist die *wabi*-Ästhetik seit der Genroku-Ära (1688 – 1703) nicht verschwunden, aber Kenzan hat ihr doch sein eigenes Stilempfinden entgegengesetzt.

Die Töpferei in Kyoto, deren wichtigste Repräsentanten von der zweiten Hälfte des 17. bis ins frühe 18. Jahrhundert hinein Ninsei und Kenzan waren, wurde zwar von der Einführung des Porzellans beeinflußt, konnte von ihm aber nicht verdrängt werden. Statt dessen wurden die neuen Techniken den alten hinzugefügt, die ihrerseits stetig weiterentwickelt wurden – vor allem im Hinblick auf die Verfeinerung des Dekors. Diese ästhetische Entwicklung fand ihren Höhepunkt in der Perfektion der Keramiken Ninseis, und in Kenzans Werk zeichnete sich sogar so etwas wie eine ästhetische Revolution ab.

EINE ÄSTHETISCHE REVOLUTION

Wenn in der Kamakura-Epoche die Teezeremonie in den Zen-Tempeln praktiziert wurde, hing das damit zusammen, daß man den Tee als eine Art Medizin betrachtete. Der Schulgründer Eisai, der ihn zur gleichen Zeit wie die Rinzai-Sekte aus China mitbrachte, schrieb, daß «der Tee ein Elixier der guten Gesundheit» sei. In der Folgezeit verbreitete sich die Gewohnheit des Teetrinkens auch außerhalb der Tempel. Allerdings wurde er jetzt nicht mehr als Heilmittel angesehen, sondern man trank ihn zur Entspannung.

Während der Muromachi-Epoche (1336 – 1573) kamen die *rinkan cha no yu* auf, Vergnügungsorte für das Volk, die Bäder und einen Raum, in dem man Tee trank, miteinander vereinten. Die Mitglieder der Oberschicht hingegen versammelten sich mit ihren Gästen in besonders schön gelegenen Zimmern ihrer Residenzen, wo sie während des Teetrinkens in Kalligraphie oder musikalisch miteinander wetteiferten.

Zur Zeit von Murata Jukô (1423 – 1502) war diese Mode schon so weit fortgeschritten, daß alle, die das *cha no yu* (die Tee-kunst) nicht ausübten, als «Barbaren» an-gesehen wurden. Jukô bemerkte: «Die *Dai-myô,* aber auch die kleinen Leute, insbe-sondere die Handwerker und die Händler von Nara, Kyoto und Sakai, alle geben sich dem *cha no yu* hin.»

Überliefert ist auch die Geschichte von Ashikaga Yoshimasa, der sich nach Higashi-yama sansô, dem heutigen «Silberpavil-lon» *(Ginkaku),* zurückgezogen hatte, wo er «sich das ganze Jahr Tag und Nacht amüsierte». Ashikaga soll den Maler Nôami gefragt haben, ob er nicht «irgendeine interessante Zerstreuung» kenne. Nôami habe ihm daraufhin das *cha no yu* empfoh-len und ihn an Shukô verwiesen: «Er hat sich dem *cha no yu* seit seinem dreißigsten Lebensjahr gewidmet und auch den konfu-zianischen Weg kennengelernt.» Da die Schriften des Buddhismus manchmal auch im Rahmen der Teekunst verwandt wur-den, soll er hinzugefügt haben: «Auch der Buddhismus ist im *cha no yu* enthalten.»

Obwohl der *Yama no ue no sôjiki* die-se Anekdote erzählt, wurde die Teekunst doch überwiegend als eine Form der Zer-streuung betrachtet, vergleichbar der Ket-tendichtung *(renga),* der Betrachtung des Mondes oder dem Ballspiel.

Die Hauptsache dieses Vergnügens be-stand darin, die Kalligraphien und die ver-schiedenen zur Teezeremonie gehörigen Objekte zu bewundern. Bald traten Spezia-listen hervor, die sie sammelten, beurteil-ten und ihren Wert schätzten. Murata Jukô war einer der ersten und bedeutendsten die-ser Liebhaber. Zu seiner Zeit schätzte man alles, was aus China kam, die Kalligra-phien, die Tuschmalerei und das Porzellan. Man orientierte sich an den chinesischen buddhistischen Schriften. Daß man Tusch-zeichnungen von Muqi oder von Liang Kai schätzte, hatte mit der Teekunst eigentlich nichts zu tun, aber diese Vorliebe für chi-nesische Kalligraphien und Tuschmalereien wurde späteren Meistern der Teekunst übermittelt. Es wird gesagt, Jukô habe eine buddhistische Kalligraphie, die er von Ikkyû erhielt, sorgsam aufbewahrte. Und auch Sen no Rikyû soll eine buddhistische Kalligraphie von Ryôan Seiyoku aus dem Jahr 1341 (Nationalmuseum Tokyo) beses-sen haben. Die Sammlung chinesischer Bil-der der Shogune Yoshimasa und Yoshimi-tsu kam gewiß dem Geschmack von Jukô und Take no Jôô sehr nahe.

Im 15. Jahrhundert breitete sich die Tee-kunst unter den reichen Händlern von Sa-kai aus. Sie ließen sich den Tee nicht von ihren Dienern zubereiten, sondern über-nahmen diese Zeremonie selbst und be-nutzten hierzu ihre eigenen Utensilien. Take-no Jôô (1502–55), ein Kaufmann aus Sakai, ließ sich zu diesem Zweck einen kleinen Raum von viereinhalb *tatami*-Mat-ten bauen, der bereits die Besonderheiten der Teepavillonarchitektur aufwies. Dieser *jôô yojôhan* genannte Raum war mit einer Eingangsveranda, einer viereckigen Säule, weiß verputzten Wänden und einem Holz-fußboden ausgestattet. Für die Zuberei-tung und das Trinken des Tees wurden nicht nur kostbare chinesische Gegenstän-de benutzt, sondern beispielsweise auch einfache Teeschalen aus Korea oder Ton-waren aus Bizen.

Oben: Seladon-Vase. *Höhe: 35,5 cm. Südliche Song-Dynastie. Fujita-Museum, Osaka.*

Oben: Koseto-*Räuchergefäß aus der Kamakura-Zeit. Höhe: 7,7 cm.*

Die Neigung zu einer schlichten Schön-heit, die auf den «Tee der Einsiedelei» der *wabi*-Ästhetik vorausweist, setzte sich bei dem berühmten Teemeister Sen no Rikyû fort. Rikyû verkleinerte das Teezimmer nochmals – auf die Größe von nur zwei *tatami*-Matten –, verzichtete auf die Ein-gangsveranda und legte den Hauptakzent auf den Gartenpfad *(roji),* der zum Gebäu-de führte. Er bevorzugte einen runden, un-bearbeiteten Pfeiler anstelle des viereck-igen und rauh verputzte statt weißer Wän-

Oben: Seladon-Teeschale. Durchmesser: 15 cm. Südliche Song-Dynastie, Idemistu-Museum, Tokyo.

de. Die *Raku*-Teeschalen bestellte er persönlich bei Chôjiro. Im Vergleich zur früheren chinesischen Mode war man in ästhetischer Hinsicht von einem Extrem ins andere gefallen.

Ein Teepavillon ist kein Denkmal. Die Auffassung, daß etwas um so beeindruckkender und schöner sei, je größer und weitläufiger es ist, verkehrte sich bei Rikyû in ihr Gegenteil, wenngleich man in derselben Epoche neben seinen bescheidenen Bauten auch Räume mit einer Ausdehnung bis zu 1000 *tatami*-Matten findet, etwa bei Rikyûs Dienstherrn Toyotomi Hideyoshi. Das im Japan des 16. Jahrhundert verbreitete Phänomen, daß Würdenträger und sogar die japanischen Machthaber Gebäude zum Teetrinken errichten ließen, in die sie nur hineingelangten, indem sie sich bückten, ist auf der ganzen Welt einzigartig. Dieser Sachverhalt überrascht selbst dann noch, wenn man berücksichtigt, daß die Schlösser in diesem Land niemals die überwältigenden Dimensionen vergleichbarer Repräsentationsbauten im benachbarten China oder gar in Europa erreichten.

Weiterhin sind die Teepavillons durch ihre Instabilität gekennzeichnet. Im allgemeinen wurden die Gebäude in Japan auf Dauerhaftigkeit hin angelegt. Wenn das Schloß von Fushimi durch ein Erdbeben zerstört wurde, dann geschah dies aufgrund einer technischen Unzulänglichkeit, die man von Beginn an in Kauf genommen

hatte. Ein Teepavillon ist generell leicht und zerbrechlich, schon ein Taifun kann ihn zerstören, und ein Taifun ist in den meisten Regionen des Landes weitaus häufiger als ein Erdbeben. Zudem gibt es praktisch keine Möglichkeiten, sich in einem Teepavillon gegen die Kälte zu schützen.

Hinter der Architektur des Teepavillons stand offensichtlich die Absicht, ihn von den Naturgewalten und klimatischen Einflüssen beherrschen zu lassen. Möglicherweise glaubte Rikyû, daß die architektonische Instabilität der Vergänglichkeit des menschlichen Lebens entsprach – eine eigenartige Denkweise, die sich in keiner anderen Kultur findet.

Vergleicht man die auf den ersten Blick bescheidene Bauweise und die Ausstattung der Teepavillons mit imposanteren Bauten oder erleseneren Gegenständen des Kunsthandwerks, dann entdeckt man freilich in der *wabi*-Ästhetik von Jôô und Rikyû eine Schönheit ganz besonderer Art. Die berühmte Schrift *Nampô roku* («Aufzeichnungen des Mönchs Nampô»), die die Taten und Handlungen des Rikyû festhält, weist auf diesen Aspekt der *wabi*-Ästhetik ausdrücklich hin.

Von der Zeit Rikyûs bis in die Gegenwart spricht niemand von der Teekunst oder der *wabi*-Ästhetik, ohne in diesem Zusammenhang den Zen-Buddhismus zu erwähnen. Aber die Frage, in welchem Verhältnis der Zen-Buddhismus, die Teekunst und die angesprochene ästhetische

Rechts: Kizaemon. Ôido-Teeschale. Durchmesser: 15,4 cm. 16. Jahrhundert. Kohô-an, Daitoku-ji-Tempel, Kyoto.

Revolution zueinander stehen, konnte bis heute nicht eindeutig geklärt werden.

Zu behaupten, die Teekunst leite sich vom Zen-Buddhismus ab, ist nicht ganz zutreffend. Denn streng genommen kommt sie aus den Zen-Tempeln, und diese Unterscheidung ist von Bedeutung. Wie schon gesagt, galt der Tee zunächst als ein Heilmittel und wurde erst später zur Zerstreuung oder zu geselligen Anlässen genossen. Der «Tee der Einsiedlerhütte», dessen Verbindung mit dem Zen hier in Frage steht, stammt aus einer späteren Phase. Wenn also der Zen-Buddhismus einen Einfluß auf die Teezeremonie ausübte, dann nicht in der Epoche des Kamakura-Buddhismus, als er noch stark religiös gebunden war, sondern erst zu einer Zeit, in der er sich im Lauf der Muromachi-Zeit verweltlicht und seine frühere Verbindung mit der politischen Macht eingebüßt hatte.

In der Muromachi-Zeit schrieb Zeami eine Abhandlung über das Nô-Theater, in der er dessen Eigentümlichkeiten mit Hilfe buddhistischer und insbesondere dem Zen entlehnter Ausdrücke charakterisierte. Er verfügte vermutlich über kein anderes Vokabular für die Analyse dieses Gegenstandes. Die traumhaften Stücke des Nô, die beständig zwischen der Wirklichkeit und dem Nicht-Wirklichen schweben, stehen zwar in einer sehr engen Verbindung mit dem Buddhismus – zum Beispiel mit der Lehre des Reinen Landes –, aber sie haben kaum etwas mit dem Zen zu tun. Zeamis Beschreibungen der Arbeit des Schauspielers entstammten darüber hinaus seinen eigenen Bühnenerfahrungen und nicht einer intensiven Beschäftigung mit religiösen Fragen.

Über den «Tee der Einsiedlerhütte» existiert kein theoretisches Werk, das Zeamis Buch über das Nô-Theater vergleichbar wäre. Aber man kann sich auf die Aufzeichnungen beziehen, die von den Pavillons und der Teekunst dieser Phase zeugen. Eher klein als groß, eher zerbrechlich als dauerhaft, eher einfach als luxuriös: diese Adjektive sind Anzeichen der Verneinung eines festgeschriebenen Wertesystems.

Eine vorgegebene Weltordnung zu negieren oder sie zu relativieren, ist kein Charakteristikum des Zen-Buddhismus – eher noch ließe sich die gegenteilige Behauptung aufstellen. Der «Tee der Einsiedlerhütte» stellte aber zweifelsohne eine ästhetische Revolution dar, und es erscheint wenig wahrscheinlich, daß ausgerechnet der Zen-

Buddhismus mit seiner bewahrenden Haltung gegenüber ethischen Werten diese ästhetischen Veränderungen hervorgerufen haben soll.

Was war dann die auslösende Kraft für die von Rikyû vollendete ästhetische Revolution, die fortan einen so bedeutsamen Einfluß auf die gesamte japanische Kultur ausüben sollte?

Rikyû lebte in einer Zeit großer innerer Unruhen. Die Bauern revoltierten gegen die herrschende Schicht der Samurai, die sich ihrerseits untereinander heftig bekämpften, sich aus Machtinteressen miteinander verbündeten oder sich gegenseitig verrieten. Die Händler von Sakai, die ihnen Waffen verkauften, machten in dieser Zeit gute Geschäfte.

Jôô und Rikyû, die der Bürgerschicht angehörten, waren in dieser Zeit des Verfalls der Feudalordnung nicht mehr deren starren Zwängen unterworfen. Dies war eine wichtige Voraussetzung dafür, daß man sich auch in ästhetischer Hinsicht von der Tradition absetzen konnte. Doch das ist noch nicht alles.

Der Teemeister Rikyû stand im Dienst von Hideyoshi, der es liebte, großartige Teeversammlungen in weitläufigen Sälen zu veranstalten. Als «Haupt-Teemeister» (sadô) seines Herrn mußte Rikyû diese Versammlungen leiten, aber er konnte auch weniger aufwendige Zeremonien in den von ihm bevorzugten kleineren Pavillons durchführen. So lebte dieser Teemeister einerseits in der strahlendsten Welt der gesamten japanischen Kulturgeschichte und suchte andererseits Zuflucht in den kleinsten und schmucklosesten Refugien. Da zwischen diesen beiden Extremen kaum ein Kompromiß vorstellbar ist, mußte die Entscheidung für das schlichtere der einander diametral entgegengesetzten Phänomene innerhalb ein und derselben Kultur zwangsläufig zu Konflikten führen. Rikyûs ästhetische Anschauungen stellten für seinen Herrn eine Provokation dar.

Einen despotischen Machthaber zu provozieren ist selbst dann ein gefährliches Unterfangen, wenn sich die Provokation nur auf ästhetische Fragen beschränkt. Rikyû wurde schließlich von Hideyoshi gezwungen, seinem Leben auf ehrenvolle Weise ein Ende zu setzen. Mit Rikyûs Tod endete die ästhetische Revolution, die ihren Anfang durch die Teemeister der Bürgerschicht von Sakai genommen hatte. Aber Rikyûs kleine Teepavillons haben vier Jahrhunderte überdauert. Diese kargen,

Oben: Shino-Teeschale. Durchmesser: 14 cm. Momoyama-Zeit. Gotô-Museum, Tokyo.

Unten: Chôjirô, Oguro («Großes Schwarz»). Kuro-Teeschale. Durchmesser 10,9 cm. Um 1586.

Rechts: Der Eingang des En-an-Teepavillons in Kyoto. Frühe Tokugawa-Zeit.

Oben: Der Teigyokuken-Teepavillon im Shinjû-an des Daitoku-ji-Tempels in Kyoto. Frühe Tokugawa-Zeit.

schmucklosen, aber bis ins letzte Detail raffiniert ausgestalteten Räume gelten bis heute als Inbegriff der japanischen Schönheit. Hideyoshi konnte zwar seinen Teemeister zwingen, den Freitod zu wählen, aber er war nicht in der Lage, dessen ästhetische Vorstellungen auszulöschen.

Gegenüberliegende Seite unten: Das Innere des Teepavillons Hassôseki aus dem Jahr 1628. Nanzen-ji-Tempel, Kyoto.

Zur Zeit des Tokugawa-Shogunats änderte sich die Herkunft der Personen, die das *cha no yu* leiteten. Die berühmten Teemeister wie Furuta Oribe (1544 – 1615), Sansai Hosokawa Tadaoki (1563 – 1645), Kobori Enshû (1579 – 1647), Kanmori Sôwa (1584 – 1656) oder auch Katagiri Sekishû (1605 – 1673) stammten nicht mehr aus der städtischen Bürgerschicht, sondern aus *Daimyô-* oder Kriegerfamilien. Dadurch wandelten sich auch der Stil der Teezeremonie und der Zuschnitt der für sie verwendeten Gebrauchsgegenstände. Furuta Oribe beispielsweise liebte asymmetrische Töpferwaren, während Sôwa hübsch dekoriertes Porzellan von Ninsei vorzog. Aber an den von Rikyû aufgestellten Grundprinzipien der Teezeremonie änderte sich dennoch nichts. Die Teepavillons und Teeschalen, die in seinem Stil gestaltet wurden, sind bis heute erhalten geblieben.

Sôtan beziehungsweise Senbaku, wie sein buddhistischer Name lautete, aus der Sen-Schule trug in großem Maße zum Erhalt der Tradition bei. Doch das ist keine ausreichende Erklärung für das Überdauern der ästhetischen Werte Rikyûs. Hätte es in der Wertewelt dieses Teemeisters nicht irgend etwas gegeben, das über seine Zeit hinaus tief in der Kontinuität der japanischen Kultur verwurzelt gewesen wäre, dann hätten sich seine Prinzipien nicht so lange halten und einen derart großen Einfluß auf die Tradition der Teekunst ausüben können.

Der Teepavillon des Rikyû entsprach einer ästhetischen Haltung, die schon seit langer Zeit existierte, deren man sich aber nicht immer deutlich bewußt gewesen war. Man kann verallgemeinernd sagen, daß in Rikyûs Neuerungen nichts anderes als die Bewußtwerdung einer eigentümlichen Grammatik der gesamten japanischen Kultur zum Ausdruck kam.

Oben: Das Handwaschbecken (tsukubai) *des Jûkô-an-Teepavillons im Daitoku-ji-Tempel von Kyoto.*

Oben: Eine Kalligraphie aus dem von Sen no Rikyû entworfenen Myôkian-Teepavillon in Kyoto.

Oben rechts: Innenansicht des Hassôseki-Teepavillons im Nazen-ji-Tempel von Kyoto. Um 1628.

Diese Grammatik zeichnet sich zunächst durch ihren diesseitigen Charakter aus – ein Konzept des Jenseits existiert im japanischen Volksglauben praktisch überhaupt nicht. Der Einfluß der zahlreichen Gottheiten, seien sie nun gut oder böse, kann sich zu jedem beliebigen Zeitpunkt zeigen, sie werden keinesfalls erst nach dem Tod des Menschen im Jenseits tätig. Zwar hat der Buddhismus dem diesseitig ausgerichteten Shintoismus die Vorstellung eines Jenseits entgegengestellt, aber die Beharrlichkeit der älteren Traditionen führte im shintoistisch-buddhistischen Synkretismus dazu, daß der Glaube an ein Jenseits nie eine

übermächtige Bedeutung wie beispielsweise im Christentum erlangen konnte.

Der Kamakura-Buddhismus stellt hier eine Ausnahme dar, indem er verstärkt die Vorstellung des Reinen Landes verkündet, die im Zentrum des Glaubens an Amida steht. Aber der transzendentale Charakter des Kamakura-Buddhismus schwächte sich im Laufe der Zeit ab, und die Mehrheit der Japaner richtete ihr Hauptaugenmerk ohnehin auf das Diesseits und die gegenwärtigen Lebensumstände.

Während der Tokugawa-Zeit zeigten die Literatur und die Künste deutlich dieses Interesse am Hier und Jetzt, und sogar im

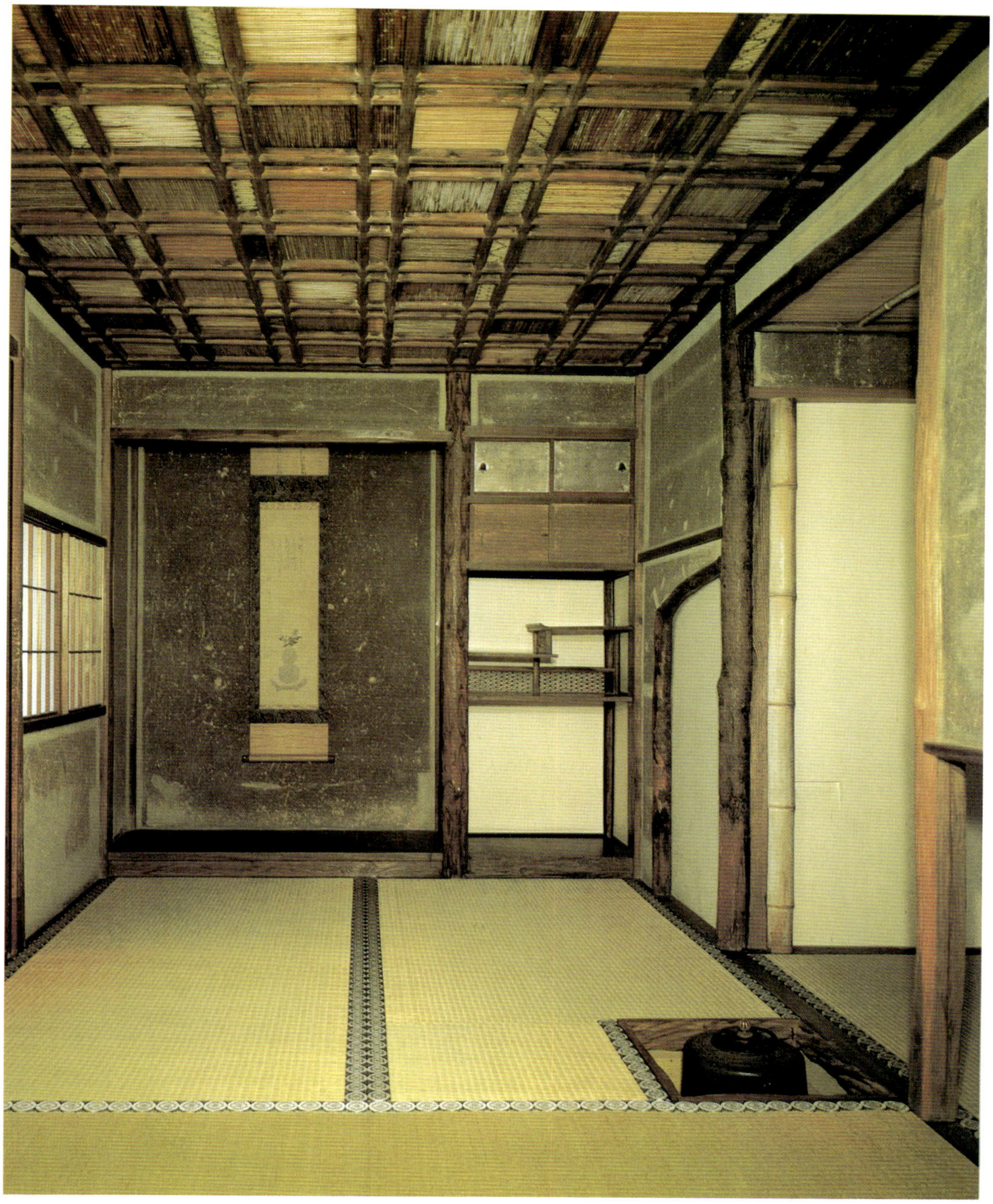

Links: Das Innere des Tôshintei-Teepavillons im Minase-jingu-Schrein von Osaka. Tokugawa-Zeit. Besondere Erwähnung verdient die mit verschiedenen Hölzern getäfelte Decke.

Unten: Vase aus geschnitztem Bambus. Höhe: 38,3 cm. Momoyama-Zeit. Tokyo.

Oben: Ein Teelöffel (chataku) *und Etui aus der Werkstatt Oribe Furutas. Länge: 17,6 cm. Momoyama-Zeit. Kyoto.*

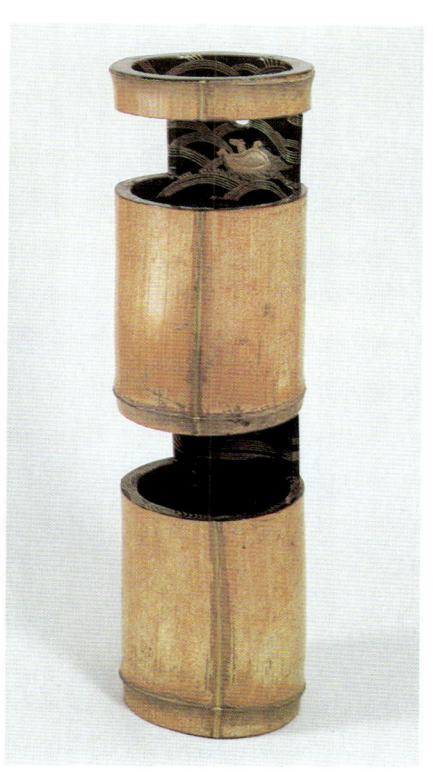

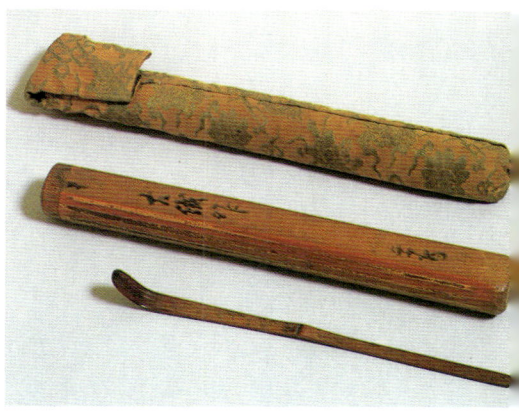

Verlauf der Momoyama-Zeit bevorzugte die Werkstatt von Sôtatsu für ihre schöpferischen Bilder volkstümliche Themen und Motive wie Gräser und Blumen oder Vögel und Hirsche. In diesen Schöpfungen erinnert nichts an ein Jenseits. Der «Tee der Einsiedlerhütte» mit seiner großartigen und gleichfalls auf das Diesseits bezogenen Raffinesse fällt ebenfalls in diese Zeit, und man kann sagen, daß die Volkskunst der gesamten Tokugawa-Zeit von hier ihren Ausgang nahm.

Ein zweites Charakteristikum der Grammatik der japanischen Kultur ist ihr Kollektivismus. Das Diesseits ist die «jetzige Welt», und diese ist im Volksleben stets sehr konkret die abhängige Gruppe, deren Prototyp die dörfliche Gemeinschaft ist. Sie ist lokal begrenzt, und die Trennung von Außen und Innen ist rigoros. Die Dorfbewohner kennen sich untereinander, die im Dorf geltende Hierarchie ist für alle verbindlich und unterscheidet sich stark von den Verhaltensweisen und Werten, die außerhalb dieser Gemeinschaft gelten.

Die Teezusammenkunft ist ein wichtiger symbolischer Akt innerhalb der Gruppe,

Oben: Ausschnitt aus einem Zeremonien-Buch (Sairei sôshi). *Muromachi-Zeit. Maeda ikutoku-kai, Tokyo.*

*Rechts: Tenmyô semehimo-*Kessel. *Höhe: 24 cm. Muromachi-Zeit, Hatakeyama kinen-kan, Tokyo.*

Unten: Chinesische Teebüchse. Höhe: 6,1 cm. Südliche Song-/Yuan-Dynastie. Tokyo.

und je kleiner diese ist, desto deutlicher treten ihre Eigenarten hervor. Im Inneren des Teepavillons, der von der äußeren Sphäre völlig abgetrennt ist, gilt ein anderes Wertesystem als im Alltagsleben.

Die Notwendigkeit, das Verhalten der beteiligten Personen streng zu reglementieren, um die innere Ordnung zu bewahren, ist um so größer, je kleiner der Raum ist. Das Verhalten im Teepavillon beruht auf Regeln, die von allen Beteiligten anerkannt werden. Je stärker diese Regeln Details im Verhalten festlegen, desto leichter lassen sich die Reaktionen der Anwesenden vor-

hersehen; indem man Konfrontationen so von vornherein vermeidet, hilft dies, die Gruppenzeremonien geordneter zu gestalten. Die Beschränkung der Größe des Teepavillons und der Teilnehmerzahl an den Zusammenkünften kann somit auch als der Versuch angesehen werden, das Verständnis für die Strukturen größerer Gruppen zu erleichtern.

Als allgemeine Regel des dörflichen Lebens gilt: Es gibt keinen Wert, der über der Gruppe steht. Die Gesellschaft ist durch Machtbeziehungen strukturiert, was dazu führt, daß häufig Spannungen zwischen dem untergeordneten Status einer schwächeren Gruppe und ihrem Anspruch auf Selbsterfüllung auftreten können. Das *cha no yu* war in keine autoritäre Struktur eingebunden, die Teezusammenkünfte stellten Akte der reinen Selbsterfüllung dar. Entsprechend war der Teepavillon ein mit allem Notwendigen ausgestatteter Mikrokosmos – mit Blumen, Malereien und Werken der Literatur.

Das dritte Charakteristikum der japanischen kulturellen «Grammatik» besteht darin, daß diese Kultur sich durch eine starke Verfeinerung der sinnlichen Wahrnehmungsfähigkeit auszeichnet.

Wenn eine Kultur zur Reife gelangt, ohne daß sie etwas über sich selbst Hinausweisendes hervorbringt, geht hiermit meist

sinnlichen Wahrnehmungsfähigkeiten zu einer Einheit verschmolzen. Im Teepavillon trifft man auf ein in seiner Art einmaliges subtiles Gleichgewicht von Formen und Farben, das kaum ein zweites Sinnesvergnügen zu bieten hat.

Die Momoyama-Zeit hat ganz und gar in dieser Welt der Wahrnehmungen gelebt. Die Künstler der Kanô-Schule, die große, mit Blattgold verzierte Bilder schufen, oder diejenigen, die Sittenbilder und schöne Frauen darstellten, lebten ebenso ausschließlich in dieser sinnlichen Welt wie Chôjiro oder Kôetsu.

Eigentümlich ist weiterhin der Partikularismus der japanischen Kultur. Der Teepavillon verdeutlicht auch dies. Architektonisch betrachtet, ist er ein Understatement – klein, leicht gebaut, niedrig, zer-

eine unendliche Sensibilisierung des Wahrnehmungsvermögens einher. Die Sinne werden bis zur Überempfindlichkeit geschärft: Die Fülle der Namen für Farben am Hof von Heian zeugt von der Verfeinerung des visuellen Empfindens, ausgeklügelte Zusammensetzungen von Duftstoffen deuten auf einen hochentwickelten Geruchssinn, und die kleine Nô-Trommel läßt erkennen, daß das Ohr des Japaners in der Lage ist, äußerst komplexe Harmonien zu unterscheiden.

Im *cha no yu* des Teemeisters Rikyû wurden all diese einzeln perfektionierten

brechlich. Er zeigt keine majestätischen Umrisse und hinterläßt auf den ersten Blick keinen starken Eindruck; wie er so bescheiden zwischen den Bäumen steht, nimmt man ihn fast nicht wahr.

Der Innenraum des Teepavillons ist – losgelöst von allem Funktionalen – äußerst harmonisch gestaltet. Das Gleichgewicht zwischen der vertikalen Linie des runden Pfeilers und der Oberfläche der verputzten Wände besticht. Die Oberflächen dieser Wände mit ihren Farben und wechselnden Strukturen können nahezu als unabhängige, abstrakte Gemälde betrach-

*Von oben nach unten: Chôjirô,
Omokage. Kuro-Teeschale.
Durchmesser: 10,5 cm. Momoyama-
Zeit. Raku-Museum, Kyoto.
Chôjirô soll diese Teeschale zwischen
1573 und 1592 auf Bestellung Sen no
Rikyûs angefertigt haben.*

*Oben rechts: Ein wichtiger Arbeitsgang
bei der Herstellung von Teeschalen ist
das Modellieren mit dem Spachtel.*

tet werden. Dieser von der Außenwelt ab-
geschiedene Raum bildet eine komplexe
Welt mit einem unendlichen Reichtum an
sinnlichen Reizen.

Das starke Interesse, das man den isolierten Teilen eines Ganzen entgegenbringt,
zieht sich konstant durch die japanische
Kulturgeschichte hindurch – von den Miniaturen der *yamato-e*-Malerei bis zu den
Griffschalen der Schiebetüren in den Räumen des Katsura-Palastes. Betrachtet man
beispielsweise die Residenzen der Territorialherren aus der gleichen Epoche, dann
wird dieses Phänomen noch auffälliger:
Ihre Grundrisse sind bisweilen derart ver-

schachtelt, daß die Architekten unmöglich
von Beginn an die Umrisse der gesamten
Gebäude im Auge gehabt haben können,
sondern bei ihrer Arbeit Zimmer für Zimmer geplant und gebaut haben müssen.
Eine solche Vorgehensweise ist bei chinesischen Architekten kaum vorstellbar, wenngleich sich natürlich auch in China manchmal einzelne dekorative Teile eines größeren Gebäudes als unabhängig vom Ganzen
ansehen lassen – jedoch immer erst im
nachhinein, keinesfalls schon zu Beginn
der Arbeiten.

Wenn sich die japanische Architektur
nicht an chinesischen oder europäischen

Links: Dônyû, Kinoshita. *Schwarze*
Teeschale (Ausschnitt).
17. Jahrhundert. Raku-Museum,
Kyoto.
Dônyû war einer der berühmtesten
Raku-Töpfer in der Nachfolge Chôjirôs.

Unten und Mitte: *Von Jôkei entworfene*
Raku-Teeschale. Durchmesser: 13 cm.
17. Jahrhundert. Raku-Museum,
Kyoto.

Vorbildern orientierte, stand in diesem Land nie das Ganze, sondern stets ein Teil am Anfang. Manche Städte haben sich «von selbst» entlang der Straßen oder um die Schlösser herum gebildet.

Eine symmetrische Struktur ist im Regelfall das Resultat eines bewußten Planes, der nicht erstellt werden kann, ohne daß man dabei die Gesamterscheinung eines Ganzen im Auge hat. Die Ablehnung der Symmetrie liegt ebenfalls an dieser Eigenart, von den Teilen auszugehen. Dies belegen auch die Gartenpfade, die zu den Teepavillons führen: Die Steine sind nicht in einer Linie angeordnet, sondern völlig unsystematisch. Aber es ist nicht nur das Fehlen eines Plans, der diese Asymmetrie begründet. Der Teepavillon wie auch der auf ihn hinführende Pfad sind künstliche Produkte, die jedoch den Eindruck eines nicht künstlichen Raumensembles vermitteln sollen. Die fehlende Symmetrie zeugt mithin von dem ästhetischen Willen, einen die Natur an Natürlichkeit übertreffenden Raum zu gestalten. Denn Symmetrie ist weniger eine natürliche als vielmehr eine vom Menschen künstlich geschaffene Ordnung.

Oben: Sanyû (1685 – 1739), Kaikô. *Aka-*
Teeschale. Durchmesser 11,2 cm. Erste
Hälfte des 18. Jahrhunderts. Raku-
Museum, Kyoto.

Das letzte allgemeine Merkmal der japanischen Kultur beziehungsweise ihrer Grammatik, das durch Rikyûs *cha-no-yu*-Ästhetik ins Bewußtsein gehoben wurde, ist der Gegenwartskult.

Die Zeit zu organisieren und die Gegenwart zu definieren, indem man sie zu ihrer Vergangenheit und Zukunft in Beziehung setzt, ist eine intellektuelle und abstrakte Arbeit. Will man auf die gegenwärtige Situation reagieren, ohne sich um die Vergangenheit oder die Zukunft zu kümmern, verwandelt sich die Zeit in eine unendliche Folge von gegenwärtigen Augenblicken. Das Problem besteht darin, sich den natürlichen oder sozialen Umständen anpassen zu müssen. Da sich diese Umstände entlang der zeitlichen Achse entwickeln und verändern — Sinnbild hierfür ist der Wechsel der Jahreszeiten —, kann die organisierte Zeit bei der Bewältigung dieser Probleme helfen. Die Vergangenheit ist ein Reservoir an Erfahrungen, die in die Gegenwart und die Zukunft hineinwirken.

Wenn man jedoch konsequent nur in der Gegenwart lebt, ist das Nutzen von Erfahrungen ebenso unmöglich wie das Planen der Zukunft, dann bleibt nur die Möglichkeit, sich den jähen Veränderungen der Umwelt stets von neuem anzupassen. Aber diese Haltung kann intelligent, subtil, fein und in künstlerischer Hinsicht produktiv sein. Das *cha no yu* der «Einsiedlerhütte» ist hierfür ein Beispiel: Es findet nur im Hier und Jetzt statt, das ist sein ästhetisches Prinzip. Aber es erschöpft sich nicht darin, Ausdruck eines ästhetischen Empfindens zu sein, sondern weist über sich selbst hinaus und wird so zum Sinnbild der Einstellung des Japaners gegenüber dem Schicksal des Menschen und seiner Stellung innerhalb des Universums. Die Teezusammenkunft kann als der typischste Ausdruck des japanischen Gegenwartskultes angesehen werden — und nicht zuletzt deshalb hat er ungeachtet aller Widrigkeiten die Jahrhunderte überdauert.

Rechts: Die Herstellung einer Kuro-raku-Teeschale zerfällt in eine Reihe von aufwendigen Arbeitsschritten. Hier wird die Schale aus dem Brennofen geholt. Der Zeitpunkt dieses Vorgangs entscheidet darüber, welche Färbung die Schale haben wird.

158

Der menschliche Körper ist in der Kunst des Westens seit der griechisch-römischen Antike eines der beliebtesten und bedeutsamsten Motive, sowohl in der Bildhauerei als auch in der Malerei. Zahlreiche Plastiken von Aphrodite, der Göttin der Schönheit und Liebe – beziehungsweise von ihrem römischen Ebenbild, der Göttin Venus –, geben dem Kunsthistoriker zu erkennen, daß insbesondere der vollendet schöne weibliche Körper die abendländischen Künstler seit jeher zu meisterhaften Plastiken und Skulpturen inspiriert hat.

Gegenüberliegende Seite: Kanô Naizen (1570 – 1616), Darstellung des Toyokuni-Festes (Toyokunisairei-zu, Ausschnitt). 1606.

Die Frauendarstellung in der *ukiyo-e*-Holzschnittkunst

Oben: Suzuki Haronubu (1725 – 1770), «Zusammen unter dem Regenschirm im Schnee» (Setchûaiaigasa). Nishiki-e-Vielfarbendruck.

Auch die Kunst des indischen Subkontinents ist reich an weiblichen Akten und an Darstellungen der sinnlichen Liebe; dies gilt sowohl für die vom Buddhismus als auch für die vom Hinduismus geprägten Künste Indiens.

Im Gegensatz zu diesen beiden Kulturkreisen spielt die Darstellung des menschlichen Körpers in den Schönen Künsten der islamischen Welt, aber auch Chinas und Japans eine untergeordnete Rolle.

Die Tatsache, daß einige Kulturen reich, andere dagegen ausgesprochen arm an Ausdrucksformen des menschlichen Körpers sind, läßt darauf schließen, daß sich die jeweiligen Kulturkreise in ihrer grundsätzlichen Einstellung gegenüber dem Körper stark unterscheiden. Die Künste sind in dieser Hinsicht abhängige Ausdrucksformen einer tieferliegenden zivilisatorischen Haltung, die sämtliche Lebensbereiche der betreffenden Kulturen durchdringt. Und so führt eine Untersuchung der Frage, weshalb im antiken Griechenland der menschliche Körper ein bevorzugter Darstellungsgegenstand der Künste war und in der japanischen Kunst kaum, zu Einsichten in die Verschiedenartigkeit beider Kulturen, die weit über den eigentlichen Bereich der Kunst hinausgehen.

Das Leben im antiken Griechenland wurde beherrscht von einer vielschichtigen polytheistischen Mythologie, in deren Zentrum Zeus, der «Vater der Götter und Menschen», stand. Jede der zahlreichen Gottheiten trug geistig und oft genug auch physisch eindeutig menschliche Züge. Zwischen den beiden Welten der Götter und der Menschen bestanden fließende Übergänge: Menschen konnten zu Halbgöttern aufsteigen, und Götter begaben sich immer wieder zu den Menschen hinab, um sich mit ihnen zu vermählen oder auch um Kinder mit ihnen zu zeugen. Weit stärker noch als für das Christentum gilt im Hinblick auf den griechischen Polytheismus, daß der Mensch ein Abbild der Götter ist – beziehungsweise daß die Götter Projektionen des Menschen nach dessen eigenem Vorbild sind.

Im Einklang mit der Idee, die Götter seien den Menschen ähnlich, wurden Zeus, Aphrodite und die anderen Gottheiten in menschlicher Gestalt wiedergegeben. Allerdings handelte es sich bei den griechischen Skulpturen nie um realistische Nachahmungen konkreter menschlicher Modelle, sondern stets um idealisierte Darstellungen. Der Körper wurde «verschönt», das heißt gestaltet nach und in Übereinstimmung mit menschlichen Idealvorstellungen. Ein Grundprinzip der griechischen Kunst und Kultur – nicht nur der Bildhauerei, sondern gleichermaßen der Musik, der Architektur und sogar der Philosophie – war die Harmonie, das ausgewogene, fast mathematisch ausgeklügelte Verhältnis der Teile zueinander und zum jeweiligen Ganzen. Das Ideal der Schönheit stand in Entsprechung zu einer mathematischen Ordnung, die zugleich die Ordnung des Kosmos widerspiegelte.

Auch nachdem das griechische Weltreich längst zerfallen war, blieben unter dem Einfluß des Hellenismus die Ordnungs- und Schönheitsideale der griechischen Antike für große Teile des Abendlandes maßgebend. In Europa wechselte die Haltung gegenüber dem Körperideal der griechischen Kunst im Laufe der Jahrhunderte mehrfach: Die Römer lehnten sich hinsichtlich der Gestaltung eines idealschönen menschlichen Körpers an das griechische Vorbild an, während das christlich geprägte Mittelalter sich von ihm abwandte. In der Renaissance erfolgte schließlich mit der Wiederentdeckung des Altertums ein abermaliger und nachhaltiger Umschlag, der in der Griechenlandbegeisterung des späten

18. Jahrhunderts, vornehmlich in der Kunst und Kunsttheorie der Deutschen Klassik, seinen Gipfelpunkt erreichte. Der deutsche Archäologe Johann Joachim Winckelmann (1717–1768) charakterisierte die antike griechische Kunst durch die Formel der «edlen Einfalt und stillen Größe» und schuf damit die Voraussetzung dafür, daß sie für lange Zeit als vorbildhaft für die europäische Kunst und Urbild der Schönheit schlechthin angesehen wurde.

Wenn in den gut tausend Jahren zwischen dem Niedergang des Römischen Reiches und der Renaissance das antike Ideal der

Im Hohen Mittelalter drang zunehmend die griechische Philosophie in die christlichen Klöster ein. In der Zeit der Hochscholastik, im 13. und frühen 14. Jahrhundert, gewannen neben den logischen auch die naturwissenschaftlichen Schriften des Aristoteles an Bedeutung, und im gleichen Maße wurde die Körperfeindlichkeit des Christentums zurückgedrängt. Der Gedanke, Gott habe die Natur erschaffen und die gesamte Schöpfung sei eine, führte zunehmend zu einer Rehabilitierung des menschlichen Körpers: Wenn Gott den Menschen nach seinem eigenen Antlitz geschaffen hat – und zwar in jedem Detail –, dann gibt es keinen Grund mehr, den Körper, der

Oben: Kitagawa Utamaro (um 1753 – 1806), «Die Abendkühle von Ôkawabata» (Ôkawabata-yûsusumi). Triptychon. Vielfarbendruck.

Schönheit in den Hintergrund trat, dann hing das in erster Linie mit der negativen Einstellung des Christentums gegenüber allem Körperlichen zusammen. Das christliche Mittelalter stellte dem Geist das Fleisch gegenüber und sah in letzterem die Wurzel jeglichen Übels. Entsprechend finden sich in der mittelalterlichen Kunst kaum idealisierte Darstellungen des nackten menschlichen Körpers.

ebenfalls ein Teil dieser göttlichen Schöpfung ist, zu verbergen, geschweige denn, ihn zu mißachten.

Hatte sich der Hellenismus im späteren Mittelalter gewissermaßen in die christliche Bildhauerei eingeschlichen, so wurde er mit der Renaissance und deren Wiederbelebung der klassischen Ideale maßgebend. Die Renaissance nahm ihren Anfang in Italien und gelangte hier auch zu ihrer höch-

Links: François Boucher (1703 – 1770), «Odalisque». 1752. Paris, Musée du Louvre.

Oben: Apollon. Bronzestatue. 525 v. Chr.

Links: Suzuki Haronubu, «Der Besuch am Shintô-Schrein in einer regnerischen Nacht» (Amayo-no miyamôde-de; Ausschnitt). Nishiki-e-Vielfarbendruck. 18. Jahrhundert.

sten Blüte, in der Bildhauerei durch Michelangelo und in der Malerei durch Raffael und Tizian. Die heidnischen Götter des Altertums, wiederum vorzugsweise die Venus, wurden in vollendeter menschlicher Gestalt abgebildet; und Tizians Gemälde «Himmlische und irdische Liebe» ist eines der beeindruckendsten Beispiele für die Verherrlichung des nackten menschlichen Körpers, dem etwas Göttliches anhaftet, etwas, das sich aus der Sphäre des Alltäglichen und Geschichtlichen heraushebt. Der bekleidete Körper hingegen ist durch und durch irdisch und vergänglich, er ist nicht göttlich, sondern rein menschlich.

Jahren zu einem unverzichtbaren Sujet der Kunst, ohne daß sich die Künstler zu ihrer Rechtfertigung noch auf die Göttlichkeit dieses Motivs berufen müßten.

Das Motiv der Nacktheit in der indischen Kunst ist vor einem gänzlich anderen religiösen und kulturellen Hintergrund zu betrachten. Schon auf den ersten Blick ist zu erkennen, daß hier andere als die griechischen Ideale der Proportionalität und der Harmonie maßgebend sind. Bis zum 12., 13. Jahrhundert und ehe der Islam zunehmend an Einfluß auf dem Subkontinent gewann, zeichnen sich die weiblichen Akte

Oben: Tizian (um 1477 – 1576), «Himmlische und Irdische Liebe» (Ausschnitt). 1515. Rom, Galleria Borghese.
Der unbekleidete menschliche Körper ist in der abendländischen Kunst ein Symbol für die Teilhabe des Menschen an der göttlichen Schöpfung.

Wie gesagt blieb die Wiederentdeckung des griechischen Körperideals durch die Künstler der Renaissance für die abendländische Kunst seitdem maßgeblich. Akte, vor allem weibliche, haben in der europäischen Kunst seit dem 16. Jahrhundert ihren festen Platz. Mit der Säkularisierung von Kultur und Gesellschaft wurde der unbekleidete Körper in den letzten zweihundert

Indiens vorwiegend durch die Betonung voller Brüste und Hüften sowie kräftiger Schenkel aus.

Exemplarisch hierfür ist die in Mathura ausgegrabene Statue einer *Yakshî* (Gruppe von Naturgottheiten), die auf einem Dämon steht (Museum von Kalkutta); früher schmückte diese Statue die dreistufige, kreisförmige Pforte eines Stûpa. Der nackte Körper der Göttin ist mit einer Halskette, einem Armreif, einem Lendengurt und einer Fußkette geschmückt. Die Yakshî wiegt sich verführerisch in den Hüften, ihre Brüste, der Unterleib und die Schenkel strahlen eine Frische aus, die diese erotische Wirkung zusätzlich verstärken. Hier werden nicht wie in der griechischen Plastik nahezu abstrakte, idealisierte Proportionen verherrlicht, sondern der Körper der Göttin betont die sehr konkrete Vitalität des weiblichen Leibes. So, wie sich in den Akten der griechischen Antike die geometrische Ordnung des Kosmos widerspiegelt, wird in den nackten indischen Gottheiten

des nackten menschlichen Körpers hervorgebracht. Und doch sind beide Kulturkreise in einer Hinsicht einander verwandt: allein dadurch nämlich, daß der menschliche Körper in ihren Künsten ein bedeutendes Motiv ist.

In den Kulturen des Fernen Ostens stellt sich der Sachverhalt anders dar. In China erklärt sich das Fehlen von Aktbildnissen in erster Linie dadurch, daß der Konfuzianismus sein Hauptaugenmerk auf Fragen der Gesellschaft, der politischen Macht und der Geschichte legte; die menschliche Natur, einschließlich alles Sexuellen, war

der Ursprung des Kosmos unmittelbar auf die geschlechtliche Zeugungskraft zurückgeführt.

Geprägt durch differierende kulturelle und theologische Voraussetzungen haben die Kulturen des Abendlandes und des indischen Subkontinentes äußerst verschiedenartige Ausdrucks- und Darstellungsformen

von keiner oder allenfalls von untergeordneter Bedeutung. Überhaupt spielte der Körper in den verschiedenen Bereichen der chinesischen Kultur, abgesehen von der Medizin, keine wesentliche Rolle. Allein unter dem Einfluß von außen kommender Religionen, vorzugsweise natürlich des Buddhismus, wurde diese abwehrende Haltung gegenüber dem Körperlichen relati-

Oben: Botticelli (1445 – 1510), «Geburt der Venus». Florenz, Uffizien. Botticellis Gemälde ist ein beeindruckendes Beispiel für die Verbindung von Religiosität und Sinnlichkeit in der europäischen Kunst seit der Renaissance.

Unten: Darstellung einer Yakshî, 2. Jahrhundert, ausgegraben in Mathura. Indisches Museum, Kalkutta.

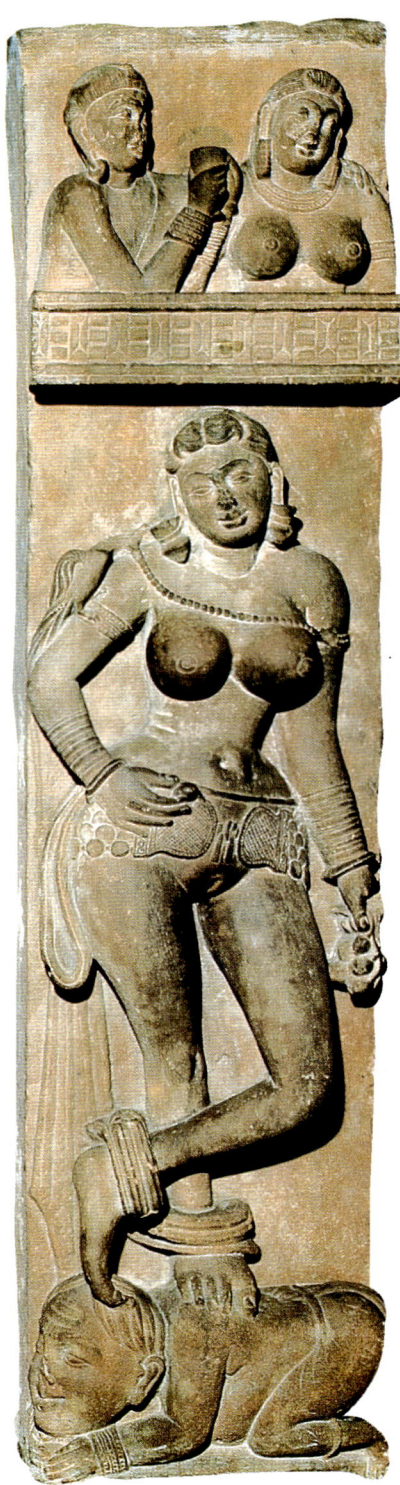

viert. Der Einfluß der indischen Kunst blieb in den von China beherrschten Gebieten des nördlichen Ostasiens vergleichsweise gering.

Hieraus erklärt sich, weshalb auch in der Kunst der japanischen Inselwelt, die seit jeher unter dem prägenden kulturellen Einfluß Chinas stand, kaum Darstellungen des nackten menschlichen Körpers, weder in idealisierter noch in realistischer Manier, zu finden sind.

Bildnisse schöner Frauen hingegen gab es sowohl in China als auch in Japan. Erwähnenswert sind in diesem Zusammenhang etwa die Yong-Tonfiguren, die in China den Menschen mit ins Grab gelegt wurden, die in treuer Pflichterfüllung gestorben waren. Weitere prägnante Beispiele sind der Stellschirm «Stehende Frau» aus dem 8. Jahrhundert (Shôsô-in-Schatzhaus, Tôdai-ji-Tempel) oder das Porträt der Gottheit *Kichijô-ten* im Yakushi-ji-Tempel von Nara.

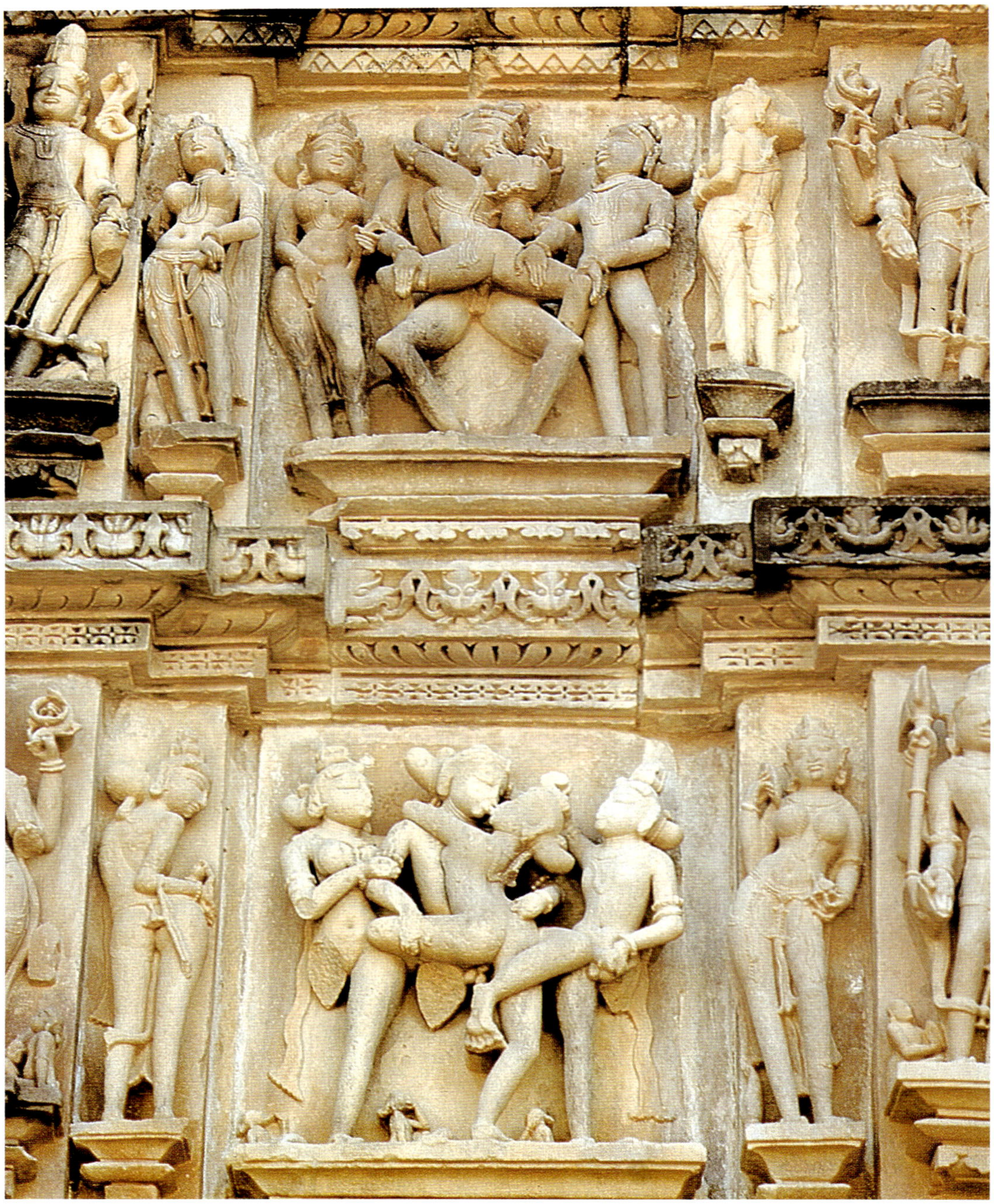

Oben rechts: Mithuna-Skulpturengruppe. 11. Jahrhundert. Außenwand des Kandariya-Mahadeva von Khajuraho.

Gemeinsam sind den erwähnten Frauendarstellungen die runden Gesichter, die dichten Augenbrauen, der gesenkte Blick, die kleinen, karmesinroten Lippen, das Doppelkinn und ein rundlicher Körper. In

diesen Merkmalen verschaffte sich vermutlich das Schönheitsideal zur Zeit der Tang-Dynastie Geltung.

Die japanischen Bildnisse von Menschen zeichnen sich insbesondere dadurch aus, daß vom Halsausschnitt abwärts bis zu den Füßen der gesamte Körper von schweren,

aus dem frühen 11. Jahrhundert abgebildet sind, tragen das offizielle Gewand der Hofdamen. Allerdings sind von ihnen nur die schwarzen Haare, die Gesichter und die Ärmelaufschläge zu erkennen. Die Gesichter sind zudem in der Technik des *hikime-kagihana* ausgeführt, das heißt, die Augen

Oben: Wasserkaraffe mit vier Tanzmädchen. 5./6. Jahrhundert. Archäologisches Museum von Teheran.

Unten: Eine Yakshî aus dem indischen Sanchi. 1. Jahrhundert.

wallenden Kleidern verhüllt ist. Der Kunstgriff, den Körper unter den Kleidern zu verbergen, beherrschte in extremer Form die *yamato-e*-Malerei («rein japanische Malerei») der Heian-Zeit (794–1185). Die Hofdamen, die in den Bildrollen (*emaki*) zu den Erzählungen des *Genji monogatari*

werden mit je einem Pinselstrich und die Nase wird mittels einer Art «Häkchen» gezeichnet.

Wenngleich die Mienen dieser Hofdamen bisweilen auf subtile Weise Emotionen ausdrücken, fehlt ihnen doch jeglicher Hauch von Individualität.

Oben links: «Stehende Frau unter dem Baum» (Torige-ryûjo-byôbu). Stellschirm (Ausschnitt). Mitte des 8. Jahrhunderts. Shôsô-in-Schatzhaus, Nara.

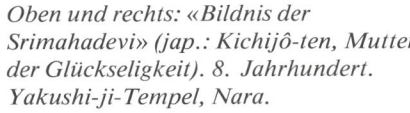

Oben und rechts: «Bildnis der Srimahadevi» (jap.: Kichijô-ten, Mutter der Glückseligkeit). 8. Jahrhundert. Yakushi-ji-Tempel, Nara.

Wo die chinesischen Dichter die strahlenden Augen und die schneeweiße, schimmernde Haut der schönen Frauen besangen und die europäischen Maler sich um eine detaillierte Wiedergabe der Formen des weiblichen Körpers bemühten, waren die Japaner offenkundig mit der Darstellung einer Schönheit zufrieden, die sich auf die Zeichnung schwarzer Haare und die Dar-

stellung des Gesichts in der *hikime-kagi-hana*-Technik beschränkte. Die Bildnisse der *Ono Komachi*, einer für ihre Schönheit gerühmten Frau, die im 9. Jahrhundert in Heian-kyo, dem späteren Kyoto, lebte, belegen dies eindrucksvoll. Offenkundig legte die ästhetische Kultur am Hof von Heian, die das aristokratische Leben des Landes weit über die eigentliche Heian-Zeit hinaus beherrschte, weit größeren Wert auf die Kleidung eines Menschen als auf seine individuellen körperlichen und physiognomischen Merkmale.

Der Buddhismus bildete zweifelsfrei einen Gegenpol: So begrenzt seine Ausdrucksformen auch gewesen sein mögen, es war doch in erster Linie ihm zu verdanken, daß der menschliche Körper überhaupt Eingang in die gebräuchlichen Sujets der Schönen Künste Japans fand. Aber es war nicht allein die Ethik des Konfuzianismus, deren Einfluß auf das Leben am Hof von Heian den Verzicht auf detaillierte Darstellungen des menschlichen Körpers begründete. Viel stärker noch als religiöse Tabus sorgte das Verlangen, den gesellschaftlichen Rang eines oder einer Porträtierten fraglos zum Ausdruck kommen zu lassen, dafür, daß größerer Wert auf die Kleidung als auf das Aussehen eines Menschen gelegt wurde. Die Zugehörigkeit zu einer Gruppe ist innerhalb einer Kultur, die von einer kleinen, privilegierten Oberschicht dominiert wird, von weit größerer Bedeutung als etwa in den ihrem Selbstverständnis nach «offenen», demokratisch ausgerichteten Kulturen der westlichen Welt seit dem späten 18. Jahrhundert. Vor diesem Hintergrund verwundert es schließlich kaum, daß noch in der ersten Phase der Tokugawa-Zeit ähnlich entindividualisierte Frauenporträts vorherrschten wie in der Heian-Zeit; hinzu kam, daß die rigorose Moral einer Kriegergesellschaft die Körperfeindlichkeit zusätzlich unterstützte.

Freilich kamen ebenfalls noch im 17. Jahrhundert in der Genremalerei (fûzoku-ga) die bijin-ga, Darstellungen schöner Frauen, in Mode. Porträtiert wurden nun jedoch nicht mehr Hofdamen, sondern die Ehefrauen der Stadtbürger, Tanzmädchen, Kurtisanen und die Schauspielerinnen des Kabuki-Theaters. Betrachtet man beispielsweise den «Stellschirm von Matsûura» (Yamato-bunkakan-Museum), auf dem eine Gruppe von achtzehn stehenden oder sitzenden Frauen abgebildet ist, fällt auf, daß abermals weniger die Individualisierung der Figuren ins Auge sticht als vielmehr die minutiöse Wiedergabe der prachtvollen Kleidung.

DIE EIGENTÜMLICHKEITEN
DER UKIYO-E-HOLZSCHNITTKUNST

Die ukiyo-e-Holzschnittkunst, die in der zweiten Hälfte des 17. Jahrhunderts in Mode kam, war ein typisches Produkt der Tokugawa-Zeit. Zu den Darstellungsgegenständen zählten nicht allein Frauen vornehmer und wohlhabender Bürger, sondern auch die Schauspieler und Schauspielerinnen des Kabuki-Theaters und später die Sumô-Ringer. Im 19. Jahrhundert kamen als weitere Themen die Landschaftsdarstellungen – erwähnenswert sind in diesem Zusammenhang vor allem die Landschaften von Hokusai und Hiroshige – und die Erotika (shunga) hinzu.

Fast sämtliche dieser Sujets zählten natürlich auch zum Repertoire anderer Schulen, sei es der Rimpa- und der Kanô-Schule oder auch der Literatenmalerei. Allein die Erotika können, vor allem was ihre Zahl und ihre künstlerische Originalität betrifft, als eine ausschließliche Spezialität der ukiyo-e-Holzschnittkünstler angesehen werden. Trotz oder gerade wegen dieser Ähnlichkeiten in der Wahl der Motive sind die Werke der ukiyo-e-Künstler streng von denen anderer Schulen zu unterscheiden: Charakterisiert durch einen eigentümlichen Stil und ausgestattet mit ganz spezifischen Techniken, stand der ukiyo-e-Holzschnitt über gut zwei Jahrhunderte, vom späten 17. bis zum Ausgang des 19. Jahrhunderts, in höchster Blüte. Seine große Zeit endete mit der Tokugawa-Ära – genauso, wie sie mit deren allmählicher Liberalisierung und Verweltlichung eingesetzt hatte.

Zu den bemerkenswertesten Charakteristika der Holzschnitte zählen einerseits die Komposition der Bilder und die Wahl der Perspektive, andererseits die Linienführung und die bevorzugten Farben.

Der Komposition sind durch das Papier, das in Form und Größe variiert, gewisse Grenzen gesetzt. Das Standardmaß eines großen Blattes im ukiyo-e-Holzschnitt betrug 40 Zentimeter Länge mal 30 Zentimeter Breite, das eines mittleren Blattes 30 mal 20 Zentimeter. Oft legten die Künstler die Blätter auch quer und fügten mehrere von ihnen nebeneinander, um so die Bildfläche zu vergrößern. Eine weitere Möglichkeit, die Form zu verändern, bestand darin, das längsgelegte Blatt in der Breite nochmals zu halbieren; auf diese Weise entstanden die extrem schmalen und langen «Pfostenbilder», die ebenfalls quergelegt werden konnten.

Eine weitere Besonderheit in der Komposition war die große Freiheit, die sich Künstler bei der Wahl von Ausschnitten nahmen. Bei den Pfostenbildern beispielsweise war es kaum möglich, den gesamten

Oben: Statue der Prinzessin Tamayorihime. 1251.
Das Gesicht der Prinzessin strahlt eine geheimnisumwitterte Schönheit aus.

*Rechts: «Die Bildergeschichten von
Bandai-nagon» (*Bandai-nagon-ekotoba;
Ausschnitt). 2. Hälfte des
12. Jahrhunderts. Idemitsu-Museum,
Tokyo.

Oben: «Das Bilderbuch des Künstlers»
(Eshi-no sôshi, *Ausschnitt*). 2. Hälfte
des 14. Jahrhunderts.

Körper eines Menschen aufs Papier zu
bringen, so daß er häufig durch die Begren-
zungslinien der Blätter regelrecht beschnit-
ten wurde. Im Extremfall blieb allein der
Kopf übrig, zum Beispiel auf zahlreichen
Holzschnitten des Künstlers Torii Kiyonaga (1752 – 1815).

Die Landschaftsdarstellungen von Hokusai und von Andô Hiroshige (1797 – 1858)

zeichnen sich durch zum Teil äußerst küh-
ne Gestaltungsformen aus. In Hokusais
«Der Suwa-See in der Provinz Shinano»
aus der Serie «36 Ansichten des Berges
Fuji» (1831) lenkt eine Kiefer im Vordergrund den Blick auf sich. An ihr vorbei
schaut der Betrachter auf den See, während sich am fernen Horizont der Berg Fuji
erhebt. Hokusai griff bei diesem Holzschnitt auf traditionelle Techniken der

Tuschmalerei zurück, um die Weite des Raumes zum Ausdruck zu bringen.

In der gleichen Weise gestaltete der Künstler das Bild «Gewitter unterhalb des Gipfels», in dem vom Gipfel des Berges herab der Blick auf ein Wolkenmeer freigegeben wird. In «Die Brücke Nihombashi in Edo» blickt man aus einer leicht erhöhten Perspektive auf die Köpfe einer Gruppe von Menschen, die gerade die Brücke überqueren. Auf beiden Seiten des Kanals sind Lagerhäuser zu erkennen. Die Blickrichtung ist eindeutig festgelegt, die Tiefenwirkung wird, wie in der europäischen Landschaftsmalerei, gemäß den Gesetzen der Zentralperspektive erzielt.

Die Zentralperspektive wurde von Okumara Masanobu (1686 – 1764) in die *ukiyo-e*-Kunst eingeführt. Unter der Bezeichnung *uki-e*, plastisches Bild, wurde sie zunächst für die Abbildung von Innenräumen angewandt, doch übertrugen Hokusai und Hiroshige diese Technik bald auf die Landschaftsmalerei. Hokusais «Unter der Mannen-Brücke bei Fukagawa» wendet zwar ebenfalls die Zentralperspektive an, aber die Blickrichtung wechselt innerhalb des Bildes, indem der Betrachter zunächst von oben auf die Wasseroberfläche und einen auf ihr schwimmenden Kahn schaut, in einem zweiten Schritt jedoch unter der Brücke hindurch zu dem fernen Berg Fuji hinaufblickt.

In «Skizze des Suruga-Viertels in Edo, Mitsui-Laden» eröffnet sich eine Szenerie, die sich dem Versuch entzieht, sie von einem einzigen Blickpunkt aus ruhig zu betrachten. Am rechten Bildrand ist ein großes Giebeldach zu erkennen, am linken ein kleines Dach in der Form eines Dreiecks, und im Mittelpunkt der Komposition steht erneut und abermals in der Ferne der Berg Fuji. Je nachdem, ob man den Blick von rechts nach links oder von links nach rechts schweifen läßt, stellt sich das Verhältnis von Nähe und Ferne anders dar. Bisweilen läßt die Betrachtung von Hokusais Werk an die Kameraarbeit in der Filmkunst denken, die durch Wechsel der Blickwinkel immer neue, originale Kompositionen desselben Bildes hervorbringt.

Vergleicht man die Kunst des *ukiyo-e* mit der europäischen Ölmalerei seit dem 17. Jahrhundert, zeigen sich einige charakteristische Unterschiede: Der *ukiyo-e*-Holzschnitt kennt keine Schatten, sondern das Licht breitet sich gleichförmig über die gesamte Bildfläche aus, so daß es überdies

auch keine scharfen Kontraste zwischen Hell und Dunkel gibt.

Vom 17. Jahrhundert an begann man mit der Handkolorierung der Holzschnitte. Bevorzugt wurde zunächst das Orangerot – *tan-e*, Orangerot-Bilder –, später fügte man Gelb, Indigo und Grün hinzu und erhielt die sogenannten *beni-e-*, Rotbraundrucke. Seit den vierziger Jahren des 18. Jahrhunderts wurden verschiedene Farben übereinander gedruckt, und in den sechziger Jahren kam die Technik des *nishiki-e*, des Vielfarbendrucks, auf.

Der erste Künstler, der diese neue Technik erfolgreich anwendete, war Suzuki Harunobu. Er wußte bereits geschickt die neutralen Farbtöne der Mattierung, eines leichten Violett und des Grau einzusetzen und benutzte auch schwarze Flächen. Auf diese Weise erweiterte er die Möglichkeiten des Holzschnitts, indem er harmonisch kolorierte Bildflächen in zuvor ungeahnter

Weise gestaltete. Die Kunst des *ukiyo-e*-Holzschnitts hatte sich so am Ausgang des 18. Jahrhunderts bereits der Stufe ihrer Vollendung genähert.

DIE FRAUEN IN DER UKIYO-E-HOLZSCHNITTKUNST

In der zweiten Hälfte des 18. Jahrhunderts fanden in verstärktem Maße die idealisierten Gestalten weiblicher Schönheiten Ein-

Ganz oben: «Die Bildergeschichten von Bandai-nagon» (Bandai-nagon-ekotoba; Ausschnitt). 2. Hälfte des 12. Jahrhunderts. Idemitsu-Museum, Tokyo.

Oben: «Die Bilderrollen von Kasuga-gongen-genki – ein Buch zum Nachzeichnen» (Kasuga-gongen-genki; Ausschnitt). 1. Hälfte des 14. Jahrhunderts. Nationalmuseum Tokyo.

gang in die Sujets des *ukiyo-e*. Es waren vor allem drei Künstler, die aus der Masse herausragten: Suzuki Harunobu (um 1725 – 1770); Torii Kiyonaga (1752 – 1815), von dem zahlreiche gelungene Bilder aufrecht stehender, großer Frauengestalten überliefert sind; und schließlich Kitagawa Utamaro (um 1753 – 1806), der in den neunziger Jahren des 18. Jahrhunderts das bald darauf schon äußerst beliebte Genre der *bijin-kubi-e,* das sind Kopfporträts schöner Frauen, einführte.

Die Frauengesichter Harunobus sind einander immer sehr ähnlich: Sie wirken im Verhältnis zum Gesamtkörper klein, sind oval, und die Umrisse sind ausnahmslos mit äußerst schmalen, zarten Linien ausgeführt. Auffällig sind des weiteren die in der Waagerechten gezeichneten Augen, deren schmale Striche den Eindruck erwecken, sie wären geschlossen. Unter der mit nur einem einzigen Pinselstrich skizzierten Nase zeichnet sich im Regelfall ein ebenfalls extrem schmaler Mund ab, bei dem Ober- und Unterlippe kaum voneinander zu unterscheiden sind. Die Augen von Harunobus Frauen erzählen nie etwas, und ihre Münder sprechen nicht.

Obwohl die Frauendarstellungen dieses Künstlers an die Malweise des *yamato-e* erinnern, unterscheiden sie sich doch stark von den Porträts der Damen am Hof von Heian: Die Frauen wirken kindlich-naiv, wie kleine Mädchen, und strahlen Unschuld aus. Der Eindruck, daß Harunobus Ideal der schönen Frau das unreife junge Mädchen zum Vorbild hatte, wird noch zusätzlich verstärkt durch die kleinen Hände und die überaus schmalen Körper, die weder ausgeprägte Brüste noch ausschwingende Hüften oder kräftige Schenkel erkennen lassen.

In gewisser Weise wirken Harunobus mädchenhafte Frauen androgyn – und dieses Empfinden wird durch die Tatsache bestätigt, daß die von ihm porträtierten jungen Männer sich bisweilen kaum von seinen Mädchenbildnissen unterscheiden. Harunobus jugendliche Gestalten sind meist in eine emotionsgeladene, bisweilen traumhafte Szenerie eingebunden. Doch in diesen Bildern gibt es nichts Dramatisches, niemand kämpft oder streitet, niemand wird bedroht. Die Bildnisse sind vorzugsweise in Schwarztönen gehalten, doch in «Der Besuch am Shintô-Schrein in einer regnerischen Nacht» verwendet Harunobu für die Umzäunung und das *torii*-Tor des Schreins auch ein kräftiges Rot.

In einigen seiner Arbeiten greift Harunobu auch auf die Methode des *mitate-e* zurück, das heißt, die Bilder spielen, oft in parodistischer Absicht, auf klassische Themen der Literatur und Kunst oder auf historische Ereignisse und Personen an. Repräsentativ hierfür ist das überaus populäre Genre der «Acht Ansichten» (*hakkei*). Die chinesischen Literatenmaler der Song-Dynastie stellten in den «Acht Ansichten

Unten: Geisha-Schülerinnen (maiko) in den Straßen von Kyoto.

Gegenüberliegende Seite: Kanô Eitoku (zugeschrieben), Ausschnitt aus dem Stellschirm «Kyoto und Umgebung» (Raku-chû raku-gai zu-byôbu). 16. Jahrhundert.

von Xiao und Xiang» die Umgebung am südlichen Ufer des Dongting-Hu-Sees dar, eine Landschaft in der Provinz Hunan. Das Motiv gelangte nach Japan, wo Künstler der Muromachi-Zeit in den *Shôsô-hakkei* diesen See, den sie nie gesehen hatten, sehr häufig malten.

Während der Tokugawa-Ära wurde das südliche Ufer des Biwa-Sees, der erheblich kleiner als der Dongting-See ist, zum beliebten Sujet der «Acht Ansichten von Ômi» *(Ômi-hakkei)*.

Harunobu variierte dieses Genre, indem er statt Landschaften in den «Acht Ansichten der modischen vergänglichen Welt» *(fûryû-ukiyo-e-hakkei)* oder den «Acht Ansichten eines Innenraums» *(zaho-zashiki-hakkei)* miniaturhafte Innenräume und ähnliche Schauplätze darstellte. Die Anspielungen auf die Vorbilder sind oft sehr subtil. In dem Bild «Die Rückkehr von fernen Küsten» aus der *Shôsô-hakkei*-Serie kann man durch einen feinen Nieselregen hindurch in großer Entfernung verschwommen die Umrisse der Segel eines Fischerbootes erkennen. Diesem Motiv entspricht in den «Acht Ansichten der modischen vergänglichen Welt» das Bild «Rückkehr von Shinagawa» *(shinagawa-kihan)*, in dem eine Kurtisane am Fenster steht und auf ein Segelboot außerhalb des geschlossenen Raumes blickt.

Zu den «Acht Ansichten eines Innenraums» gehört ein Bild, das eine nähende Frau in einem Zimmer zeigt, während eine zweite Frau auf der Veranda Wasser aus einem Waschbasin schöpft; neben ihr bläht sich ein Handtuch wie ein Segel. Dieses parodistische Bild trägt den Titel «Die Rückkehr des Handtuchhalters».

Die Anspielungen auf die Landschaftsdarstellungen der Tuschmalerei erschließen

DAS KIRSCHBLÜTENFEST

Drei junge Mädchen mit
Kopfbedeckung tanzen nach dem
Rhythmus einer kleinen Trommel
und nach dem Takt der Fächer-
bewegungen.
Der neutrale Malgrund betont den
dekorativen Effekt der kostbaren
Kostüme. Es wurde großer Wert
auf die detaillierte Wiedergabe der
weiblichen Kleidung gelegt. Die
Maler ahmten getreu Stoffe,
Brokate und Stickereien nach.

*Links: Kanô Naganobu (1577 – 1654),
«Zerstreuung zu Füßen der Blüten» (Kaka
yûraku-zu byôbû; Ausschnitt). Stellschirm.
1. Hälfte des 17. Jahrhunderts. Nationalmuseum
Tokyo.*

Rechts: «Die Illustration von den Weberinnen» (Kishoku-zu). *1. Hälfte des 17. Jahrhunderts. MOA-Museum Atami.*

Unten: «Der Stellschirm von Matsu-ura» (Matsu-ura-byôbu). *1. Hälfte des 17. Jahrhunderts. Yamato-bunkakan-Museum, Nara.*
Auf dem Stellschirm werden insgesamt 18 Frauen abgebildet, deren Persönlichkeitsmerkmale allerdings nur schwach ausgeprägt sind. Ins Auge stechen vor allem die prachtvollen Kleider mit ihren originellen Mustern.

Rechts: «Der Stellschirm von Hikone» (Hikone-byôbu; *Ausschnitt). 1. Hälfte des 17. Jahrhunderts. Ii-Sammlung, Shiga-Präfektur.*
Auf der mit Gold grundierten Bildfläche sind 15 Männer und Frauen dargestellt, die sich in einem Freudenviertel vergnügen.

176

sich oft allein aus den Titeln der Bilder, die eingebürgerte Stimmungen oder auch lyrische Bedeutungen heraufbeschwören. Das heißt, die Emotionen werden literarisch, durch die Sprache, wachgerufen, während die Bildinhalte nur äußerst entfernt mit den Vorbildern in Verbindung stehen, auf die sie anspielen.

Von Harunobu sind zahlreiche Erotika *(shunga)* überliefert, die technisch den zuvor beschriebenen Werken ähneln; in der Regel schaut man aus einer mittleren Entfernung auf Personen, die vor wechselnden Hintergründen dargestellt sind. Die Frauen wirken abermals mädchenhaft, die Gesich-

Künstlern hätte es an dem rechten Gefühl für den menschlichen Körper und seine Proportionen gefehlt.

Überdies fühlt sich der Betrachter selbst in den *shunga* oft in eine traumhaft-irreale Welt kindlich-androgyner Gleichheit versetzt; die Beteiligten erfreuen sich unschuldig heiter an ihrem Liebesakt, ohne jegliche Aggressivität und ohne die Dominanz des einen oder der anderen.

Häufig ist auf den Erotika eine dritte Person anwesend – ein Kind, dem man auf die Hand schlägt, weil es heimlich den Geschlechtsakt beobachtet hat; eine Frau, die durch einen Vorhang ins Zimmer tritt

Ganz unten: «Darstellung eines Tanzmädchens» (Bugi-zu; Ausschnitt). Mitte des 17. Jahrhunderts. Nationalmuseum Tokyo.

ter der Männer feminin, und in der Farbgebung herrschen neutrale Tönungen vor.

Daß die auf den Erotika gezeigten Personen ihren Kimono abgelegt haben und gänzlich nackt sind, kommt so gut wie nie vor. Meist sieht man die freigelegten Brüste der Frauen, die bisweilen von Männern liebkost werden. In anderen Fällen ist die untere Körperhälfte entblößt, und wenn das männliche Glied zu sehen ist, wird es – wie in fast allen *shunga* der Tokugawa-Zeit – übertrieben groß dargestellt. Die Körper von Männern wie Frauen wirken überaus zierlich, die Hände extrem klein, so daß sich der Eindruck einstellt, den

und mit den Fingern auf die Schamteile der sich Liebenden zeigt; oder eine Frau, die an einem Wintertag einen Schneeball zu einem nackten Pärchen wirft, das am geöffneten Fenster steht. Diese dritte Person, gewissermaßen ein Voyeur, wirkt ausnahmslos sehr gelassen, auf ihrem Gesicht zeigt sich weder der Ausdruck von Überraschung und Mißbilligung noch von Eifersucht oder Neid. Der Voyeur ist ein unbeteiligter Zeuge, der dem intimen Akt objektiv und distanziert beiwohnt.

In Harunobus Erotika ist der neutrale Beobachter fast immer gegenwärtig: Für den Künstler ist er ein Mittel, eine psycho-

Unten: Suzuki Haronubu (um
1725 – 1770), «Der feine Geschmack in
Komachi und Kiyomizu» (Fûryû-ni
Komachi – Kiyomizu). Nishiki-e-
Vielfarbendruck. Rikkâ-Museum,
Tokyo.

logische Distanz zu den Darstellungsgegenständen zu schaffen und eine Art «Ver-
fremdung» zu bewirken, die der Diskre-
panz zwischen den poetischen Titeln und
den prosaischen Bildthemen seiner *mitate-
e*-Schnitte vergleichbar ist. In gewisser

des 18. Jahrhunderts populär wurden, unterscheiden sich von denen Harunobus auf
bemerkenswerte Weise. Bisweilen haben
auch seine Frauen mädchenhafte Gesichter, doch ihre noch unausgereiften Körper
wirken nie schlängelnd oder lasziv. Wenn

Weise wirkt die dritte Person wie ein in das
Bild integrierter Betrachter: Sein ruhiger
Blick auf das Dargestellte würdigt dessen
ästhetische Anordnung – und mit ihr die
Kunst seines Schöpfers.

Torii Kiyonagas Darstellungen weiblicher
Schönheiten, die in den achtziger Jahren

Oben: «Der Höfling Toshiyuki von Fujiwara»
(Fujiwara-no Toshiyuki-ason). MOA-Museum,
Atami.

178

Kiyonaga reife Frauen zeigt, dann haben sie hochgewachsene, würdevolle Gestalten und sind in farbenprächtige und vornehm gemusterte Gewänder gehüllt.

Gleich, ob nur eine oder zahlreiche Personen auf einem Bild zu erkennen sind, es

den. Allen gemeinsam ist wiederum der zierliche Körperbau.

Hosoda Eishi folgte Kiyonagas Vorliebe für zierliche Frauen in stehenden Posen, und auch Utamaro, der größte Frauenverehrer unter den japanischen Holzschnitt-

Unten links: Kitagawa Utamaro, «Die Toilette von sieben Frauen im Spiegel» (Sugata-mi shichi-nin-keshô). Nishiki-e-Vielfarbendruck.

sind ausnahmslos Frauen, deren Gesichter sich frontal oder im Profil dem Betrachter zuzuwenden scheinen. Wie bei Harunobu ähneln auch Kiyonagas Frauengesichter einander stark. Selbst wenn sie eindeutig unterschiedlichen Alters sind, können im engeren Sinne individuelle Züge oder gar subtile Emotionen kaum ausgemacht wer-

künstlern überhaupt, war zweifelsohne von Kiyonaga beeinflußt.

Im letzten Jahrzehnt des 18. Jahrhunderts tat sich Utamaro mit dem Verleger Tsutaya Jûsaburô zusammen und publizierte mit ihm eine Serie von Bildnissen weiblicher Schönheiten, darunter etliche Kopfporträts *(ô-kubi-e)* wie «Zehn Ansichten

Oben: Kitagawa Utamaro, «Ausgewählte Liebesgedichte» (Kasan koi-no-bu). Nishiki-e-*Vielfarbendruck. In einer Folge von fünf Blättern, einer Gedichtsammlung ähnlich, zeigt Kitagawa fünf Ausdrucksformen der Liebe, zum Beispiel «Gedanken an die Liebe» (oben) oder «Die sich enthüllende Liebe» (unten).*

Erotische Darstellungen (shunga) *waren in der ukiyo-e-Holzschnittkunst weit verbreitet.* Von oben nach unten: *Kitagawa Utamaro, «Das Pflücken der kleinen Kiefer»* (Komatsu-hiki); *Torii Kiyonaga (1752 – 1815), «Das Buch des modischen Ärmels» (Fûryûshû-no maki); Kitagawa Utamaro, «Die Verbindung ausgelassener Themen»* (Itsudai-kumimono).

von der Physiognomie der Frau», «Zehn Arten von Gesichtsausdrücken der Damen» oder «Ausgewählte Liebesgedichte».

Mehr als alle anderen Holzschnittkünstler porträtierte Utamaro Frauen aus den unterschiedlichsten Gesellschaftsschichten: Freudenmädchen und Geishas; Frauen, Töchter und Witwen von Händlern; Frauen, die ihre Kinder auf dem Rücken tragen oder die mit den verschiedensten Arbeiten befaßt sind, vom Entfachen des Feuers in der Küche über das Spülen des Geschirrs und das Nähen und Waschen bis hin zum Sammeln von Muscheln.

Doch Utamaro war nicht nur der Chronist weiblicher Arbeit, sondern auch der Porträtist des «Weiblichen». Freilich hat dieses Weibliche auf den ersten Blick wenig individuelle Züge. Gleichgültig ob Freudenmädchen oder Frauen, die in der Küche arbeiten, alle haben die gleichen Eigenschaften und Attribute: Sie sind rundwan-

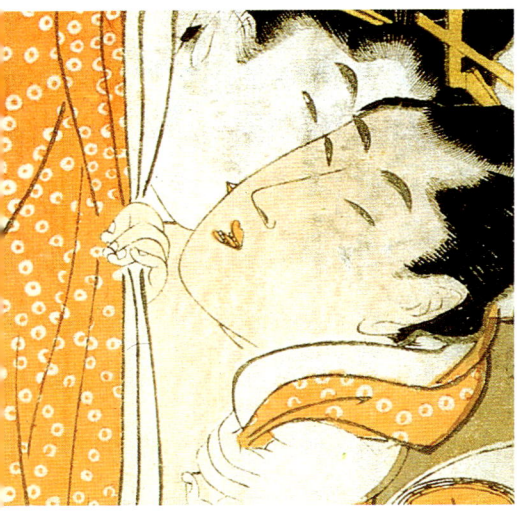

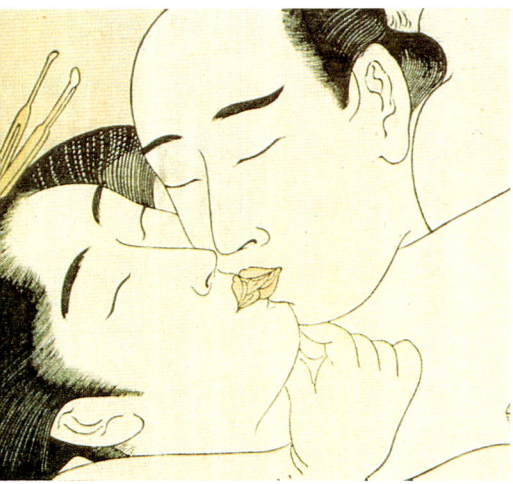

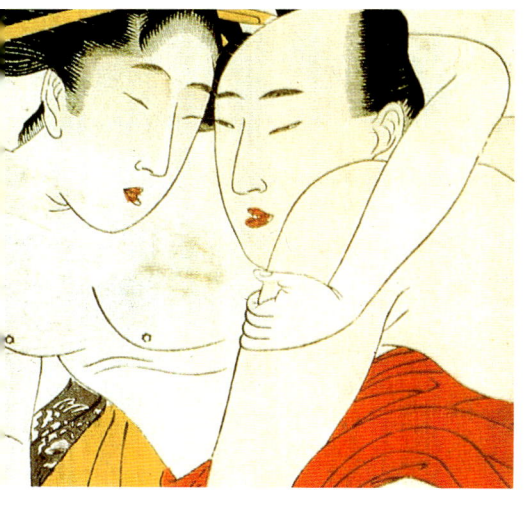

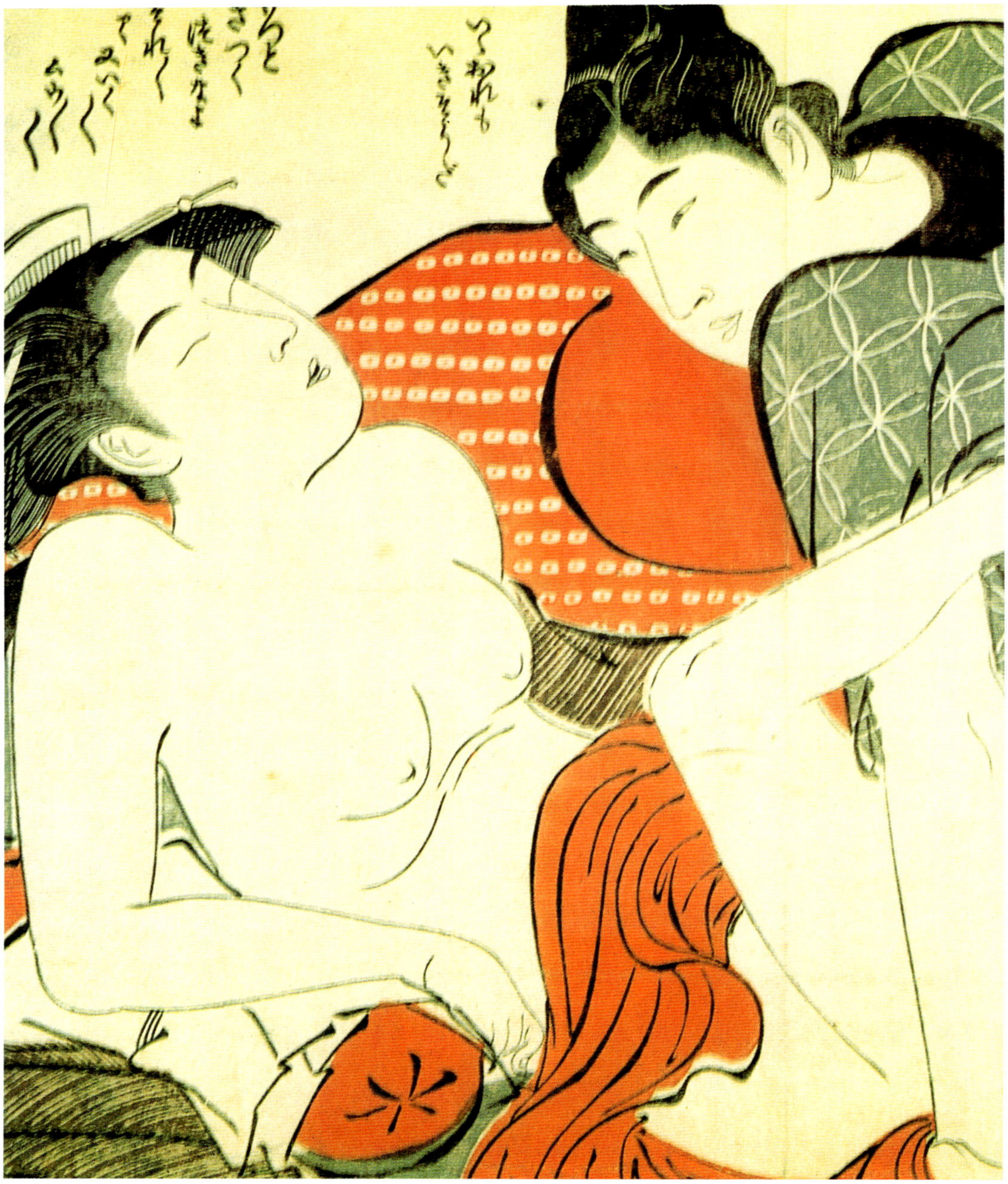

Oben: Torii Kiyonaga, «Zwölf Reihen der Leidenschaft» (Shikidô-jûni-ban; *Ausschnitt).*

gig, haben wohlgestaltete Nasen und einen schmalen Mund und sind ohne Ausnahme fein gekleidet und herausgeputzt. Was die Gesichter betrifft, scheint das gleiche Schönheitsideal wie bei Harunobu und Kiyonaga vorzuherrschen, und doch gelingt es Utamaro, durch die Kunst der Linienführung seinen Holzschnitten eine bis dahin nicht erreichte Aussagekraft zu verleihen.

Kein anderer Künstler hat vergleichsweise viele Bildnisse von Frauen hinterlassen wie Utamaro, und kein anderer war in seinen Darstellungsmitteln ähnlich vielfältig. Neben den *ôkubi-e* schuf er das schmalformatige Bild *Takashima Ohisa,* das beidseitig bedruckt war, das heißt, das Modell wurde sowohl in der Vorder- als auch in der Hinteransicht gezeigt. Die Körperformen sind außergewöhnlich realistisch, und in diesem Bildnis dominiert die Eleganz der Linien über die Harmonie der Farben.

Die Umrisse des Kopfes wie des Gesichts, des Halses wie des Ober- und Unterkörpers sind in feinen Linien gehalten. Um die Hautfarbe anzudeuten, setzt Utamaro zusätzlich Striche ein, wodurch er oft einen Hell-Dunkel-Kontrast zwischen Modell und Hintergrund erzielt. Vor allem dadurch, daß es ihm auf einzigartige Weise gelingt, mit zarten Farben die Beschaffenheit der weiblichen Haut herauszuarbeiten und die Augen «sprechen» zu lassen, führt er seine Kunst auf eine höhere Stufe als diejenige der beiden anderen Meister aus dem späten 18. Jahrhundert.

Zur Hervorhebung der porträtierten Frauen wurde der Bildhintergrund meist freigelassen. Das Zentrum der Bildkomposition wurde so durch den Blickwinkel und die Positionierung der abgebildeten Person festgelegt. Bei Utamaro herrscht häufig ein niedriger Blickwinkel vor, beispielsweise in der Serie «Das Gedicht des Kopfkissens» (*utamakura,* 1788), in der ein Bild eine Frau in einem schwarzen Kimono mit einem Familienwappen zeigt. Eine große schwarze Fläche im Zentrum des Bildes lenkt die Aufmerksamkeit auf sich, und die weiße Haut der Frau, die durch das angezogene linke Bein hervorschimmert, sowie ihr hellgelber Kimonogürtel (*obi*) heben sich von diesem dunklen Ton ab. Zur Linken der Frau stehen Sake-Becher und ein rotes Tablett. Insgesamt erweckt diese Anordnung in Verbindung mit den harmonisch verteilten Farben den Eindruck eines höchst abstrakten zweidimensionalen Raumes und verleiht Utamaros Werk seine einzigartige Ausstrahlung.

Wie nahezu alle Holzschnittkünstler versuchte sich auch Utamaro in erotischen Darstellungen. Im Gegensatz zu seinen Zeitgenossen interessierte ihn jedoch weniger die Wiedergabe des Sexuellen als vielmehr die Aufgabe, auch in diesem Genre einen zweidimensionalen Raum kunstvoll

Oben: Suzuki Harunobu, «Das Mädchen von Sagi» (Sagi-musume; Ausschnitt).

Oben: Gustav Klimt (1862 – 1918),
«Judith mit dem Haupt des
Holofernes». Um 1901. Österreichische
Galerie, Wien.

Rechts: Gustav Klimt, «Der Kuß». 1908.
Österreichische Galerie, Wien.

auszugestalten. Betrachtet man beispielsweise eines seiner Erotika, auf dem sich ein Mann und eine Frau leidenschaftlich umarmen, fällt auf, daß die Körperumrisse der beiden Figuren kaum auszumachen sind. In den Vordergrund schiebt sich statt dessen der Raum, in dem die farbenfrohen Kleider der sich Liebenden in einem wilden Durcheinander verteilt sind.

Des weiteren sind Utamaros *shunga* nicht explosiv, man sieht keine aggressiven Männer oder Frauen, nicht einmal Andeutungen sadistischer Grausamkeiten sind zu erkennen. Frauen wirken selbst in sexueller Ekstase noch harmonisch schön, mit anmutigem, wenn nicht zärtlichem Gesichtsausdruck. Und wo Harunobu, insbesondere durch die Einbindung des unbeteiligten Dritten in die Szenerie, den Betrachter zu einer distanzierten Wahrnehmung auffordert, hebt Utamaro die Distanz auf: Er führt die Augen des Betrachters dicht an die eigentlichen Vorgänge heran, die er zudem mit großer Sympathie schildert. Bei der Betrachtung einiger seiner *shunga*-Holzschnitte stellt sich das Empfinden ein, die Welt sei draußen, alles, was jenseits der geschlechtlichen Vereinigung existiert oder geschieht, sei jedweder Bedeutung enthoben. Es gibt allein noch die Liebe, die die ganze Welt ist und die Zeit übersteigt. Entsprechend erscheint der Liebesakt im Gegensatz zu den meisten Erotika nicht nur als ein Genuß, sondern darüber hinaus als eine transzendentale Erfahrung.

Wenngleich man mit Gewißheit nicht bei jedem beliebigen Betrachter dieser Werke voraussetzen kann, daß er das Überirdische und Überzeitliche der dargestellten Szenerie nachzuvollziehen vermag, bleibt doch als Hauptunterschied zwischen den *shunga* Harunobus und Utamaros, daß, wo jene das Gefühl von Distanz hervorrufen, diese auf das Erwecken von Sympathie hin angelegt sind.

Mit den drei Meistern Harunobu, Kiyonaga und Utamaro hatte die *ukiyo-e*-Holzschnittkunst in der zweiten Hälfte des 18. Jahrhunderts nicht nur eigentlich erst ihren Anfang genommen, sondern sich im gleichen Atemzug fast schon ihrer höchsten Blüte genähert. Im darauffolgenden Jahrhundert sollten diese Künstler in Hokusai und einigen anderen ihre legitimen Nachfolger finden. Doch wenn an der Wende vom 19. zum 20. Jahrhundert französische Art-nouveau- oder österreichische Jugendstilkünstler wie etwa Gustav Klimt

(1862–1918) Motive und Techniken des fernöstlichen Holzschnitts in die europäische Kunst einführten, ließen sie sich keineswegs nur von Hokusai und seinen Zeitgenossen, sondern nicht minder auch von Utamaro inspirieren.

Oben: Takehisa Yumeji (1884–1934), «Der Laden der Schwarzen Schiffe» (Kurofune-ya). Um 1920.

Naturnachahmung und Einbildungskraft

Oben: Victor Hugo (1802 – 1885), «Das Gewissen nach einer schlechten Handlung». Paris, Maison de Victor Hugo.

Gegenüberliegende Seite: Yokoo Tadanori (*1936): «Die Geisterbeschwörung, der Fall Mishima Yukio» (Kôreijutsu, Mishima Yukio no baai; Ausschnitt). 1986

Unter der Bedingung einer strikten Abschließung des Landes gegenüber der Außenwelt hatte sich das Shogunats-System der Tokugawa im 18. Jahrhundert in Japan weitgehend stabilisiert. Dem Volk, aber auch einzelnen Territorialherren, war jeglicher Kontakt mit dem Ausland und mit fremden Kulturen untersagt, den Außenhandel hatte die Regierung monopolisiert. Die wenigen Partnerländer für den streng reglementierten und auf das Gebiet Nagasaki beschränkten Handel waren China, Korea und die Niederlande.

Als im Jahr 1720 das «Verbot für fremde Wissenschaften» aufgehoben wurde, geriet der Schutzwall, der bis dahin verhindert hatte, daß über Nagasaki kulturelle Informationen auch ins restliche Japan gelangten, allmählich ins Wanken. Insbesondere die japanischen Gelehrten waren von diesem Zeitpunkt an nicht mehr völlig abgeschlossen von allem, was sich außerhalb des isolierten Landes zutrug.

Das politische Zentrum des Shogunats, dessen Ideologie auf der konfuzianischen Ethik gründete, war natürlich Edo. Doch die wirtschaftlichen und kulturellen Aktivitäten konzentrierten sich nicht ausschließlich auf die Hauptstadt. Spätestens im 18. Jahrhundert spielten auch Osaka und Kyoto eine wichtige Rolle im geistigen und künstlerischen Leben des Landes. Wenn man die *ukiyo-e*-Holzschnittkunst des Bürgertums außer Betracht läßt, war das Zentrum der originellen japanischen Malerei nicht Edo, wo die dem Shogunat verpflichtete Kanô-Schule vorherrschte, sondern Kyoto. Die Literatenmaler wie Yosa Buson (1716 – 1783) und Ike-no-Taiga (1723 – 1776) kamen ebenso aus dieser Stadt wie auch Maruyama Ôkyo (1733 – 1795), der einer «naturalistischen» Malerei zu neuem Aufschwung verhalf.

Inwieweit die Holländer – in dieser Phase die einzigen Europäer, die überhaupt in Kontakt mit Japan und seiner Kultur standen – ihre fernöstlichen Handelspartner mit europäischer Ölmalerei, die in dieser Zeit in höchster Blüte stand, bekannt machten, ist nicht gesichert. Fest steht allerdings, daß sie mit Kupferstichen illustrierte Bücher über Nagasaki einführten, wodurch die japanischen Maler mit neueren fernwestlichen Techniken wie der Zentralperspektive und der Schattierungstechnik bekannt wurden.

Einflüsse der niederländischen Malerei zeigten sich in der Kunst Ôkyos, der die traditionellen Sujets der japanischen Malerei wie Vögel und Blumen, aber auch Landschaften ungewohnt realistisch darstellte; beispielhaft hierfür ist vor allem sein letztes Werk, der Stellschirm «Hôzu-Fluß» (1795). Im Gegensatz etwa zu Shiba Kôkan (1747 – 1818) wandte Ôkyo zwar die Schattierungstechnik und die Zentralperspektive nicht unmittelbar an, aber er berücksichtigte die Tiefendimensionen auf der Bildfläche und erzielte durch den Einsatz der Tuschlavierung plastische Wirkungen. Auf diese Weise wurde die traditionelle japanische Bildgestaltung, die nahezu ausschließlich von der Kunst der Linienführung geprägt war, um «naturalistische» Elemente erweitert, ohne daß Ôkyo den vorgegebenen Rahmen der Kanô-Schule – die ihrerseits die «rein japanische Malerei» *(yamato-e)* mit der Tuschzeichnung zusammenführte – eigentlich sprengte.

In gewisser Hinsicht ist Ôkyo ein frühes Beispiel für das auch später häufig zu beobachtende Phänomen, daß japanische Künstler sich europäische Techniken aneigneten und das diesen Techniken zugrundeliegende Wertesystem – beziehungsweise die ihnen zugrundeliegende Weltanschauung – ignorierten. Und so hatte Ôkyo die gleichen Kunden und Förderer wie die Maler der Kanô-Schule, nur daß er Blumen, Vögel, Kiefern oder Felsen auf eine andere Weise darstellte als seine Kollegen. Wenn Ôkyo und seine Schüler letztlich auch wirtschaftlich erfolgreich arbeiteten, lag das zweifelsfrei daran, daß sie ungeachtet aller Neuerungen den Rahmen der Tradition nicht überschritten.

Ein allgemeines Charakteristikum der japanischen Kultur im 18. Jahrhundert war die Trennung des einzelnen Phänomens von dem Bezugssystem, in das es eingebunden war. Ungeachtet all der negativen Be-

184

青蛙足砂摺
極紅糸狂唐
花咲
草集亭

Oben: «Blütenarten der Trichterwinde».
Die Trichterwinden-Tafel ist in einem
Buch aus dem Jahre 1854 zu finden. Im
19. Jahrhundert wurden annähernd 700
Abarten der Trichterwindenblüten
gezüchtet.

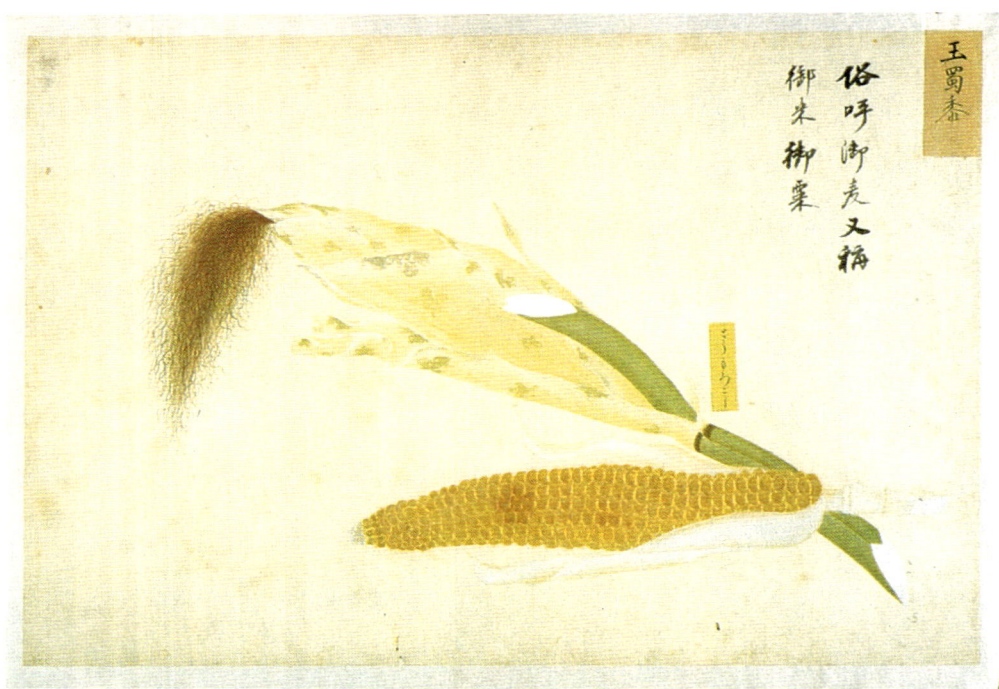

玉蜀黍
俗呼御麦又稱
御米御栗

Oben: Shasei-gafu (Ausschnitt). Um
1770.
An der Zusammenstellung dieses
naturkundlichen Skizzenheftes soll auch
Hiraga Gennai beteiligt gewesen sein.
Um dem Benutzer des Nachschlage-
werkes auch ein «Fühlen» zu
ermöglichen, wurden mehrere Schichten
Japanpapier übereinandergeklebt.

gleiterscheinungen, die ein derartiges Denkschema mit sich brachte, förderte es doch zugleich eine geschärfte Aufmerksamkeit beispielsweise auf isolierte Naturphänomene, die aus ihrer Umgebung herausgetrennt, gesammelt und beschrieben wurden. Die Nachschlagewerke der Natur, die wahrscheinlich aus der japanischen Kräuterkunde hervorgingen, liefern hierfür prägnante Beispiele.

Der ursprüngliche Zweck der Kräuterkunde war die Sammlung und Klassifizierung der Heilkräuter. Als Kaibara Ekiken (1630–1714) in seinen letzten Lebensjahren «Das Buch der japanischen Kräuter» (1709) verfaßte, ging sein Interesse jedoch schon bald über den eng gesteckten Rahmen der Heilkräuter hinaus: Ins Blickfeld rückte zunehmend ein allgemeines Nachschlagewerk der Natur. In den folgenden Jahren entstanden zahlreiche Bildlexika, die Pflanzen, Insekten, Fischen, Muscheln oder Vögeln gewidmet waren. Jedes einzelne Objekt wurde in diesen Werken mit feinen Pinselstrichen exakt und grundsätzlich ohne jeglichen Hintergrund dargestellt.

Die Erstellung derart detaillierter Nachschlagewerke war nur unter der Voraussetzung möglich, daß die Verfasser dieser Bücher über naturalistische Darstellungstechniken verfügten. Freilich ist kaum mehr zu entscheiden, ob der «Naturalismus» von Malern wie Ôkyo das Entstehen dieser Bildlexika ermöglichte oder ob umgekehrt

die Hinwendung der Maler zu den neuen Darstellungstechniken durch das Vorhandensein der Lexika begründet oder gefördert wurde. Fest steht nur, daß die Naturforschung und die Kunst von den Importen holländischer Bücher und Kupferstiche gleichermaßen profitierten und sich darüber hinaus wechselseitig befruchteten.

Die Beobachtung und minutiöse Wiedergabe von Naturphänomenen hemmte nun keineswegs die Phantasie der japanischen Künstler, sondern war im Gegenteil eine der Voraussetzungen dafür, daß im späten 18. Jahrhundert zahlreiche Werke von großer visionärer Kraft entstanden. Geschult an der Aufgabe einer exakten Wiedergabe der Wirklichkeit, konnten die Maler auch Bildern, die allein in ihrer Einbildungskraft existierten, Form und Gestalt verleihen.

Itô Jakuchû beispielsweise schuf beeindruckende Phantasiegestalten, etwa in seinem Bild «Kiefer und Phönix» (Farbe auf Seide, Hofministerium) aus seiner Serie «Bilderbuch der Tiere und Pflanzen». Nagasawa Rosetsu, der ein ausgeprägtes Talent für die realistische Menschendarstellung besaß, trat 1797 mit seiner mysteriösen «Berghexe» hervor und war einer der ersten japanischen Künstler, der bereits im 18. Jahrhundert das Motiv der Geister und Gespenster bearbeitete. Bilder dieses Genres erfreuten sich dann im 19. Jahrhundert großer Beliebtheit, was exemplarisch durch die zwischen 1814 und 1845 entstandenen Skizzenhefte *(manga)* von Katsushika Hokusai (1760–1849) belegt wird. In Hokusais Skizzen, die einerseits Momentaufnahmen des menschlichen Lebens, andererseits Visionen übernatürlicher Wesen enthalten, läßt sich die logische und konsequente Entwicklung von der wahrheitsgetreuen Wiedergabe des menschlichen Körpers zur Visualisierung möglicher, in der Phantasie geborener Formen erkennen.

Einen vergleichbaren Schritt vom Realistischen zum Phantastischen gibt die Kunst von Soga Shôhaku (1730–1781) nicht zu erkennen. Naturalistische Techniken sucht man in den Werken dieses Künstlers vergebens – gleich, ob er Landschaften oder Menschen schildert, es handelt sich stets um fiktive Welten und Erscheinungen, die dem Betrachter vor Augen geführt werden. Sein Stellschirm «Vier weißhaarige Männer im Shozan-Berg» (Tusche auf Seide), der vor allem durch kräftige Linien in dunkelschwarzer Tusche besticht, strahlt eine fast schon «expressionistische» Wirkung aus.

Links: Itô Jakuchû (1716 – 1800),
«Eine Gruppe Hähne». Ende des
18. Jahrhunderts. Hofministerium
Tokyo.
Jeder einzelne der Hähne ist getreu der
Natur nachgebildet, doch in ihrer
Anordnung auf der Bildfläche
vereinigen sie sich zu einer Art
Ungeheuer. Das Verfahren,
naturalistisch gestaltete Details in eine
Gesamtkomposition von visionärer
Kraft zu integrieren, ist charakteristisch
für die Kunst Jakuchûs.

Oben: Nakajima Kazuma,
«Schmetterlings-Tafel» (Gunchô-fu).
Um 1788.
Die «Schmetterlings-Tafel» ist ein
typisches Beispiel für die ausgefeilten
naturalistischen Darstellungstechniken
der Nachschlagewerke, die am Ausgang
des 18. Jahrhunderts in Japan weit
verbreitet waren.

Shôhaku war ein Individualist, dessen Kunst der allgemeinen Tendenz seiner Zeit radikal entgegengesetzt war. Vom Realismus der naturkundlichen Nachschlagewerke ist in seinen Werken so gut wie nichts wiederzuerkennen. Jakuchû wählte einen anderen Weg, der ihn ebenfalls über den Naturalismus hinausführte. Musterhaft für sein Werk sind die dreißig Hängerollen «Tiere und Pflanzen» (Hofministerium Tokyo), an denen der Künstler annähernd zehn Jahre arbeitete.

Im Gegensatz zu den meisten Malern naturkundlicher Darstellungen stellte Jaku-

Weiterhin unterschied sich Jakuchû von seinen Zeitgenossen durch die Gestaltung der Hintergründe. Die Muscheln beispielsweise werden vor einer stark stilisierten, zartgrünen Wasserfläche sowie Seegräsern dargestellt, und sie liegen auf einem angedeuteten Sandstrand, der über und über mit ihnen bedeckt ist. Abermals dürfte kaum ein wirklicher von Muscheln bedeckter Sandstrand als Vorlage für diese Darstellung gedient haben: Jeder einzelne Ausschnitt des Bildes für sich ist eine minutiöse realistische Abbildung eines natürlichen Gegenstandes, aber die Rolle als Ganzes

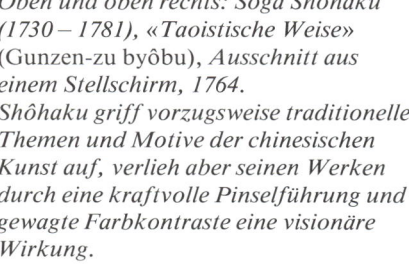

Oben und oben rechts: Soga Shôhaku (1730–1781), «Taoistische Weise» (Gunzen-zu byôbu), Ausschnitt aus einem Stellschirm, 1764.
Shôhaku griff vorzugsweise traditionelle Themen und Motive der chinesischen Kunst auf, verlieh aber seinen Werken durch eine kraftvolle Pinselführung und gewagte Farbkontraste eine visionäre Wirkung.

chû in seinen Hängerollen «Muscheln» und «Am Teich lebende Insektenarten» seine Sujets nicht vereinzelt dar, sondern bildete sie gemeinsam auf einer einzigen Fläche ab. Allein dadurch schon ging er über eine bloße Naturnachahmung hinaus; denn an keinem wirklichen Strand oder Teich Japans waren je so viele verschiedenartige Muscheln und Insekten auf einmal versammelt.

vermittelt einen visionären Eindruck, der dadurch zustande kommt, daß in fast schon surrealistischer Manier im Bild zusammengeführt wird, was in der Natur nie in vergleichbarer Fülle und Dichte zusammenkommen kann.

In Jakuchûs Arbeiten zeigt sich auch der Einfluß der dekorativen naturalistischen Malerei des Chinesen Shen Nanpin, der von 1731 bis 1733 in Nagasaki gelebt hatte; doch das Dekorative war zweifelsfrei nicht die alleinige von Jakuchû angestrebte Wirkung. Und ebensowenig war es – wie bei so vielen anderen Künstlern, die im Stil der Nachschlagewerke malten – die Sammlerleidenschaft, die ihn zum Malen führte. Denn der Sammler trennt seine Objekte aus ihrer natürlichen Umgebung, um sie zu klassifizieren und zu archivieren. Jakuchû hingegen stellte sie in eine neue Ordnung, die über seine und die Erfahrungswelt seiner Zeitgenossen hinausging.

Die Schaffung visionär-phantastischer Bildwelten durch das Sprengen der vertrauten Dimensionen natürlicher Gegenstände kennzeichnet dagegen die Kunst Nagasawa Rosetsus. Ein von ihm gemalter Elefant beispielsweise gerät dem Künstler derart gewaltig, daß er den Rahmen eines sechsteiligen Stellschirms zu sprengen scheint. Der massige Körper des Tieres läßt auf der breiten Bildfläche kaum einen Freiraum.

Ähnlich verhält es sich bei Rosetsus Gestaltung eines Rindes: Ein kleiner weißer Hund, der ihm beigesellt ist, läßt die «surreale» Riesenhaftigkeit des Rindes über-

Bei aller Entfernung vom Naturalismus der naturkundlichen Nachschlagewerke verwendete Itô Jakuchû allerdings nie die naheliegende Technik, in seinen Bildern die Größe der natürlichen Vorbilder zu übertreiben. Betrachtet man die einzelnen Objekte auf seinen Darstellungen, hat man ausnahmslos naturgetreue Nachahmungen vor Augen.

deutlich erkennen und verleiht dem Bild eine Wirkung, die an Gullivers Erscheinen im Land der Liliputaner erinnert.

Die Überzeichnung der Proportionen sticht um so mehr ins Auge, als Rosetsus Rind ansonsten mit feinen Linien und geschickt angebrachten Schattierungen überaus realistisch gezeichnet ist. Ohne daß man die Ursachen für die maßlosen Ver-

Oben: Nagasawa Rosetsu (1754 – 1799), «Berghexe» (Yamanba-zu). 1797. Itsukushima-Schrein, Hiroshima. In Werken wie Rosetsus «Berghexe» kündigte sich schon früh die Neigung japanischer Künstler zur Darstellung von Monstren und Dämonen an, die im 19. Jahrhundert ein beherrschendes Genre hervorbringen sollte.

größerungen der Naturgegenstände näher ergründen müßte und könnte, ist festzuhalten, daß Rosetsu mit diesem Verfahren auf ähnliche Weise eine «verfremdende» Umwandlung des Alltäglichen ins Übernatürliche bewirkte wie Jakuchû mit seinen Zusammenführungen des in der Natur Nichtzusammengehörigen.

JAPAN IM 19. JAHRHUNDERT

Infolge der Abschließungspolitik des Tokugawa-Shogunats war Japan im Laufe des 18. Jahrhunderts nur mit den wenigen kulturellen und technologischen Errungenschaften des Westens bekannt geworden, die über Nagasaki ins Landesinnere gelangt waren. Ansonsten wußte man von den Geschehnissen auf dem asiatischen Festland und vor allem im fernen Europa wenig.

Dieser Zustand änderte sich im 19. Jahrhundert, als die europäischen Nationalstaaten, allen voran England und Frankreich, ihre Einflußsphären nach und nach über den gesamten Erdball ausdehnten. Im Anschluß an die umfassende Kolonisierung Afrikas und großer Teile des asiatischen Festlandes richteten die Europäer ihre Aufmerksamkeit zunehmend auf das isolierte Land im Fernen Osten. Spätestens in dem Augenblick, als Nachrichten über die vernichtende Niederlage der Chinesen im ersten Opiumkrieg mit den Europäern (1839–1842) nach Japan gelangten, wurde der herrschenden Samurai-Schicht des Landes die Bedrohung durch den westlichen Kolonialismus bewußt.

Japan war jedoch für die bevorstehenden militärischen Auseinandersetzungen nicht gerüstet. 1853 erzwangen zunächst die USA unter Commodore Matthew Perry die Öffnung eines japanischen Hafens für den Handelsverkehr und schlossen in den darauffolgenden Jahren einen Freundschafts- und Handelsvertrag mit dem Shogunat. Das Satsuma-Daimyat unterlag 1863 britischen Kriegsschiffen, und im Jahr darauf mußte sich das Chôshû-Daimyat bei Shimonoseki einem alliierten Geschwader geschlagen geben. Die Abdankung des letzten Shoguns gegen Ende des Jahres 1867 war die fast zwangsläufige Konsequenz aus diesen verheerenden Niederlagen, die den Zerfall der Tokugawa-Regierung beschleunigt hatten.

Japan reagierte auf den westlichen Imperialismus mit einer Doppelstrategie. Einerseits bemühte man sich verstärkt darum, vom Westen zu lernen, andererseits bereitete man sich auf einen Widerstand gegen die Eindringlinge vor. Die Japaner lehnten sich jedoch nicht nur an die militärische Logistik des Westens an, sondern sie bemühten sich auch um eine beschleunigte Industrialisierung nach dem Vorbild der fortgeschrittensten Staaten Europas. Der Aufbau einer funktionsfähigen Industrie zog den Ausbau eines Sozialsystems nach sich, das zunehmend mit der traditionellen Gesellschaftsordnung in Konflikt geriet.

Aber es waren nicht ausschließlich Reaktionen auf den Imperialismus der Kolonialnationen, die im 19. Jahrhundert die Geschichte des Landes entscheidend prägten und zum Zerfall des alten Herrschaftssystems führten. Das Tokugawa-Shogunat wurde vielmehr auch von innen in seinen Festen erschüttert, vor allem dadurch, daß die Zentralregierung in Edo die Kontrolle über einzelne Daimyate verlor. Die Krise des Systems zeigte sich unter anderem darin, daß immer häufiger gerade junge Samurai ihre formell zwar hohen, aber kaum mehr ernst zu nehmenden Machtbefugnisse aufgaben und so aus dem Daimyats-System, auf dem das Shogunat letztlich gründete, ausschieden.

Ein weiteres Symptom für die allmähliche Auflösung der alten Ordnung waren zahlreiche Bauernaufstände, die in bluti-

Gegenüberliegende Seite: Eine Darstellung des großen Erdbebens im Jahre 1855, dem in Edos Freudenviertel Yoshiwara angeblich 3000 Prostituierte zum Opfer fielen. Naturkatastrophen wie diese sowie zahlreiche Hungersnöte und Bauernaufstände trugen im 19. Jahrhundert maßgeblich dazu bei, das Shogunatssystem in seinen Festen zu erschüttern.

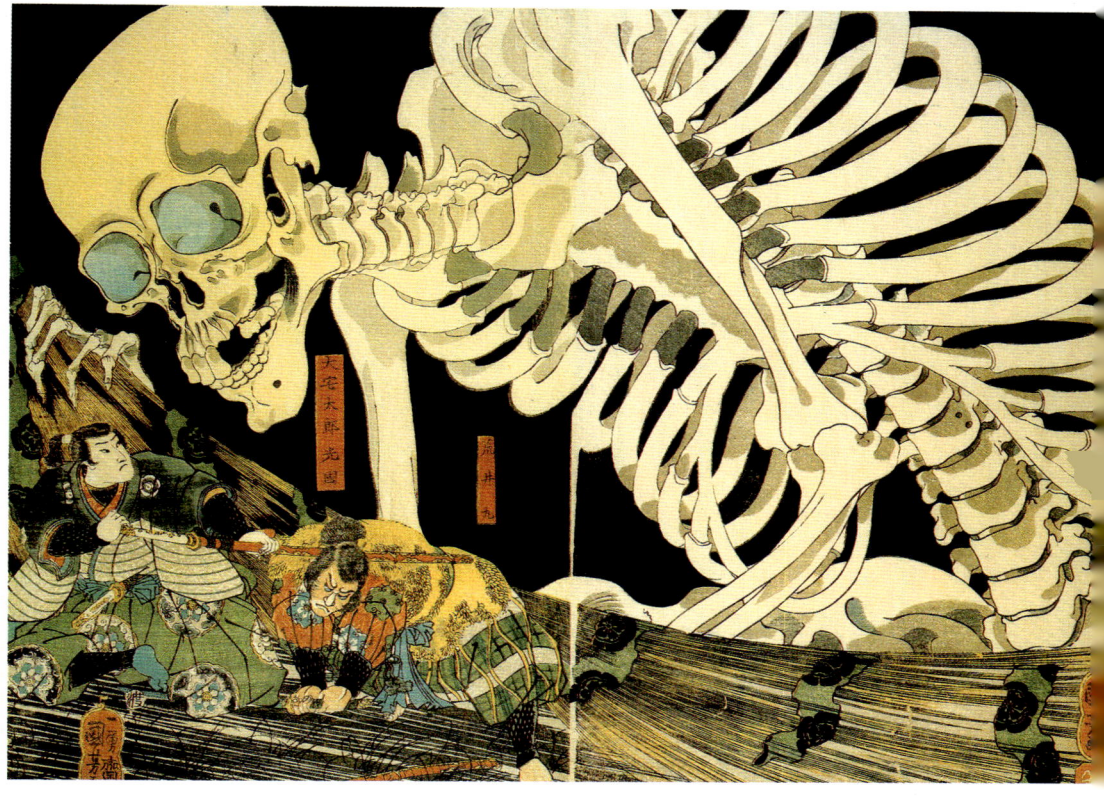

Oben: Utagawa Kuniyoshi (1797 bis 1861): «Der alte kaiserliche Palast von Sôma» (Sôma no kodairi; Ausschnitt aus einem Triptychon). Nishike-e-Vielfarbendruck.
Parallel zum Zerfall der alten Gesellschaftsordnung häuften sich in der japanischen Kunst des 19. Jahrhunderts die Darstellungen von Gespenstern und bedrohlichen Dämonen. Es war, als hätten die Künstler die bevorstehende Zeitenwende intuitiv erspürt.

191

gen Kämpfen niedergeschlagen wurden. Äußere Anlässe für diese Revolten waren Mißernten und Hungersnöte oder ein gewaltiger Anstieg des Reispreises infolge der Notwendigkeit, dieses Grundnahrungsmittel aus dem Ausland einführen zu müssen. Natürlich lagen den Aufständen auch Ursachen zugrunde, die weit über die Behebung einer Mangelsituation hinausgingen: Die Bauern strebten eine Reduzierung der Fronarbeiten und ihrer an die Daimyate zu entrichtenden Tribute an, sie verlangten eine Entlohnung ihrer Arbeit in Form von Geld oder Reis, ein Moratorium ihrer

blutiger Bauernaufstand ausbrach, wagte es der Maler Utagawa Kuniyoshi (1797–1861), die Zerschlagung dieser Revolte als Hintergrund einer Abbildung in seinem erotischen Bilderbuch *Hanagoyomi* (1835) zu verwenden.

In der von Utagawa abgebildeten Szene wird wiedergegeben, wie Aufständische, die in ein reiches Haus eingedrungen sind, Schiebetüren, Stellschirme und Schachteln heraustragen und bei ihrem Abzug Papierlaternen in die Luft werfen. Im Vordergrund sieht man eine Frau und einen Mann, die, wie auch die davoneilende

Oben: Utagawa Kuniyoshi, «Meeresdrache und Perlentaucherin» (Ryûgu tamatori hime no zu), Triptychon im nishike-e-Vielfarbendruck.
Auch in der ukiyo-e-Holzschnittkunst wurden zunehmend spannende Geschichten dargestellt, in denen Ungeheuer und andere Fabelwesen agierten.

Schulden und weitreichende Veränderungen im Beamtenapparat. Das Shogunatssystem wurde zwar nicht grundsätzlich in Frage gestellt, aber zweifelsfrei spielten Hoffnungen auf Veränderungen des Gesellschaftssystems zumindest unterschwellig in diesen Forderungen mit.

Die Aufstände wurden durch die herrschende Samurai-Schicht zunächst gewaltsam niedergeschlagen. Daß den Künstlern die Darstellung dieser Revolten untersagt war, verwundert nicht. Dennoch fanden mutige Künstler immer wieder Wege, die Verbote zu umgehen. Als nach 1833 infolge einer weiteren Mißernte abermals ein

Menge, Tücher um den Kopf gewickelt haben. Offensichtlich waren diese beiden, deren Liebesaffäre das vordergründige Motiv der Darstellung ist, an der Plünderung beteiligt. Der Mann sitzt über einem mitgebrachten Eßpaket *(bentô)*, doch die Frau äußert zweideutig, sie würde lieber etwas anderes tun als zu essen.

Die erotischen Bilder wurden ohne vorherige Zensur veröffentlicht und eigneten sich deshalb ideal für Kuniyoshis Absicht, das Motiv des Bauernaufstandes von 1833 in eine künstlerische Darstellung «einzuschmuggeln». Die Verknüpfung dieses Motivs mit der Erotik ist außerdem ein deutlicher Hinweis darauf, wo die eigentliche Kraft des Volkes lag, in welchem Bereich es sich unabhängig von der öffentlichen Ordnung und dem geltenden Wertesystem frei entfalten konnte und auf welche Weise es Widerstand gegen den scheinbar übermächtigen Herrschaftsapparat leistete.

Das Verlangen nach einer gesellschaftlichen Reform kam jedoch nicht nur in Gewaltakten zum Ausdruck; entsprechend finden sich in der Kunst auch andere Motive und Symbole, die mehr oder weniger deutlich eine Kritik am Shogunatssystem darstellten. Nach einem großen Erdbeben im Jahr 1855 kamen zum Beispiel die «Erdbebenfisch»-Bilder in Mode. Der «Erdbebenfisch» war aber nicht nur ein Symbol für die gewaltige zerstörerische Kraft einer Naturkatastrophe, sondern er verkörperte zugleich auch den Shintô-Gott einer «Weltenreform», die auf die Erschütterungen folgen sollte.

Im letzten Jahr vor dem Übergang von der Tokugawa- in die Meiji-Zeit löste die Nachricht, es werde Geldscheine auf die shintoistische Pilgerstadt Ise regnen, im Tôkai-Gebiet eine Masseneuphorie aus, die auf Kyoto, Osaka und Shikoku übergriff. Millionen von Menschen tanzten enthusiastisch in den Straßen und besangen den Beginn der Weltenreform.

Diese Ereignisse haben Eingang gefunden in das Bild *Hônenokagemairi-no-zu* von Ochiai (Utagawa) Yoshiiku (1833 – 1904). Die Szene spielt am Wasser, vom Himmel fallen Scheine herab, die mit den Worten *Daijingû* (Großschrein in Ise) oder *Amaterasu-sei Omikamigû* (Schrein der Sonnengöttin Amaterasu) beschriftet sind. Die Männer und Frauen schauen in den Himmel und versuchen, die Scheine mit den Händen zu ergreifen oder mit ihren Flechthüten aufzufangen.

So sehr in Darstellungen wie diesen auch der Wunsch nach einer «Weltenreform» zum Ausdruck kam, wußte vermutlich doch niemand, was für eine Welt er von der Zukunft erwarten sollte und konnte. Wenn sich Japan mit Beginn der Meiji-Zeit im Jahr 1868 auch wandelte wie nie zuvor in seiner Geschichte, waren es letztlich doch nicht die Volksbewegungen, die den Wechsel bewirkten. Den Ausschlag für das unwiderrufliche Ende des Tokugawa-Shogunats gab äußerlich die Bereitschaft der Regierung in Edo, mit den westlichen Mächten wie den USA, England und Frankreich Verträge abzuschließen. Dar-

aufhin leisteten fremden- und regierungsfeindliche Daimyate offenen Widerstand gegen das Shogunat; es brachen bürgerkriegsähnliche Zustände aus, in die ausländische Mächte eingriffen. Im November 1867 trat der letzte Shogun zurück, am 3. Januar 1868 übernahm der gerade fünfzehnjährige Tennô Mutsuhito beziehungsweise Meiji Tennô (1867 – 1912) die Regierungsgewalt. In den Jahren darauf wurde die «Verwestlichung» Japans eingeleitet.

Der legitime Nachfolger der Kunst Kuniyoshis war im ausgehenden 19. Jahrhundert kein Japaner, sondern der Franzose

Oben: Auszug aus den «Skizzenheften» von Katsushika Hokusai (Hokusai-Manga).
Der ukiyo-e-Künstler Hokusai (1760 – 1849) begann 1814 mit seinen Skizzenheften, die er bis zu seinem Tod weiterführte. Hokusai gehörte zu den japanischen Holzschnittmeistern, die einen großen Einfluß auf die französischen Impressionisten ausübten.

Rechts: Giuseppe Arcimboldo (um 1527–1593), «Das Wasser». 1566. Wien, Kunsthistorisches Museum. Kuniyoshis Neigung, in seinen Bildern zusammenzuführen, was in der Realität nicht zusammengehört, hatte, wie Arcimboldos aus Muscheln und Fischen zusammengesetzter Kopf beweist, in der fernwestlichen Kunst unter gänzlich andersartigen gesellschaftlichen und kulturellen Bedingungen frappierende Entsprechungen.

Oben und unten: Utagawa Kuniyoshi, «Eine junge Frau, die alt wirkt» (Toshiyori no yôna wakai hito da) *und «Ein Mann, der die anderen für dumm hält»* (Hito wo baka ni shita hito da).

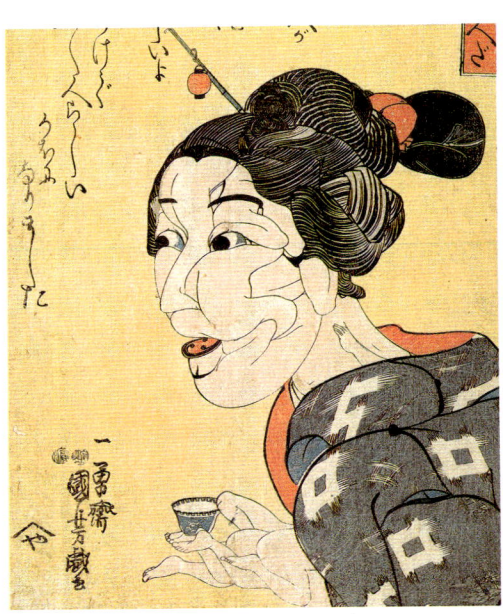

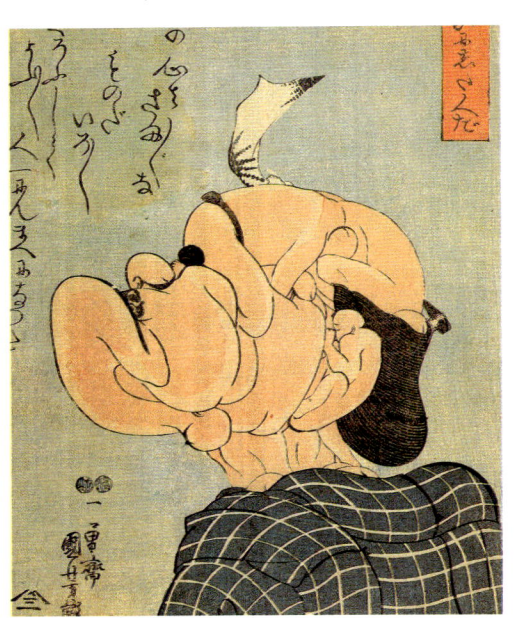

Georges Ferdinand Bigot (1860–1927), der von 1882 bis 1899 in Japan lebte. Bigot war in einer Zeit aufgewachsen, als in Paris die «Japonismus»-Mode grassierte, zu deren Wortführern Emile Zola zählte. Ein frühes Beispiel für den französischen Japonismus war das 1867/1868 entstandene Zola-Porträt von Edouard Manet.

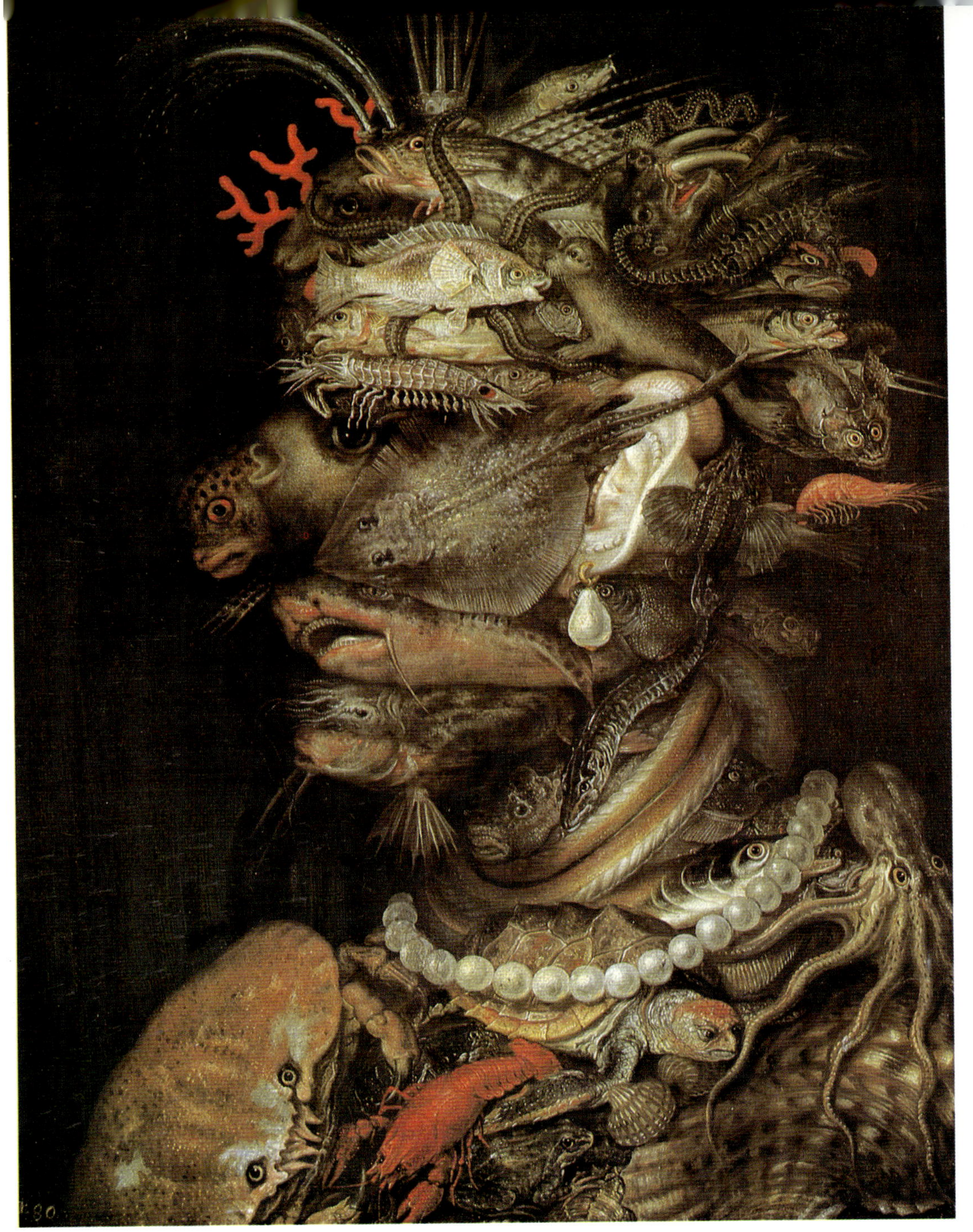

Bigot, der darüber hinaus auch von den Karikaturen Honoré Daumiers beeinflußt war, unterrichtete während seiner Jahre in Japan an der buddhistischen Privatschule von Nakae Chômin Französisch. Seine künstlerischen Arbeiten, die in dieser Zeit entstanden – Zeichnungen, Kupferstiche und Lithografien –, verraten eine äußerst scharfe Beobachtungsgabe und zeichnen sich durch unmanierierte Schlichtheit der Darstellung aus. Die bevorzugten Sujets Bigots waren japanische Landschaften und Fischerdörfer sowie Szenen aus dem japanischen Alltagsleben. Der Europäer, der das fernöstliche Land liebte, war jedoch zugleich auch ein Kritiker gesellschaftlicher Mißstände, die er scharf anprangerte. So karikierte er beispielsweise die Unterdrückung von Zeitungsreportern durch die Polizei, die Korruptheit und das ausschweifende Leben hoher Verwaltungsbeamter oder die ausgelassenen Feste im Rokumeikan-Viertel. Als 1899 die neue Verfassung des Landes in Kraft trat, die unter anderem auch das Niederlassungsrecht für Ausländer einschränkte, wurde Bigot des Landes verwiesen.

Abgesehen von vereinzelten Reaktionen auf aktuelle politische Geschehnisse, knüpfte die Kunst Japans im 19. Jahrhundert an Traditionen des vorhergehenden Jahrhunderts an. Aus den *ukiyo-e*-Holzschnitten, die in der zweiten Hälfte des 18. Jahrhunderts aufgekommen waren und deren Motive vorwiegend dem Leben im Freudenviertel Yoshiwara sowie dem Kabuki-Theater entlehnt waren, war die Landschaftsmalerei von Hiroshige, Hoku-

Stationen der Tôkaidô-Landstraße» (1833) von Andô Hiroshige (1797–1858), die vollständig individualisierte Landschaften in der Abenddämmerung, im Schnee, im Frühlingsregen oder unter den Einwirkungen eines Sommergewitters darstellen.

Dennoch ist die Natur, die Hiroshige malte, immer auch von der menschlichen Kultur durchdrungen, ist sie wiedergegeben mit der Sensibilität des Künstlers für ihre Formen und Farben. Die «Berühmten Ansichten von Edo», die Hiroshige in seinen letzten Lebensjahren schuf, bezeugen dies. Werke wie «Pflaumengarten, Kameido», «Abendregen über der Großen Brük-

sai und Kuniyoshi hervorgegangen. Diese Künstler beschränkten sich bei der Auswahl ihrer Motive nicht mehr auf Edo und seine nähere Umgebung, und sie konzentrierten sich vor allem nicht mehr ausschließlich auf die Darstellung «berühmter» Orte und Schauplätze, das heißt um Motive, die «literarische» Assoziationen hervorriefen und an den Betrachter mehr gedankliche als visuelle Ansprüche stellten. Vielmehr rückte nun die Beobachtung und Abbildung der wirklichen Natur und ihrer Vielfalt ins Blickfeld. Eines der hervorragendsten Beispiele für die Wiedergabe von Landschaften, wie sie sich in den Augen des Reisenden spiegeln, sind die «53

ke bei Atake», «Yabu-Straße unterhalb von Atago» und «Yoroi-Fähre, Koami-chô» sind Meisterwerke der Kompositionskunst Hiroshiges, die, je nach Erfordernis des Sujets, von einer friedlichen Atmosphäre oder von dramatischer Bewegung durchdrungen sind, in denen sich heftige Emotionen Geltung verschaffen und die fast immer den Duft des wirklichen Lebens ausatmen. Bisweilen steigt dem Betrachter der Bilder unwillkürlich der Duft wilder Aprikosen in die Nase, oder er meint das Klappern der Holzsandalen von Menschen zu vernehmen, die angesichts eines aufziehenden Gewitters davoneilen; die Kälte einer Winterlandschaft wird in diesen Bil-

Oben: Tsukioka Yoshitoshi (1839–1892), «Das Haus von Ôshû-Adachi-gahara» (Ôshû Adachi-ga-hara hitotsu ya no zu; Ausschnitt). 1885. Adachi-gahara ist ein legendärer Ort, an dem ein altes Dämonenweib gelebt haben soll. Dieses Bild, in dem die Alte ein Messer schärft, um anschließend den Bauch der Schwangeren aufzuschneiden und den Embryo zu essen, ist repräsentativ für die von sadistischen Motiven beherrschte Welt Yoshitoshis.

Oben links: Tsukioka Yoshitoshi, «Shirai Gompachi» (Ausschnitt). Das Bild zeigt Shirai Gompachi, der aus der Hölle kommt, um die Frau zu suchen, die er liebt.

dern ebenso spürbar wie die eigentümliche Atmosphäre eines ganz bestimmten Stadtteils. In Hiroshiges Kunst hat die japanische Landschaftsmalerei des 19. Jahrhunderts ihren Gipfelpunkt erreicht.

Eine weitere Tendenz der japanischen Malerei dieses Jahrhunderts stand in krassem Gegensatz zu den realistischen Naturschilderungen: die zahllosen Darstellungen von Geistern und Gespenstern, die erstmals gegen Ende des 18. Jahrhunderts aufgekommen waren. In diesen Werken stellten die Künstler mit zum Teil überschäumender Phantasie hochdramatische und oft grausame Szenen in grellen Farben dar.

Zu denen, die mit großer Vorliebe Monstren malten, zählte Katsushika Hokusai. Bei seinen phantastischen Bildern hat man oft den Eindruck, der Künstler habe sich nach dem Zeichnen einer Frauengestalt gefragt, wie das Bild wohl aussehen würde, wenn man den Hals übermäßig in die Länge zöge oder den Unterkörper wegfallen und den Oberkörper frei in der Luft schweben ließe. Hokusais Gespenster stellen gewissermaßen den Übergang von den Gesetzen der Wirklichkeit zu denen der Möglichkeit dar.

In der Geschichte «Das Schlüsselhaus» aus seiner Serie «Gespenstergeschichten» (fünf Drucke, 1804) kommt das Gespenst eines Dienstmädchens aus einem alten Brunnen heraus. Das Mädchen hatte sich in diesem Brunnen das Leben genommen, nachdem es versehentlich einen Teller seines Herren zerbrochen hatte. Vom Hals an abwärts besteht der Körper des Gespenstes nur aus einer schlangenartigen Tellerspirale, das bleiche Gesicht, im Profil gezeichnet, schwebt vor einem dunkelblauen Hintergrund und bläst etwas aus dem Mund heraus, das wie ein weißes Irrlicht aussieht. Aus den Augen des Mädchens scheint die Verbitterung zu sprechen, die unzähligen Dienstmädchen tief ins Herz geschrieben ist.

In dem Vielfarbendruck *Kohada Koheiji* aus derselben Serie zeigt Hokusai, wie der Totenschädel des vom Liebhaber seiner Frau ermordeten Wanderschauspielers Kohada Koheiji über einem Moskitonetz erscheint. Kohadas Frau und sein Mörder liegen, auf dem Bild nicht sichtbar, unterhalb dieses Netzes. Der Schrecken, der von dieser Darstellung ausgeht, liegt weniger in dem Motiv des Totenschädels begründet als in der Andeutung einer nicht sichtbaren Handlung unterhalb des Moskitonetzes so-

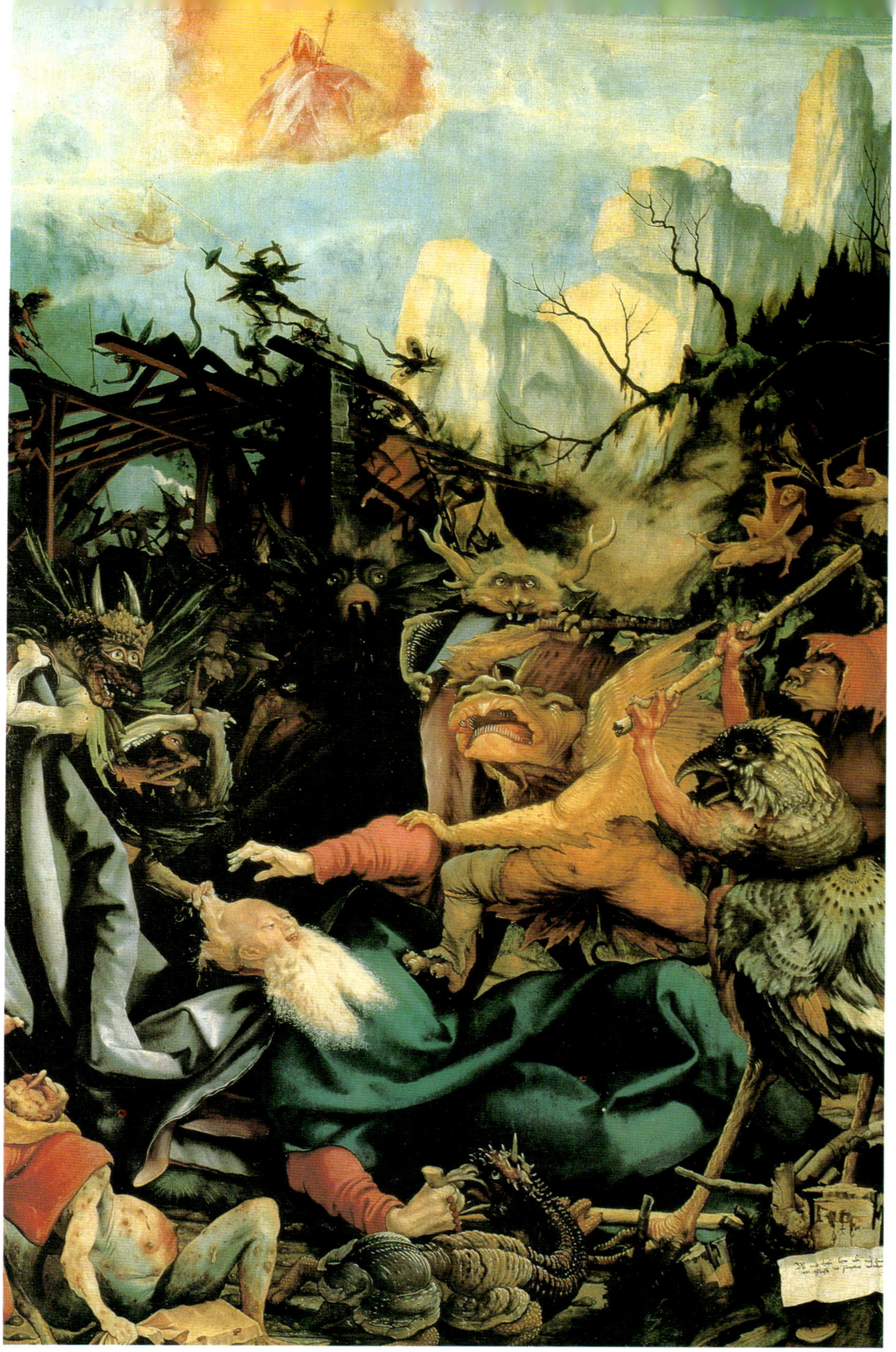

Gegenüberliegende Seite: Hieronymus Bosch (um 1450 – 1516), «Der Garten der Lüste». Mittelteil des gleichnamigen Triptychons aus dem Anfang des 16. Jahrhunderts. Madrid, Museo del Prado.

Oben: Die Ungeheuer-Statue («Regenfänger») an der Außenmauer von Notre-Dame de Paris (1163 – 1250) – ein Meisterwerk der europäischen Gotik.

Oben links: Matthias Grünewald (um 1472 – 1528), «Die Versuchung des Heiligen Antonius». Ausschnitt (geöffnet) aus dem «Isenheimer Altar» (1513 – 1515). Colmar, Musée d'Unterlinden.
Am Ausgang des Mittelalters, einer Zeit blutiger kriegerischer Auseinandersetzungen und verheerender Epidemien, herrschten auch in der europäischen Kunst Schreckensvisionen vor, die eine Endzeitstimmung zum Ausdruck brachten.

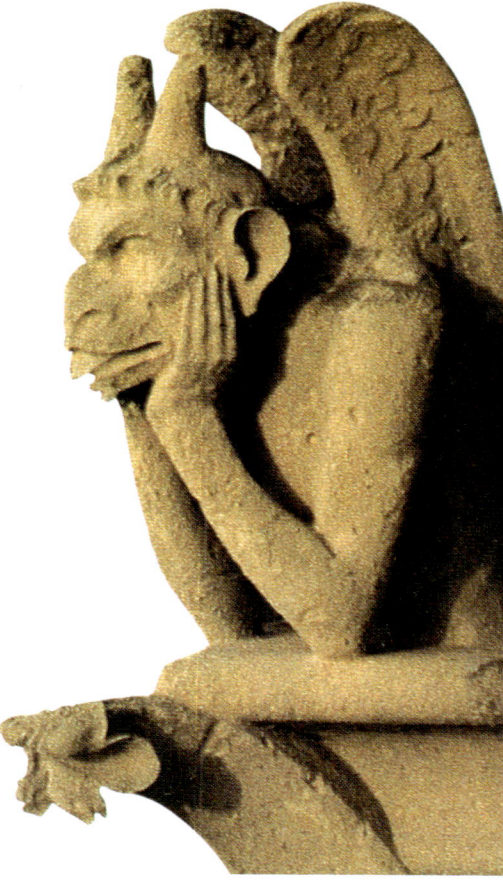

wie in der Androhung von Rache, die das Erscheinen des Geistes verheißt.

Berühmt ist Hokusais bizarre erotische Darstellung des Riesenkraken, der an den Schamteilen einer Frau saugt, die sich mit gespreizten Schenkeln in den Wellen zurückbeugt, das Gesicht in ekstatischer Verzückung. Gleichzeitig saugt ein kleiner Krake an ihrem Mund. Die Tentakeln der Kraken umschlingen und liebkosen den Körper der Frau vom Hals bis zum Bauch, von den Brustwarzen bis zur Hüfte.

Dieses Bild deutet nicht unbedingt auf sadistische Neigungen des Künstlers, sondern läßt eher die von kulturellen Tabus unterdrückten sexuellen Wünsche der Men-

INRI

ILLVM OPORTET
CRESCERE
ME AUTEM
MINVI

Oben: Matthias Grünewald, «Kreuzigung Christi», Mittelteil des «Isenheimer Altars» (geschlossen). Auch Darstellungen des gekreuzigten Christus gerieten an der Wende vom 15. zum 16. Jahrhundert auf zuvor nicht gekannte Weise naturalistisch-dramatisch, wofür der blutende und von Leichenflecken gezeichnete Körper Christi Zeugnis ablegt.

schen dieser Zeit ungewollt zum Vorschein kommen. In gewisser Weise ist der Krake Hokusai selbst, wie er jenseits aller gesellschaftlichen Reglementierung wäre.

In den *ukiyo-e*-Holzschnitten von Künstlern wie Kuniyoshi, Utagawa Kunisada (1786–1864) und Tsukioka Yoshitoshi (1839–1892), die übertrieben grausame Szenen in kräftig-grellen Farben zeigen, wird die Gattung der Spukbilder begründet. Kunisadas originellste Monstren finden sich in dem illustrierten Buch «Neue Geschichten aus der Izumi-Quelle», wobei wiederum das Monströse mit dem Sexuel-

len verknüpft ist. Kunisadas Riesen etwa verblüffen besonders durch ihre Geschlechtsorgane: diejenigen seiner Riesenfrauen sind so gewaltig, daß ein normal gewachsener Mensch in sie hineinpaßt; und die Geschlechtsteile der männlichen Riesen haben annähernd die doppelte Länge einer durchschnittlich großen Frau.

In dem Bild «Der alte kaiserliche Palast von Sôma» beugt sich ein riesenhaftes weißes Skelett, das aus der Finsternis heraustritt, über einen Mann, der mit einem langen Schwert zum Kampf bereit steht. Wenn die überproportionalen Geschlechtsteile der Riesen als Symbole für das Leben

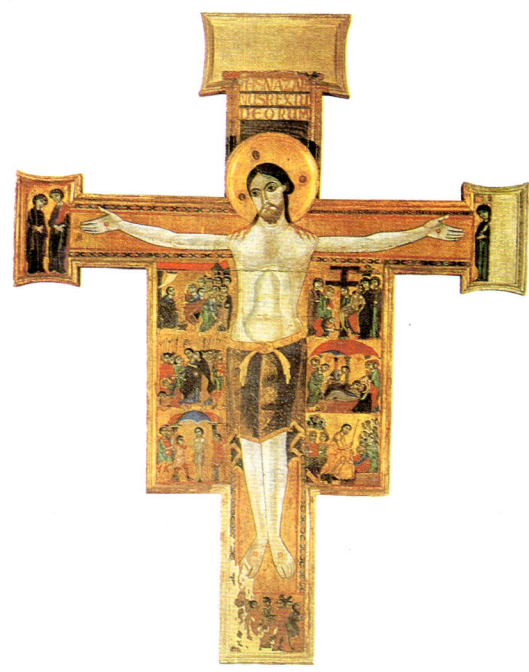

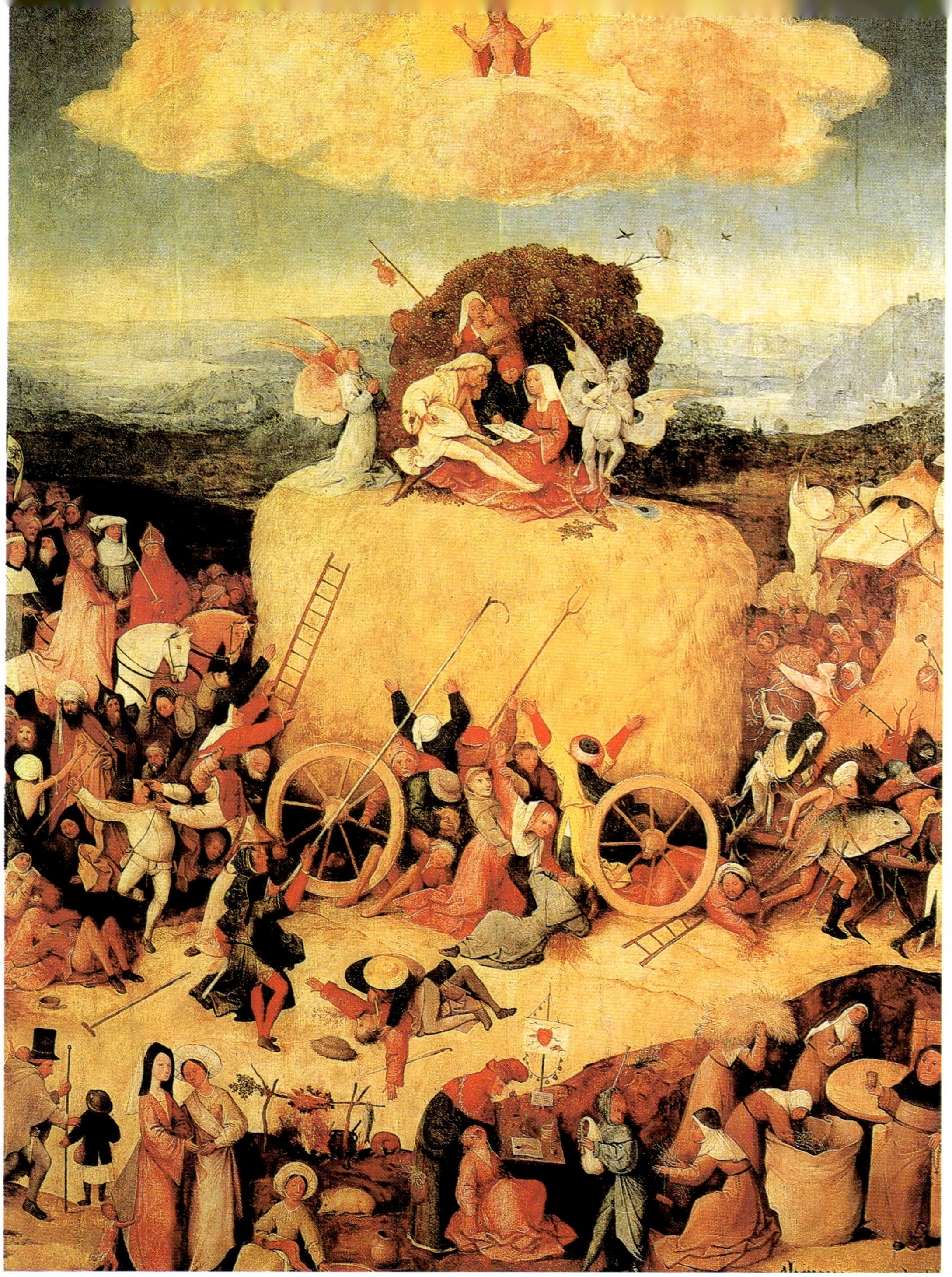

Oben: «Kruzifix», Ende des 12. Jahrhunderts. Florenz, Uffizien. Der Körper Christi weist keine Wunden auf und blutet nicht. Der Gesichtsausdruck ist friedlich, die Augen sind geöffnet.

gedeutet werden können, dann kommt in dem riesenhaften Skelett die Furcht vor dem Tod zum Ausdruck. Freilich handelt es sich in beiden Fällen um Symbole, die außerhalb des gesellschaftlich akzeptierten semiotischen Systems lagen und in denen sich unbewußte Wünsche und Ängste Geltung verschafften.

Yoshitoshis Bild «Das Haus von Oshû-Adachi-gahara» (1885) kann als Beispiel für eine besonders grausame Darstellung genommen werden: Eine alte Hexe kniet auf dem Boden und schärft ein Messer, mit dem sie den Bauch einer Schwangeren aufschneiden will, um den Embryo herauszuholen und ihn anschließend aufzuessen. Die Schwangere schwebt, mit einem Strohseil an den Fußgelenken aufgehängt, kopfunter über der Hexe. Das Lendentuch, das die Beine der Frau bis zur Hüfte bedeckt, ist dunkelrot, Bauch und Brüste sind entblößt und schneeweiß, der Mund des wehrlosen Opfers ist geknebelt.

Kurz nachdem Yoshitoshi dieses Bild, das auf eine Geschichte des Kabuki-Theaters beziehungsweise auf ein von Chikamatsu Hanji für das Jôjuri-(Puppen-)Theater geschriebenes Stück zurückgeht, gemalt hatte, wurde er wahnsinnig; er starb wenige Jahre später.

Oben links: Hieronymus Bosch, «Der Heuwagen». Mitteltafel des gleichnamigen Triptychons. Ende des 15. Jahrhunderts. Madrid, Museo del Prado.
Auf dem linken Flügel des Triptychons wird «Das irdische Paradies», auf dem rechten «Die Hölle» dargestellt. Um den Heuwagen, der von Teufeln in Richtung Hölle gezogen wird, drängen sich streitsüchtige Menschen aus allen Schichten des Volkes, und weltliche Herrscher folgen dem Wagen.

Darstellungen von Monstren und Gespenstern wurden gegen Ende des 19. Jahrhunderts seltener, was auch damit zusammenhing, daß sich japanische Maler zunehmend der westlich-europäischen Ölmalerei zuwandten, und zwar noch vor jener Phase, in der Aufenthalte junger Künstler in Paris zum Erlernen neuer Techniken in Mode kamen. Asai Chû (1856–1907), der an der Kôbu-Kunstschule bei dem in Japan lebenden italienischen Maler Antonio Fontanesi studiert hatte, ist in diesem Zusammenhang ebenso zu erwähnen wie auch Takahashi Yûichi (1828–1894), der sich die Techniken der Ölmalerei autodidaktisch aneignete.

Harada Naojirô (1863–1899) und Kuroda Seiki (1866–1924) studierten dann schon in Europa, der eine in München, der andere in Paris. Beide übernahmen nicht nur die Techniken der Europäer, sondern orientierten sich auch inhaltlich-thematisch am Akademismus dieser Epoche und malten vorzugsweise alltägliche Motive im naturalistischen Stil. Visionen und Gespenster wurden von ihnen und ihren Nachfolgern nahezu völlig aus der Kunst vertrieben – und mit ihnen wurde gewissermaßen auch die Phantasie davongejagt. Das Unterbewußtsein, das den Werken von Hokusai oder Yoshitoshi ihre gleichermaßen faszinierende wie verstörende Wirkung auf den Betrachter verliehen hatte, kam fortan nur mehr in der traditionellen Volkskultur zum Ausdruck.

Monstren – Symbole des Untergangs

Monstren, Dämonen *(oni)* und Gespenster tauchen in der japanischen Kunst nicht erst in der späten Tokugawa-Zeit auf. Bereits aus der Heian-Zeit sind die «Erzählungen aus Ise» oder die «Konjaku-Erzählungen» überliefert, die Geschichten enthalten, in denen Menschen von bösen Geistern aufgefressen werden. Andere literarische Werke wie die «Erzählung vom Prinzen Genji» oder «Großer Spiegel» handeln von rächenden oder Totengeistern, die Menschen erschrecken, Besitz von ihnen ergreifen und sie töten.

Bilder mit entsprechenden Motiven sind aus früheren Epochen kaum erhalten geblieben, obwohl im Anschluß an die Kamakura-Epoche bis in die Muromachi-Zeit hinein häufig Monstren bildlich dargestellt wurden, beispielsweise in der Querrolle «Nächtliche Prozession der 100 Geister» (Daitoku-ji-Tempel, Shinju-an) aus dem 16. Jahrhundert. Bei den Geistern, die in dieser Rolle dargestellt sind, handelt es sich fraglos um Dämonen und nicht um die Seelen Verstorbener.

Neben den *oni* in menschlicher Gestalt mit Hörnern und furcherregenden Gesichtern finden sich des weiteren Gespenster, die Vögeln und Tieren ähneln oder manchmal gar die Gestalt eines unbelebten Objekts, beispielsweise eines Instruments oder eines Topfes, annehmen. Das «Geschirr-Gespenst» etwa ist ein farbenprächtiges Bild, das mit feinen Pinselstrichen nahezu «realistisch» ausgestaltet ist. Menschen kommen überhaupt nicht vor, nur eine Prozession von Geistern, die sich gegenseitig verfolgen, sich erschrecken und voreinander fortlaufen. Aber es gibt in diesem Bild keine einzige Szene einer brutalen Rauferei oder einer Gewalttat.

In den Darstellungen auf der *Tsukumo-gami*-Querrolle aus der Muromachi-Zeit (Gifu-Sujin-Tempel) attackieren übernatürliche Wesen die Menschen. Alte Gerätschaften, die beim Entrußen eines Ofens weggeworfen wurden, verwandeln sich in Geister, die einen Rachefeldzug starten. Sie töten Menschen, Rinder und Pferde, plündern und veranstalten lärmend ein Fest-

Gegenüberliegende Seite: Francisco de Goya (1746–1828), «Der Koloß». Um 1808–1812. Madrid, Museo del Prado. Der Koloß, der inmitten der vor ihm fliehenden Menschenmenge steht und über die dunklen Wolken hinausragt, symbolisiert den in Spanien eingefallenen Napoleon.

Oben: Victor Hugo (1802–1885), Zeichnung. Paris, Maison de Victor Hugo.
In dem riesenhaften Pilz ist ein menschliches Gesicht zu erkennen. Die phantastischen Zeichnungen des Schriftstellers Victor Hugo erscheinen oft wie apokalyptische Visionen eines sich ankündigenden Weltendes.

Rechts: «Das Buch der Erdspinne»
(Tsuchigumo sôshi; *Ausschnitt*).
*14. Jahrhundert. Nationalmuseum
Tokyo.
Aus dem Bauch des besiegten
Ungeheuers quellen reihenweise
Totenschädel heraus. Wie Jahrhunderte
später, am Ausgang der Tokugawa-Ära,
war auch das 14. Jahrhundert in Japan
eine Zeit heftiger gesellschaftlicher
Auseinandersetzungen und blutiger
Bauernaufstände. In beiden Phasen
traten Künstler verstärkt mit Bildern
hervor, deren grausame Sujets als
Symbole des allgemeinen Zerfalls und
einer ungewissen Zukunft gedeutet
werden können.*

essen zur Feier ihres Sieges. Die Szenen des
Plünderns und Tötens freilich werden nur
mit Worten beschrieben, während das Ge-
lage bildlich dargestellt ist.

Auffällig ist, daß Gespenster und Monstren gerade im 14. Jahrhundert, von der
Namboku-chô-Periode am Ende der Kamakura-Zeit bis in die Muromachi-Zeit
hinein, die bildende Kunst in großer Zahl
bevölkern. Eine Ursache ist sicher darin zu
sehen, daß diese Zeit von heftigen Auseinandersetzungen zwischen den Daimyaten
sowie durch Bauernaufstände geprägt war.
Hinzu kam, daß sich gleichzeitig die hö-
fisch-aristokratische Kultur der Heian-Zeit
zunehmend auch auf ländliche Gebiete und
auf die gesellschaftlich niederen Schichten
ausbreitete; das Nô-Spiel und die Kettendichtungen gewannen beim Volk an Beliebtheit. In dem Maße, wie die kulturelle
Hegemonie der feudalen Adelsschicht auf-
geweicht wurde, geriet auch das politische

Machtgefüge ins Wanken: Die Zentralregierung in Kyoto hatte die Zügel nicht
mehr annähernd so straff in der Hand wie
in früheren Zeiten. Die Shogune der Ashi-
kaga-Familie, die seit 1338 herrschten und
mit der Verlegung des Regierungssitzes
nach Muromachi im Jahr 1392 der Epoche
ihren Namen gaben, konnten so zwar kulturell an die Traditionen der Heian-Zeit
anknüpfen, doch gelang es ihnen nicht, das
Land nach dem Vorbild der früheren Epoche politisch zu hegemonialisieren.

Parallelen zwischen dem verstärkten Auftreten von Dämonen und Monstren im
14. Jahrhundert und in der späten Tokugawa-Zeit liegen auf der Hand, wenngleich, wie gesehen, erste Darstellungen
von Gespenstern bereits um die Wende
vom 18. zum 19. Jahrhundert auftraten, zu
einer Zeit also, als das Shogunatssystem
recht stabil war. Selbst die oft grausamen
Bilder Hokusais oder Kuniyoshis aus der

202

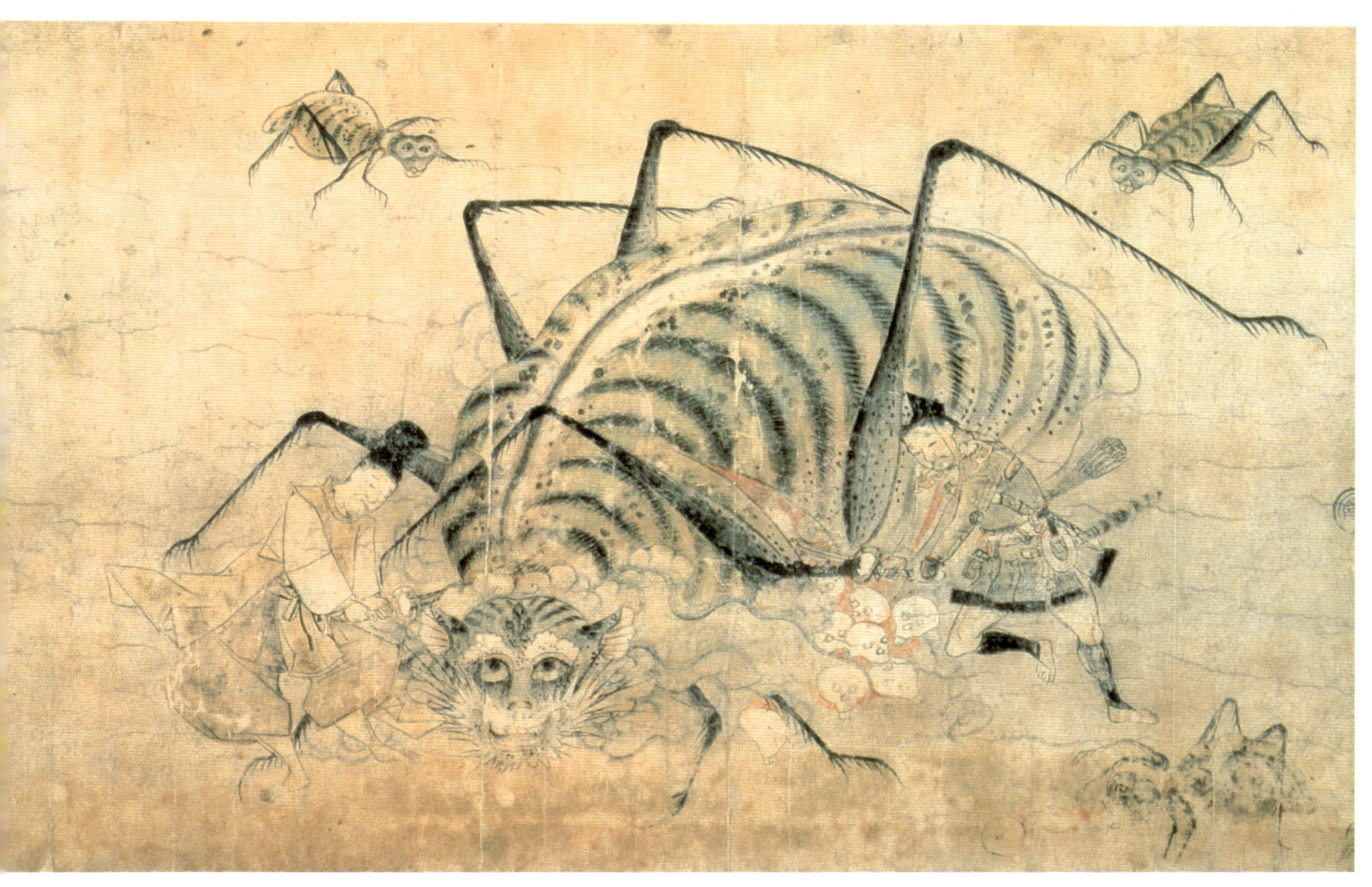

ersten Hälfte des 19. Jahrhunderts wurden noch unter verhältnismäßig ruhigen gesellschaftlichen Verhältnissen gemalt. Eine Zeit der Unruhen und der Auflösung der überlieferten Ordnung war erst die zweite Jahrhunderthälfte.

So gesehen kündete sich im Edo des frühen 19. Jahrhunderts das Ende einer Kultur an, ohne daß schon von der allgemeinen Zersetzung des Gesellschaftssystems die Rede sein konnte. Ein Symptom des Niedergangs war die Verfeinerung der Wollust: Im Freudenviertel von Yoshiwara suchte man intensiv nach immer ausgefalleneren Anregungen zu möglichst sensiblen Genüssen. Die Kabuki-Theaterstücke gerieten zunehmend spannungsreicher, auf den Bühnen tauchten – wie auch auf den Holzschnitten – immer häufiger Skelette, Geister und Gespenster auf, mit wirrem Haar, leichenblassen Gesichtern, oft verstümmelt und meist in weiße Leichengewänder gekleidet.

Bei den Geistern handelte es sich in der Regel nicht um hohe Amtsträger oder berühmte Personen aus der Geschichte des Landes, sondern um einfache Frauen aus dem Volk, die aus Gram über ihr schlimmes Schicksal zu Lebzeiten den Nachgeborenen erschienen.

Skelette wiederum symbolisierten nicht wie in der Malerei und dem religiösen Drama des europäischen Mittelalters den Tod im allgemeinen, sondern sie verkörperten stets ein konkretes verstorbenes Individuum. Entsprechend erinnerte ihr Erscheinen auf der Bühne oder auf Bildern und Holzschnitten den Menschen nicht an seine Vergänglichkeit als Gattungswesen, sondern es appellierte konkret an die Todesfurcht jedes einzelnen Individuums.

Wenn sich in Edo im frühen 19. Jahrhundert das Ende einer kulturellen Epoche ankündete, ohne daß damit (schon) politische Wirren einhergingen, stellt dies einen scharfen Kontrast zu der Entwicklung dar, die im 17. Jahrhundert in China den Übergang von der Ming- zur Qing-Dynastie begleitete; dort nämlich erwies sich eine kontinuierliche und beständige Kultur als Ruhepol in einer Zeit gewaltiger gesellschaftlicher Umwälzungen.

Literatenmaler wie Badashanren und Shitao, die aus der Ming-Familie stammten, malten zu Beginn der Qing-Dynastie keineswegs Skelette, Gespenster oder Dämonen, sondern, ganz in der Tradition der Song- und Yuan-Malerei, weiterhin Vögel, Fische, Lotosblüten, Landschaften und natürlich Menschen.

führen, daß die Welt, die Hieronymus Bosch malte, für die Menschen unbewohnbar geworden war.

Es ist nicht ohne weiteres möglich, Boschs apokalyptische Visionen eines bevorstehenden Weltuntergangs als Beleg für eine allgemein in seiner Zeit vorherrschende Stimmung zu nehmen. Denn wenngleich seine unheimlichen Wesen und monströsen Gestalten in der Malerei Pieter Brueghels d. Ä. (um 1525–1569) ihre Fortsetzung fanden, malten doch andere Künstler zur nahezu selben Zeit weiterhin eher beschauliche Bilder im realistischen Stil. Zufällig war es dennoch nicht, daß die alptraum-

Oben: Utagawa Kuniyoshi, Gensanmi Yorimasa Nue-taiji. *Um 1819–1829. Das Bild greift eine Gespenstergeschichte aus dem 13. Jahrhundert auf. Der Körper des Ungeheuers Nue ist aus einem Affen, einem japanischen Dachs, einer Schlange und einem Tiger zusammengesetzt. Die kraftvolle Komposition des Hintergrundes mit den bedrohlichen schwarzen Wolken symbolisiert den Donner.*

Einen weiteren Vergleichsmaßstab zu den beiden Phasen der japanischen Kunstgeschichte, in denen verstärkt Dämonen und Gespenster auftraten, bietet die europäische Malerei des 15. Jahrhunderts, die ebenfalls von einer Endzeit-Stimmung geprägt war. In den großformatigen Werken von Hieronymus Bosch (1450–1516) wimmelt es von bedrohlichen übernatürlichen Wesen jedweder Art – von mißgestalteten Insekten, Reptilien, Amphibien, Fischen. Naturkatastrophen, zum Beispiel ein Vulkanausbruch, tragen das Ihrige dazu bei, dem Betrachter der Bilder vor Augen zu

haften Gemälde des Hieronymus Bosch im – wie der niederländische Kulturhistoriker Johan Huizinga sagt – «Herbst des Mittelalters» entstanden, in einer Zeitenwende, die geprägt war von kriegerischen Auseinandersetzungen, Hungersnöten und dem Auftreten der Pest, die Millionen von Menschen dahinraffte.

Die Gespenster und Dämonen am Ausgang des 15. Jahrhunderts waren gleichermaßen Symptome für das nahende Ende einer Epoche wie Jahrhunderte später in Japan, als mit dem Zerbrechen des Tokugawa-Systems die Geschichte einer von der

Unten: Odilon Redon (1840 – 1916):
«Der Zyklop». Um 1900. Otterlo
(Niederlande), Rijksmuseum Kröller-
Müller.

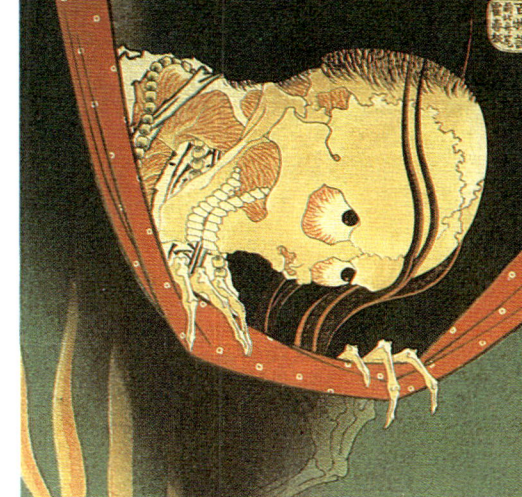

Außenwelt strikt isolierten Zivilisation und Gesellschaft unwiderruflich endete. Fraglos haben die japanischen Künstler des 19. Jahrhunderts nicht vorausgesehen, welcher Weg der Verwestlichung und Modernisierung dem Land bevorstehen sollte; aber daß eine einschneidende Zäsur sich ankündigte, scheinen sie dennoch intuitiv erspürt zu haben.

Oben: Katsushika Hokusai, «Das Schlüsselhaus»
(Banchô Sara-yashiki). *Aus der Sammlung*
«Gespenstergeschichten». Fünf Drucke. Um 1804.

Rechts: Katsushika Hokusai, Kohada Koheiji.
Aus der Sammlung «Hundert Erzählungen»
(Hyaku monogatari). *Um 1837. Nishiki-e-*
Vielfarbendruck.

Tokyo, eine Stadt ändert sich

Das heutige Tokyo mit seiner extrem hohen Einwohnerzahl ist nur mit den am dichtesten besiedelten Metropolen der Welt zu vergleichen, beispielsweise mit Mexico City, der mit mehr als zehn Millionen Einwohnern bevölkerungsreichsten Stadt der Welt. New York und Los Angeles, Bombay und Kalkutta oder auch Paris und London bieten weitere Vergleichsmaßstäbe. Der geringe Ausländeranteil aber verleiht dem Leben in der Hauptstadt Japans ein Gepräge, das sich stark von den Erscheinungsbildern europäischer oder nordamerikanischer Metropolen unterscheidet. Das Nebeneinander der verschiedenartigsten ethnischen

Oben: Utagawa Hiroshige II. (1826 – 1869), «Tokyo-Landschaft: Die Kyô-Brücke und die gepflasterte Ginza-Straße mit den Handelshäusern in Ziegelbauweise». 1874. Triptychon im nishiki-e-Vielfarbendruck. Kunstmuseum der Präfektur Kanagawa.

Gegenüberliegende Seite: Das Shinjuku-Viertel in Tokyo.

und kulturellen Einflüsse, das für New York wie für Paris gleichermaßen charakteristisch ist, sucht man in Tokyo vergebens. Hier leben fast ausnahmslos Japaner, die sich ähnlich kleiden, die ein und demselben Lebensrhythmus folgen und im wesentlichen dieselben Vorlieben und Abneigungen teilen. Dadurch erscheint das Leben in dieser Stadt gleichförmiger und in gewisser Hinsicht auch eintöniger als in Städten, in denen die Idee der multikulturellen Gesellschaft längst schon Realität geworden ist.

Ein weiteres Charakteristikum dieser Stadt ist ihre gewaltige Ausdehnung. Tokyo überschreitet als Ort politischer, wirtschaftlicher und kultureller Aktivitäten den administrativen Bereich der eigentlichen Hauptstadt bei weitem. Westlich dehnt es sich über den Tama-Fluß bis zur Kanagawa-Präfektur aus, nach Osten hin reicht es über den Edo-Fluß hinaus bis zur Chiba-Präfektur, und nördlich zieht es sich bis tief in die Kantô-Ebene hinein. Diese gewaltige Fläche, die in ihrer Gesamtheit «das Gebiet der Hauptstadt» ausmacht, erhebt Tokyo in den Status der topographisch größten Metropole der Welt.

Die Ausdehnung Tokyos erfolgte und erfolgt mehr oder weniger ungeordnet: Wenn auch eine partielle Planung für das Marunouchi-Viertel oder für Shinjuku, das

zweite Stadtzentrum, nachzuweisen ist, so fehlt doch eine die gesamte Stadt umfassende Städteplanung. Dies ist die dritte Eigentümlichkeit Tokyos: In einer Stadt, die sich wie von selbst ausbreitet, gibt es keine Ordnung. In dem einen Bezirk stehen Betonhäuser dicht gedrängt nebeneinander, und die Überlandstraßen laufen durch ihn hindurch; in dem anderen Bezirk stehen unzählige einstöckige Häuser auf engster Fläche, wobei die schmalen Gassen von früher erhalten geblieben sind.

Natürlich gibt es solche Widersprüche nicht nur in Tokyo, aber hier fallen sie besonders deutlich auf – und das im positiven Sinne. Wenn eine Großstadt nur aus Betonhochhäusern und breiten, schachbrettartig oder strahlenförmig angelegten Straßen besteht, wirkt sie auf den Betrachter und die Menschen, die in ihr leben, kalt und leblos. Für den Autoverkehr ist das bequem, aber ein Spaziergang wird in einer solchen Atmosphäre zu einem traumatischen Erlebnis. Menschen gehen lieber durch beschauliche, enge Gassen, wo sie hier und da stehenbleiben, mit anderen Menschen sprechen oder etwas entdecken können. Diese Gassen sind mit der Wärme der Menschen und dem Duft des Lebens angefüllt, und dies ist für einen Stadtbewohner ganz besonders wichtig.

Ein viertes Charakteristikum, durch das sich Tokyo von den meisten anderen Großstädten unterscheidet, sind die Sicherheit und die Sauberkeit, die auf den Straßen herrschen. In Tokyo muß man nicht in ständiger Angst vor einem Überfall leben. Unter den Millionenstädten der Welt gibt es nur wenige mit einer vergleichsweise geringen Kriminalität. Wer sein Portemonnaie im Auto vergessen hat, muß sich nicht sorgen, daß es sofort gestohlen wird. Und eine Frau, die zu später Stunde allein unterwegs ist, kommt fast immer unbelästigt und wohlbehalten zu Hause an.

Hinzu kommt, daß die Straßen, Bürgersteige, Bahnen und Busse Tokyos außergewöhnlich sauber sind. Die «kleinen» europäischen Großstädte wie Stockholm oder Genf vermitteln einen ähnlichen Eindruck, aber Megastädte wie Paris oder New York drohen im Schmutz zu ersticken; dieser Gefahr ist Tokyo entgangen.

Sauberkeit und Schönheit sind allerdings zwei verschiedene Dinge. Wenn man das Erscheinungsbild einer Großstadt vom ästhetischen Standpunkt aus betrachtet, würden viele Menschen Tokyo als häßlich

Oben: Das Daiei-Immobilien-Haus, Nihonbashi, Tokyo. Das Gebäude, in dem ursprünglich Hanf verarbeitet wurde, entstand im Jahr 1915 nach einem Entwurf von Tatsuno Kingo (1854 – 1919). Der vierstöckige Ziegelbau wurde 1987 wegen des Baus einer Schnellstraße abgerissen.

*Gegenüberliegende Seite unten: Kobayashi Kiyochika, «Die Kaiun-Brücke und die Daiichi-Nationalbank im Schnee». Nishiki-e-*Vielfarbendruck.* 1876.*
In seiner Holzschnittserie «Berühmte Ansichten von Tokyo» dokumentierte Kobayashi die Erneuerung und Verwestlichung Japans zu Beginn der Meiji-Zeit.

bezeichnen. Im Hinblick auf den Charme der Stadtbilder ist die japanische Hauptstadt Paris oder Rom zweifellos unterlegen. In London findet der Besucher mehr schöne Plätze als in Tokyo, und selbst das verrufene New York hat durchaus seine ganz eigene Schönheit.

Die japanische Kultur ist im Hinblick auf die Ästhetisierung von Gegenständen des alltäglichen Gebrauchs im weltweiten Vergleich ziemlich einzigartig: Es gibt nur wenige Länder, in denen Möbel in einem solchen Ausmaß kunsthandwerklich verfeinert worden wären wie beispielsweise im japanischen Tee-Zimmer. Vor diesem Hintergrund wirkt die fehlende Schönheit Tokyos um so überraschender, und der entscheidende Grund hierfür ist im bereits erwähnten Fehlen eines verbindlichen städtebaulichen Konzepts zu sehen.

Eine Stadt wird nur schön, wenn eine bewußte Absicht für ihre Verschönerung besteht. In den privaten Wohnungen der Japaner finden sich überall Belege für einen ausgeprägten ästhetischen Sinn und Spuren einer Kontinuität des traditionellen Lebensstils. Schaut man hingegen auf die öffentlichen Räume, dann wirkt das Ganze gesichts- und geschichtslos. Gewiß gibt es unter den Gebäuden, die von modernen japanischen Architekten erbaut wurden, auch reizvolle Beispiele. Daß sich aber eine architektonische Sensibilität für die Ästhetik von ganzen Straßenzügen oder gar für die gesamte Stadt durchsetzen würde, davon kann derzeit nicht gesprochen werden. Die Stadtverwaltung beschränkt sich bei ihren Eingriffen in den architektonischen Wildwuchs ausschließlich auf Fragen der Zweckmäßigkeit, das heißt, man achtet beispielsweise darauf, daß gesetzliche Vorschriften für den Schutz der Bauten gegen Erdbeben eingehalten werden. Ansonsten aber ist nahezu alles möglich und erlaubt.

Eine weitere Besonderheit, die Tokyo auszeichnet, ist die extreme Geschwindigkeit, mit der sie sich verändert. Schon nach einem Jahr der Abwesenheit stellt sich oft der Eindruck ein, daß man die Stadt kaum noch wiedererkennt. Die rasende Geschwindigkeit dieser Veränderungen zieht große Probleme nach sich; denn meist bleibt dabei unberücksichtigt, daß wirtschaftliche und architektonische Dynamik eigentlich im Einklang mit der natürlichen Umgebung und den gewachsenen Lebensumständen stehen sollten. Aber in Tokyo hängt man nicht an der Vergangenheit und achtet nicht auf sie, sondern man erneuert ohne jede Rücksichtnahme alles.

Natürlich müssen Probleme der Luft- und Wasserverschmutzung, der Abfallbeseitigung und der Kanalisation, des Wohnungsbaus und des Verkehrs dringend gelöst werden, und dies erfordert ständig neue Planungen und neue Einrichtungen. Ohne daß man Altes abreißt und Neues aufbaut, gibt es in keiner Großstadt Fortschritt. Aber wenn Altes allzu schnell abgerissen und durch Neues ersetzt wird, verliert eine Stadt leicht ihren (historischen) Charakter: Es gibt dann keinen Ort mehr, der an die Vergangenheit erinnert. Genau das ist mit Tokyo geschehen: Die Stadt leidet gewissermaßen an einem beängstigenden Gedächtnisverlust.

Eine solche Entwicklung ist jedoch nicht zwangsläufig. Warschau beispielsweise wurde im Zweiten Weltkrieg weit stärker zerstört als Tokyo, doch das historische Zentrum der polnischen Hauptstadt ist unter erheblichem Kostenaufwand in seiner früheren Form wiederaufgebaut worden. Für den Aufbau eines neuen – zudem noch leistungsfähigeren und gesünderen – Stadtkerns wäre nur ein Bruchteil dieser Kosten angefallen, aber die Bürger von Warschau entschieden sich trotzdem gegen den Fortschritt und für die Geschichte ihrer Stadt. Die unterschiedlichen Erscheinungsbilder Tokyos und Warschaus erklären sich so unabhängig von allen kulturellen wie architektonischen Besonderheiten auch aus differenten Haltungen ihrer Bewohner gegenüber der Tradition.

In Wien, um noch ein weiteres Beispiel anzuführen, wurde während des Zweiten Weltkriegs die Staatsoper zerstört. Die Einheimischen aber, die weder genügend Lebensmittel noch Kleidung noch Kohle zum Heizen besaßen, führten unmittelbar nach Kriegsende in einem anderen Theater schon wieder Opern auf und restaurierten gleichzeitig das zerstörte alte Gebäude. Die Fassade wurde historisch getreu wiederher-

gestellt, und auch auf das alte Erscheinungsbild der Innenausstattung legte man großen Wert.

Es ist anzunehmen, daß ein Neubau weit billiger zu realisieren gewesen wäre. Aber die Musik Mozarts läßt sich eben nicht von der historischen Staatsoper trennen, die

Oben: Die Daiichi-Nationalbank an der Kaiun-Brücke (1872). Kunstmuseum der Präfektur Kanagawa.

Oben: Die Babasakimon-Straße in Tokyo erinnert stark an das Stadtbild Londons. Rechts erkennt man das Mitsubishi-Haus Nr. 1 aus dem Jahr 1894, das beim Wiederaufbau des Marunouchi-Viertels nach dem Zweiten Weltkrieg zunächst erhalten blieb, später aber abgerissen wurde.

Unten: Detailaufnahme des Mitsubishi-Hauses Nr. 1, das nach Plänen des englischen Architekten Josiah Conder (1852 – 1920) errichtet wurde.

ihrerseits untrennbar mit dem Stephansdom und dem gesamten Kern der Hauptstadt Österreichs verschmolzen ist.

Im Festhalten an einer historisch gewachsenen Architektur zeigt sich auch ein Bewußtsein für die kulturelle Identität und Kontinuität einer Stadt, das man in Tokyo vergebens sucht. Das Tempo, mit dem sich die Stadt verändert, bleibt natürlich nicht ohne Einfluß auf ihre Bewohner, auf deren physische und psychische Verfassung. Seelische Labilität, Neurosen und die zunehmende Oberflächlichkeit des modernen Lebens sind Folge- und Begleiterscheinungen eines sich überschlagenden gesellschaftlichen und wirtschaftlichen Fortschritts; die fehlende Schönheit des Stadtbildes ist nur der am schnellsten und am deutlichsten ins Auge springende Aspekt dieser bedenklichen Entwicklung.

DIE HISTORISCHE PHASE DER MODERNEN ARCHITEKTUR IN JAPAN

War auch schon die Stadt Edo — wie Tokyo bis 1868 hieß —, die ebenfalls nach keinem bewußten städtebaulichen Konzept gestaltet wurde, ungeordnet und gesichtslos wie die heutige japanische Metropole? Sicherlich nicht. Die Holzschnittkunst, besonders die Arbeiten von Hiroshige, haben die Schönheit von Edo für die Nachwelt festgehalten: das ordentliche Stadtbild, das lebhafte Treiben auf den Straßen, die Ziegeldächer und weißen Mauern der Häuser, die Wassergräben, die Brücken, die Krähen und darüber der Himmel in der Abenddämmerung.

In den zweihundert Jahren der Tokugawa-Zeit — von der Mitte des 17. Jahrhunderts bis zur Mitte des 19. Jahrhunderts — wurde eine strikte Abschließungspolitik betrieben. Abgesehen von der zu Nagasaki gehörigen Insel Deshima war jeglicher Kontakt mit dem Ausland verboten. In einem Land, das von der Außenwelt abgeschnitten war, konnte weder eine technische Revolution stattfinden noch konnte sich eine neue Architektur herausbilden. Dafür schritt allerdings die Verfeinerung der traditionellen Techniken stetig voran.

Als Folge davon zeichnete sich die Architektur Edos durch ein einheitliches Material, das Holz, sowie einen einheitlichen Stil in bezug auf Höhe, Struktur und Farbe der Gebäude aus. Die Schönheit und Ordnung der damaligen Städte läßt sich aus den bis heute erhalten gebliebenen Häuserreihen von Uminoyado in Shinano und von Takayama in Hida sowie in einem Teil von Kyoto erahnen. Aber die Schönheit der Tokugawa-Architektur entsprang nicht der Einsicht seiner Bevölkerung oder dem Willen des Shogunats, sondern sie folgte eher zufällig aus den besagten technischen Einschränkungen.

Was in Tokyo geschah, nachdem die Hindernisse gefallen waren, ist bekannt. Vom Beginn der Meiji-Zeit bis in die Gegenwart ist die Zivilisation des modernen Japans den Weg der Verwestlichung gegangen. Wie aber sah dieser Prozeß der Verwestlichung hinsichtlich des Städtebaus

und der Architektur aus? Von 1870 an lassen sich fünf Phasen unterscheiden, die sich zum Teil zeitlich überschneiden:

1. Zu Beginn der Meiji-Zeit wurden europäische Baumeister nach Japan geholt, um die Städte des Landes nach westlichen Vorbildern umzugestalten.

2. Von der späteren Meiji-Zeit bis hinein in die Taishô-Zeit imitierten japanische Architekten den Stil ihrer europäischen Vorbilder und Lehrer.

3. Im Zeitraum zwischen den beiden Weltkriegen strebte man eine eigenständige japanische Architektur an, was allerdings in der Praxis zu einem Eklektizismus aus traditionellen Elementen und westlichen Einflüssen führte.

4. Nach dem Zweiten Weltkrieg orientierte sich die Architektur an einem internationalen Stil.

5. Die Jahre seit 1970 stehen unter dem Zeichen der Postmoderne.

Ganz oben: Der 1914 fertiggestellte frühere Bahnhof von Tokyo im Marunouchi-Viertel. Der Architekt Tatsuno Kingo soll sich bei der Konzeption des Gebäudes am Hauptbahnhof von Amsterdam orientiert haben.

Oben: Der Bahnhof Tokyos heute. Nachdem das ursprüngliche Dach und das Innere des Gebäudes im Zweiten Weltkrieg zerstört worden waren, baute man den Bahnhof leicht abgeändert wieder auf.

Links: In der Halle unterhalb der Kuppel des Yaesu-Nordeingangs zum Bahnhof von Tokyo findet wöchentlich ein Konzert statt.

Ein repräsentatives Beispiel für die Architektur der ersten Phase ist in Tokyo nicht mehr zu finden. Es steht jedoch fest, daß die Führer der Meiji-Zeit, die die Verwestlichung des Landes stark vorantrieben, ein großes Interesse an der Architektur im europäischen Stil sowie am europäischen Städtebau hatten.

Als 1873 das gesamte Ginza-Viertel abbrannte, wurde an dieser Stelle ein Stadtteil mit roten Ziegelsteinbauten errichtet, der jedoch durch das große Kantô-Erdbeben am 1. September 1923 wieder zerstört wurde. Der damalige Außenminister Inoue Kaoru ließ von den deutschen Architekten Hermann Ende (1829 – 1907) und Wilhelm Böckmann (1832 – 1902) den Plan einer Umstrukturierung Tokyos zu einer modernen Großstadt ausarbeiten.

Aus England wurde Josiah Conder (1852 – 1920) eingeladen. Er entwarf das Rokumeikan (1883), die Nikolaikirche (1891) sowie – nach Londoner Vorbildern – das gesamte Marunouchi-Viertel mit dem Mitsubishi-Bürohaus Nr. 1 (1894). Ferner lehrte er an der Hochschule für Ingenieurwissenschaften – der heutigen Fakultät für Ingenieurwissenschaften an der Universität Tokyo – das Fach Architektur und

setzte sich für die Ausbildung japanischer Architekten nach europäischem Standard ein.

Bedingt durch den Willen zur Umgestaltung Tokyos wurde also zu Beginn der Meiji-Zeit eine Städteplanung konzipiert, von der jedoch einiges unrealisiert blieb. Dennoch setzt die Geschichte der modernen japanischen Architektur fraglos in diesen Jahren ein.

Die Anlehnung an die Architektur des fernen Westens war allerdings an eine Reihe von Voraussetzungen gebunden, deren wichtigste zweifelsfrei darin bestanden,

Oben: Josiah Conders Russisch-orthodoxe Nikolai-Kirche (1891) im Chiyoda-Viertel von Tokyo.
Das Bauwerk im byzantinischen Stil wurde durch das große Kantô-Erdbeben im Jahr 1923 zerstört und anschließend restauriert. Kuppel und Glockenturm wurden allerdings nicht in ihrer ursprünglichen Form wiederhergestellt.

Oben rechts: Tatsuno Kingos Hauptgebäude der Bank von Japan im Chûô-Viertel (1896).

Links: Die Nikolai-Kirche während der Bauarbeiten. Das hohe Gerüst konnte man angeblich von jedem beliebigen Platz in Tokyo deutlich erkennen.

einerseits den technologischen Standard der japanischen Bauindustrie, andererseits das Ausbildungsniveau der Architekten auf westliches Niveau zu heben.

Am Ende der Tokugawa-Epoche wurde die Technik der Holzbauweise weiter verfeinert, und sie erreichte erst in der späten Meiji-Zeit ihren Höhepunkt. Einige japanische Baumeister arbeiteten jedoch schon bald im europäischen Stil, im Auftrag und unter der Leitung von Ausländern, die in Japan lebten. Sie eigneten sich deren Techniken an und wurden dadurch angeregt, sich mit großem Eifer an die neue Architektur heranzuwagen; und sie besaßen die Fähigkeit, ihr Können äußerst schnell zu vervollkommnen.

Als eigentlicher Begründer der europäischen Architektur in Japan gilt Shimizu Kisuke II. (1815–1881). Shimizu erbaute in Tokyo das erste Hotel überhaupt, das «Tsukiji-Hotel» (1874), und die Devisenbank der Mitsui-Gruppe im Surugawamachi-Viertel. In den folgenden Jahren wurden auch außerhalb von Tokyo Schulen, Regierungs- und Gemeindebehörden im europäischen Stil errichtet. Die Flexibilität und die Fähigkeit der japanischen Architekten, das Neue derart entschlossen aufzunehmen, waren erstaunlich, und es ist kaum hinreichend zu würdigen, welch immense Bedeutung dieses Talent, das sich in der frühen Meiji-Zeit konzentriert zeigte, für die Verwestlichung Japans im Anschluß an die Zeit der Tokugawa-Restauration hatte.

In der zweiten Phase begann sich die Architektur im europäischen Stil erst richtig durchzusetzen. Ein typisches Beispiel ist das Hyokeikan (1908) im Ueno-Park.

Die Gebäude im westlichen Stil waren zumeist eklektische Imitationen und weit entfernt von der eigentlichen europäischen Architektur gewesen. Das bevorzugte Material in der ersten Phase war weiterhin Holz, und auch die Ausführung entsprach noch der traditionellen japanischen Technik. Erst in der Übergangsphase von der Meiji- in die Taishô-Zeit strebte man eine in jeder Hinsicht europäische Architektur an. Gebäude wie die Nikolaikirche oder das 1896 errichtete Haus von Iwasaki Hisashi, das heutige Schulungsinstitut für Gerichtsschreiber des Obersten Gerichtshofes, waren von ausländischen Architekten wie Conder erbaut worden. Conder hatte jedoch etliche Schüler ausgebildet, von denen einige nun mit eigenen Bauten hervortraten: Tatsuno Kingo (1854–1919) er-

richtete unter anderem das Hauptgeschäft der Bank von Japan und den Tokyo-Bahnhof; Sone Tatsuzô (1852–1937) war der Architekt der Bibliothek der Keiô-Universität sowie der Mitsubishi-Bürohäuser Nr. 3, 4 und 5; und Katayama Tokuma (1854–1917) erbaute das Hyôrei-kan sowie ein Landschloß in Asakasa. Die Werke dieser Conder-Schüler sind stilistisch Nachahmungen westlicher Vorbilder und zugleich schon Beispiele einer technisch perfekten und soliden Architektur. Viele Bauwerke aus dieser Zeit hielten sogar dem großen Kantô-Erdbeben stand.

Oben: Der Innenraum des 1913 von Conder errichteten Mitsui-Clubhauses im Minato-Viertel. Der Bau ist überwiegend im Renaissance-Stil gehalten, doch wurden ihm auch barocke Elemente hinzugefügt.

Unten und ganz unten: Die Keiô-Gijuka-Bibliothek im Minato-Viertel von Tokyo wurde 1912 fertiggestellt. Das Gebäude mußte infolge des Kantô-Bebens und des Krieges mehrfach restauriert werden, doch ist sein ursprüngliches Erscheinungsbild weitgehend erhalten geblieben. Das obere Bild zeigt den Eingangssaal im Erdgeschoß.

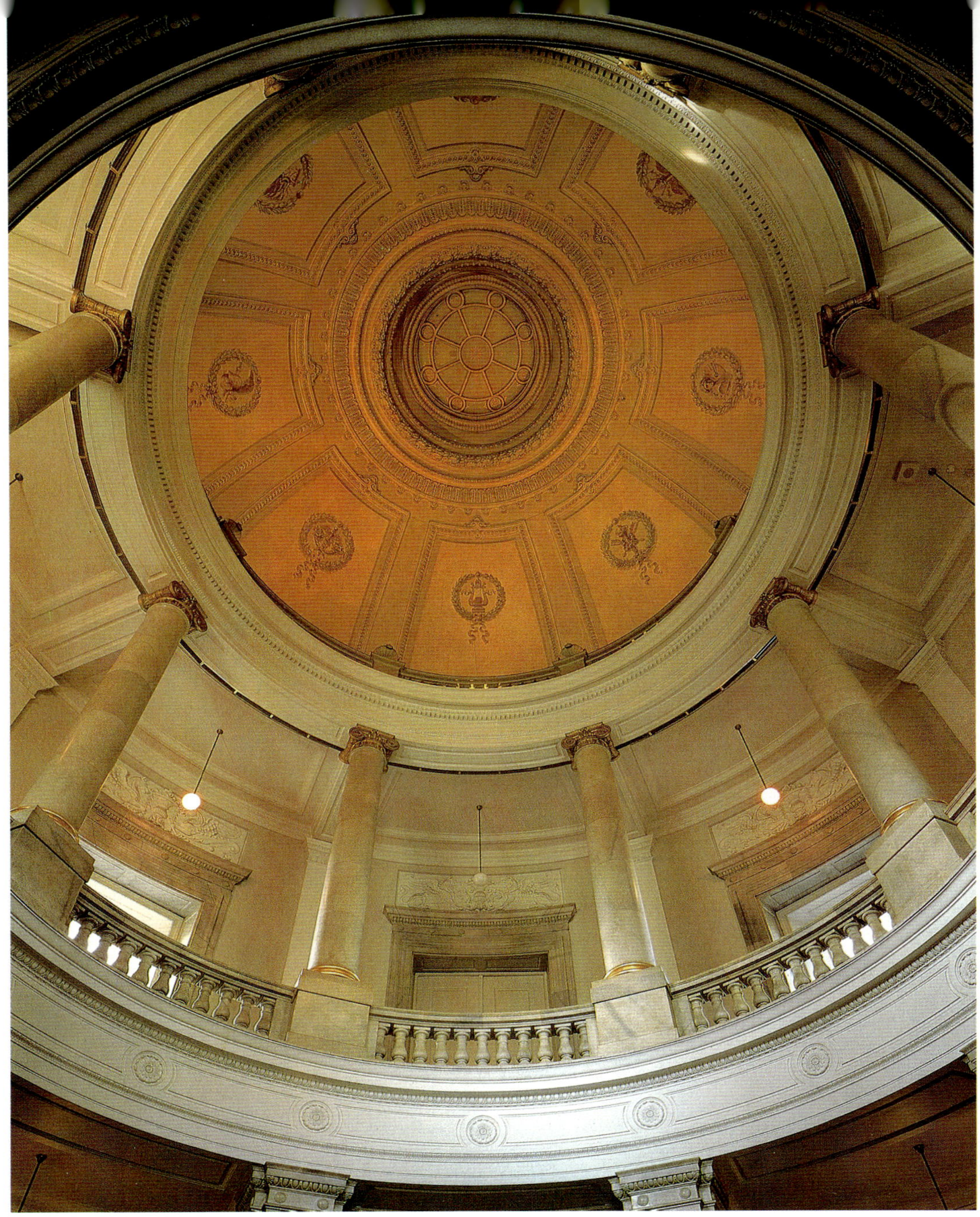

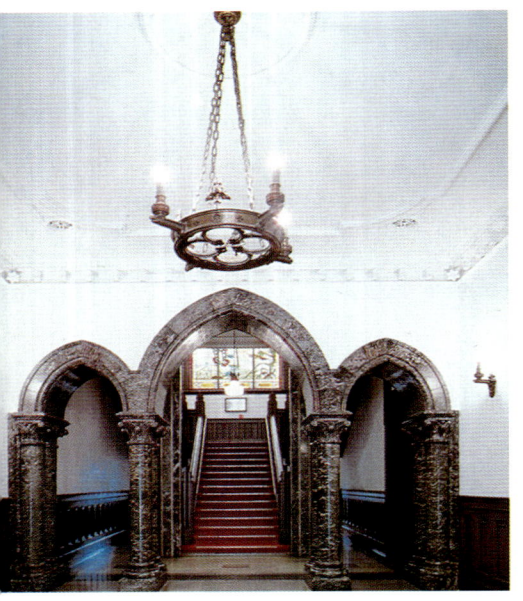

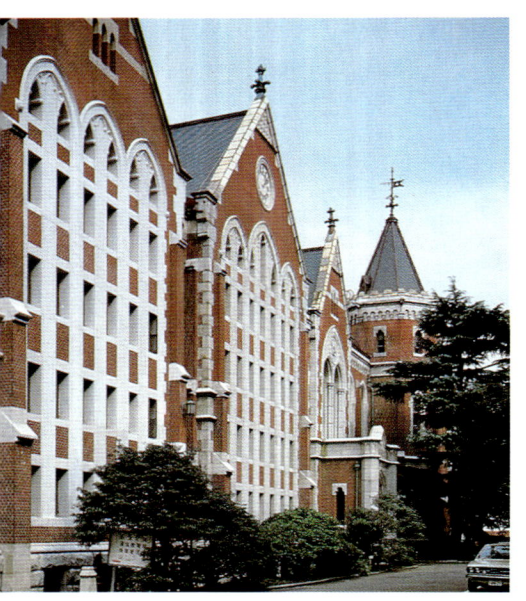

In der dritten Phase wurde eine Verschmelzung der östlichen und westlichen Kultur angestrebt – ausgelöst durch den nationalistischen Gedanken, eine spezifisch japanische Architektur erschaffen zu wollen.

Ein typisches Beispiel hierfür ist das Nationalmuseum in Tokyo (1937), das auf eine öffentliche Ausschreibung hin errichtet wurde. In den Bewerbungsbedingungen hieß es: «Es ist notwendig, daß der Stil eines Gebäudes mit seiner Bestimmung harmoniert und der ostasiatische Geschmack, ausgehend vom japanischen, zum Tragen kommt.»

Das vollendete Museum ist ein äußerst ungewöhnliches Bauwerk. Die Materialien sind Stahl und Beton, die Form des Gebäudes ist indonesischen Wohnhäusern nachempfunden, und es wird gekrönt von einem japanischen Dach. Weitere Beispiele für diese eklektische Architektur sind das Kabuki-Theaterhaus von 1924 sowie das 1934 errichtete Soldaten-Haus im Kudanshita-Viertel, das heutige Kudan-Haus. In der öffentlichen Ausschreibung für dieses Bauwerk war zu lesen: «Die Gestaltung soll das Edle des eigentümlich Japanischen haben, um dessen würdevollen Charakter herauszustellen.»

Bei den repräsentativen Bauwerken dieser dritten Phase der an westlichen Vorbildern orientierten japanischen Architektur bestand keine notwendige Verbindung zwischen der Struktur der Gebäude und ihren schmückenden Formen. Die Struktur eines Bauwerkes wird bestimmt durch seinen

Verwendungszweck sowie seine Größe; zudem spielen das verwendete Material und die Technik eine entscheidende Rolle. Die traditionelle Holzbauweise entwickelte sich aber unter völlig anderen Bedingungen als der europäische Stil. Selbst wenn man die für Japan charakteristischen Formen auf

Die Architektur dieser vierten Phase unterscheidet sich vom Eklektizismus der Vorkriegszeit vor allem dadurch, daß erstmals in der Geschichte der modernen Architektur Japans einheimische Baumeister mit Werken hervortraten, die original waren und über die Grenzen des Landes

die Betonarchitektur überträgt, entsteht dadurch noch längst keine eigentümlich japanische Architektur: Eine bloße Kombination von Elementen der östlichen und der westlichen Kultur stellt keine Verschmelzung beider Stile dar, solange beide in keinem funktionalen oder strukturellen Zusammenhang stehen.

In der Zeit nach dem Zweiten Weltkrieg dominierte dann auch in der japanischen Architektur ein internationaler Stil, der den Architekten Gelegenheit bot, sich selbst auszudrücken. Typische Beispiele hierfür sind die 1964 von Tange Kenzô errichtete Yoyogi-Olympia-Schwimmhalle, die Kathedrale von Tokyo (1964) und das Sogetsu-Haus (1977).

hinaus Beachtung fanden. Das von dem amerikanischen Architekten Frank Lloyd Wright (1869 – 1959) bereits zwischen 1915 und 1923 im internationalen Stil errichtete Imperial-Hotel in Tokyo war ein beeindruckendes Bauwerk, aber eben nicht die Schöpfung eines Japaners. Wenn sich nach 1945 ein Umschwung hin zur architektonischen Schöpfung abzeichnete, dann geschah das nicht durch ein Anknüpfen an den früheren Eklektizismus, sondern umgekehrt durch dessen Ablehnung.

Daß die japanische Architektur erst nach dem Zweiten Weltkrieg schöpferisch wurde, läßt sich leicht erklären. So hatten japanische Architekten zwar durch den Kontakt mit der europäischen Kultur von der Meiji-Zeit bis zum Ende des Zweiten Welt-

Oben und gegenüberliegende Seite rechts (Blick vom Erdgeschoß auf die Hauptkuppel): Das Hyôkeikan-Gebäude wurde im Taitô-Viertel 1908 nach Plänen der Architekten Katayama Tôkuma und Takayama Kôjirô errichtet. Die Kosten trugen die Bürger Tokyos, äußerer Anlaß ihrer Stiftung war die Vermählung des Taishô-Tenno. Katayama Tôkuma war ein Schüler Josiah Conders.

krieg die europäische Technik völlig beherrschen gelernt, aber die Technik ist in der Architektur längst nicht alles. Denn architektonischen Schöpfungen liegt in der Regel eine Weltanschauung beziehungsweise eine Philosophie zugrunde, und die Bevorzugung oder Ablehnung eines bestimmten Stils erklärt sich viel häufiger aus diesen ideologischen Motiven als etwa aus den

jedoch die Baumaterialien grundlegend. In vielen Bereichen wurden jetzt Beton, Glas, Kunststoff und Metall verwendet. Jegliche Form konnte frei gestaltet werden, was zum Beispiel die kuppelförmigen Bauwerke von Richard Buckminster Fuller beweisen. Diese neuen Entwicklungen kamen der traditionellen japanischen Holzbauweise mit ihren Pfeilerkonstruktionen näher als

Oben und unten: Das Dach des Nationalmuseums ist mit einem Dämonengesicht verziert, an den Außenwänden trifft man hingegen auf klassische europäische Dekors. Diese Stilvermischung ist typisch für den Formensynkretismus dieser nationalistischen Phase der japanischen Architektur.

Grenzen des technisch Machbaren. Der Funktionalismus des 20. Jahrhunderts ist hierfür ein prägnantes Beispiel.

Betrachtet man die japanische Architektur im Zeitraum von 1870 bis 1945, so ist festzuhalten, daß die Imitationen europäischer Vorbilder zumeist rein technischer Natur waren; vom «Geist» ihrer westlichen Lehrer zeigten sich japanische Baumeister zunächst nur in seltenen Ausnahmefällen beeinflußt.

Was Conder gelehrt hatte, bezog sich zudem vorwiegend auf die Stein- und Ziegelarchitektur; nach dem Krieg änderten sich

den europäischen Mauerkonstruktionen aus Stein. Die Hängedecke der Yoyogi-Olympia-Schwimmhalle von Tange Kenzô zeigt dies sehr deutlich. Unter bildnerisch-gestalterischem Aspekt wurden also durch die neuen Materialien Voraussetzungen geschaffen, die es japanischen Architekten erleichterten, fortan schöpferischer in ihrer Arbeit zu werden – eben auch, weil sie einen ihnen näherstehenden «Geist» mit neuen Technologien verbinden konnten.

Ein weiterer Grund dafür, daß sich die Übernahme westlicher Vorbilder verhältnismäßig spät befruchtend auf die Kreativität japanischer Architekten auswirkte, bestand darin, daß die europäische Architektur in der Kultur des 19. Jahrhunderts verwurzelt war. Der Funktionalismus des Bauhauses, der das 20. Jahrhundert prägte, verlangte eine rationale und zugleich doch ansprechende Architektur. Außerdem schaffte er das Dekorative ab und betonte statt dessen die wahre Ästhetik der Gebäu-

Seit den siebziger Jahren herrscht auch in Japan die Postmoderne vor, deren Anschauungen über das Wesen der Architektur sich stark von denen des Bauhauses unterscheiden. Das Bauhaus vertrat das Prinzip der «reinen» Architektur und verbannte alle nicht architektonisch-zweckgebundenen Elemente aus seiner Theorie wie seiner Praxis. Die Postmoderne hingegen

Oben: Der Balkon in der zweiten Etage des Nationalmuseums.

Links: Watanabe Hitoshis 1937 vollendetes Nationalmuseum von Tokyo im Taitô-Viertel. Hitoshi war der Preisträger eines Wettbewerbs, in dessen Ausschreibung gefordert wurde, den «ostasiatischen Geschmack, ausgehend vom japanischen», zum Tragen kommen zu lassen.

Unten: An der Decke über dem Haupteingang sind Glasfenster angebracht, die das Licht einfallen lassen.

desubstanz. Hinzu kam, daß sich die Architektur seit den zwanziger Jahren endgültig von der einseitigen Bindung an die überlieferte europäische Tradition löste. Dadurch wurde der Architekturstil erstmals wirklich international. Und unter eben diesen Bedingungen erschufen auch die japanischen Architekten keine bloßen Imitationen mehr, sondern sie orientierten sich an einem über die Grenzen ihres Landes hinaus verbreiteten Stil und zeigten sich dabei trotzdem eigenständig.

betrachtet die Architektur nicht als einheitliche, an die Funktion gebundene Ausdrucksform und nimmt deshalb auch malerische und plastische Elemente in sie auf.

Weiterhin will der Funktionalismus ein Bauwerk in Übereinstimmung mit seiner übergreifenden Idee realisiert sehen und propagiert die «Ästhetik des ganzen Bauwerkes»: Die Form hat der Funktion zu folgen, und diesem übergeordneten Aspekt ist alles übrige untergeordnet. Dagegen betont die Postmoderne die Lust am Detail, am Ornamentalen und Dekorativen, das stärker ins Auge fällt als die Einheitlichkeit

von glänzendem Metall; klassizistische Pfeiler aus schwerem Stein; Pfeiler aus dem Spät-Barock, im Stil des Architekten Claude-Nicolas Ledoux; Pfeiler, die an das griechische Altertum erinnern. Aber es handelt sich bei diesen Zitaten nicht um bloße Imitationen, sondern diese Pfeiler bieten eine jeweils veränderte Aus- und Ansicht, und ihre Anordnung folgt einem eigenen Rhythmus. Das Hochhaus als Ganzes bildet in Verbindung mit ihrer Vielfalt eine schillernde, komplexe und in sich geschlossene Welt.

DIE MODERNE JAPANISCHE ARCHITEKTUR – CHAOTISCHE BELIEBIGKEIT UND TRADITIONELLE ORDNUNG

Architektonisch betrachtet ist Tokyo, wie eingangs beschrieben, eine Stadt ohne erkennbare Ordnung. Wenngleich sich in Shinjuku, dem zweiten Zentrum der Stadt, mehrstöckige Hochhäuser konzentrieren und auch nahe dem Kaiserpalast mit der Doppelbrücke die Gebäude überwiegend eine einheitliche Höhe aufweisen, gilt doch, daß die Architekten im allgemeinen völlig frei entscheiden können, welche Höhe, Form oder Farbe ein Bauwerk auf einem ihnen zugeteilten Grundstück erhalten soll. Da eine organisch gewachsene und damit vorgegebene Harmonie der Stadtlandschaft ohnehin nicht besteht, ist es auch nicht notwendig, auf die ästhetische Verbindung des neuen Bauwerks zu den benachbarten Gebäuden zu achten. Wenn der Auftraggeber erst einmal mit den finanziellen Bedingungen einverstanden ist und seine sonstigen Wünsche benannt hat, kann der Architekt seine Kreativität voll entfalten. Als Stadt ohne ein einheitliches architektonisches Konzept ist Tokyo mithin ein Experimentierfeld für die Designerkunst jedes einzelnen.

Aber der einzelne Architekt, der sich auf «seinem» Grundstück frei entfaltet, kann umgekehrt kaum das Erscheinungsbild der Stadt beeinflussen. Er kann wohl ein gewagtes Design realisieren, aber er kann nicht verhindern, daß seine Arbeit durch häßliche Reklamen in der unmittelbaren Umgebung in ihrer Wirkung beeinträchtigt wird. Folglich bedeutet die Freiheit der Architekten in Tokyo gleichzeitig auch Isolation – Isolation der Architekten bei ihrer Arbeit und ihrer Bauten in deren jeweiligen Umgebungen.

Auf diese Situation können Architekten unterschiedlich reagieren. Eine mögliche Haltung, die von Shirai Seiichi (1905–

Oben: Das Sôgetsu-Haus von Tange Kenzô (*1913) im Minato-Viertel (1977). Tange Kenzô war vor dem Zweiten Weltkrieg ein Verfechter der nationalistischen japanischen Architektur, wandte sich jedoch nach 1945 bedingungslos einem vom Funktionalismus geprägten internationalen Stil zu.

des Ganzen. Diese Haltung steht der traditionellen japanischen Architektur näher – nämlich der Idee, von den Einzelheiten erst allmählich zum Ganzen überzugehen.

Der dritte Unterschied zwischen beiden Architekturstilen ist der, daß es im Funktionalismus keine Zitate gibt, während in der Postmoderne gotische Wände, romanische Fenster, japanische Pflaster und alle möglichen Elemente früherer Epochen zitiert werden, und dies in einem steten Wechsel, der einer Art Rhythmus folgt und eine Harmonie anzustreben scheint.

Ein typisches Bauwerk der japanischen Postmoderne ist das Center-Hochhaus in Tsukuba (1983) von Isozaki Arata. Wenn man die Pfeiler dieses Bauwerks betrachtet, entdeckt man Zitate äußerst verschiedenartiger Stile: dünne Pfeiler, ummantelt

Oben: Tange Kenzôs Marien-Kathedrale im Bunkyô-Viertel von Tokyo (1964). Die Spitze des Daches bildet ein Kreuz (rechts). Durch diese Konstruktion erhält der Innenraum der Kathedrale horizontal wie vertikal eine großzügige Weite, die ihm Feierlichkeit und Würde verleiht (links).

Links: Das Olympiastadion (1964) im Shibuya-Viertel wurde ebenfalls von Kenzô entworfen.

1983) vertreten wurde, ist die Schaffung eines soliden Bauwerkes, das in keiner Beziehung zu seiner Umgebung steht. Das Noa-Hochhaus (1974) im Iigura-Viertel von Tokyo zum Beispiel hebt sich mit seinem abgerundeten Viereck-Turm und dem zweiten runden Turm von den Dächern der angrenzenden Gebäude markant ab; die dunkle, ziegelrote Außenwand hat keine Fenster. Die bauliche Präsenz dieses großen, schweren Bauwerks ist überwältigend, und das Noa-Hochhaus vermittelt einen Eindruck, der ein wenig an San Gimignano erinnert. Aber die dreizehn dicht nebeneinanderstehenden Geschlechtertürme in der mittelalterlichen Stadt in der Toskana stehen im Einklang miteinander, während Shirais Türme isoliert für sich stehen. Wenn man sie längere Zeit konzentriert betrachtet, stellt sich bisweilen der Eindruck ein, das architektonische Durcheinander der Umgebung löste sich auf und man sähe nur noch die roten Türme in den Himmel ragen, wie die Ruinen eines Festungswalls in der Wüste.

Aber das ist nicht alles, was die Architektur Shirais auszeichnet. Die Räume, die abgeschlossen sind, entfalten sich nach innen. Die sorgfältige Behandlung aller Feinheiten im Innenraum ist ein Charakteristikum der Kunst dieses Baumeisters. Die weiße Außenmauer des 1970 von Shirai Seiichi gebauten Privathauses Kyohakuan hat außer einem kleinen Eingang keine weiteren Öffnungen – wie bei einer Kasbah. Doch im Innern dieses dunklen Bauwerks herrscht eine wunderbare Harmonie. Der von Mauern umschlossene Innengarten mit dem weißen Sand leuchtet hell, und an dem blühenden Baum, der von einem Zimmer aus zu sehen ist, kann man den Wechsel der Jahreszeiten verfolgen. Die Handwerkskunst der Zimmermänner, Steinmetze und Schiebetürmacher, die an diesem Gebäude gearbeitet haben, nähert sich der Schnitzereikunst, und die Eigenschaften der jeweiligen Materialien, sei es nun Stein oder Holz, sind mit großer Kunst zur Geltung gebracht, so daß nicht nur die opti-

Links: Das 1983 errichtete Tsukuba-Center-Hochhaus in Tsukuba (Präfektur Ibaraki) von Isozaki Arata (*1931).
Isozaki, ein seit Anfang der siebziger Jahre auch international renommierter Architekt, gilt als Vorreiter der Postmoderne. Zu dem Komplex seines Tsukuba-Center-Hochhauses gehören eine dem Kapitolsplatz in Rom nachgeahmte Piazza und ein japanischer Garten mit Natursteinen.

221

schen, sondern auch die haptischen Effekte hervortreten.

Shirai wollte im architektonischen Chaos der japanischen Metropole ein Bauwerk errichten, das einer großen Schnitzerei ähnelt. Die solide Massivität und die klare Struktur, die durch das Zusammensetzen der gekrümmten und ebenen Flächen entsteht, verleihen dem Kyohaku-Haus äußerlich ein charakteristisches Gepräge. Im Innern verbinden sich die wechselnden feinen Details auf unerklärliche Weise zu einer geistvollen Ordnung.

Die Shinwa-Bank (1966–1975) in Sasebo kann als das Meisterwerk dieses Architekten und zugleich als Kunstwerk gelten. Doch man fragt sich: Ist das japa-

Heimat verpflichtet, allerdings auf eine sehr individuelle Weise.

Es gibt noch eine zweite Haltung, die Architekten gegenüber den Problemen der Freiheit und der Isolation einnehmen können: Sie können versuchen, einen Hauch von Atmosphäre durch die zusammenhängende Anordnung einiger Gebäude zu erzeugen, die in unmittelbarer Nachbarschaft stehen. Auf diese Weise erhält die Architektur zumindest eines begrenzten Raums, etwa eines Viertels, eine Geschlossenheit in sich. Der Architekt Maekawa Kunio (1905–1986) war ein konsequenter Verfechter dieser Position.

Maekawa, ein Funktionalist, errichtete in Japan vorzugsweise öffentliche Gebäude

Gegenüberliegende Seite: Ôe Hiroshi war der Architekt des 1983 gebauten Nô-Nationaltheaters im Shibuya-Viertel. In Anbetracht der Tatsache, daß das Theater inmitten eines ruhigen Wohnviertels steht, wurde die Höhe des Vordaches begrenzt.

nisch? Da Shirai nicht unmittelbar traditionelle Stilmittel des japanischen Architektur-Designs verwendete, waren seine Arbeiten im Grunde nicht japanisch, selbst wenn er einstöckige japanische Holzhäuser errichtete. Dennoch zeigen sich in seinen Bauten auch Prinzipien der traditionellen Architektur Japans, beispielsweise seine Vorliebe für einfache, klare und deutliche Strukturen, seine Sensibilität für natürliche Materialien und sein Interesse an der Ausgestaltung von Details. In dieser Hinsicht zeigt sich Shirai den Traditionen seiner

wie Konzerthallen oder Museen, zumeist in Parks. Sein oberster Grundsatz war, sogar innerhalb einer Stadt einen relativ isolierten, zumindest nicht völlig verbauten Platz für seine Arbeiten zu suchen. So steht beispielsweise Maekawas 1961 fertiggestellte Konzerthalle im Ueno-Park von Nachbargebäuden entfernt in einem Hain. Bevor man also die Konzerthalle betritt, wandert man wie bei einem Spaziergang durch ein Stück Natur, anstatt – wie sonst so häufig anzutreffen – unmittelbar von überfüllten Straßen, den Großstadtlärm noch im Ohr,

Oben: Zu Isozakis Tsukuba-Center-Hochhaus führen breite Stufen aus Natursteinen hinauf, die dem postmodernen Bau von weitem einen fremdartigen Eindruck verleihen.

Oben links: Der Innengarten des 1970 im Nakano-Viertel errichteten Kyohakuan-Komplexes von Shirai Seiichi ist mit Schotter und Granitsteinen ausgelegt. Der Architekt hat sich bemüht, die ursprüngliche Vitalität der Natursteine zu bewahren, indem er auf jegliches Spiel mit ihren Formen verzichtete.

in ein Gebäude geführt zu werden, das der
Kunst und ihrem Genuß gewidmet ist.
Beim Eintritt gelangt der Besucher außerdem zunächst in einen großen Vorraum
und muß sich nicht gleich in enge Gänge
zwängen; dies trägt zusätzlich dazu bei,
daß der Kunstliebhaber sich erst einmal
sammeln kann. Und dies ist um so wichtiger, als sich in unmittelbarer Nähe des
Ueno-Parks ein anrüchiges Vergnügungs-
viertel befindet, das, anders als die Kärnt-
ner Straße in Wien, kaum dazu angetan ist,
das Konzertpublikum auf klassische Musik
einzustimmen.

Eine zweite Forderung von Maekawa
lautete, daß ein Hochhaus höchstens ein
Drittel des Grundstückes einnehmen darf
und die übrigen zwei Drittel der Fläche un-

bebaut bleiben, um so einen freien Durch-
gang für die Menschen zu ermöglichen.
Das Kaijôkasai-Hochhaus (1974) im Ômachi-
Viertel in Tokyo ist ein Beispiel hierfür.
In dieser Gegend stehen viele Hochhäuser
nebeneinander, aber das Gebäude Maekawas steht ein wenig von der Straße einge-
rückt, und vor seinem Eingang befindet
sich ein kleiner Platz. Das Kaijôkasai-
Hochhaus, das durch seine braunroten
Fliesen ins Auge sticht, überragt die übrigen Bauten in seiner Umgebung deutlich.
Es hat 25 Etagen, war aber ursprünglich
auf 30 Stockwerke konzipiert. Diese Veränderung wurde erzwungen, da es keinem
Menschen erlaubt sein solle, auf die Kaiserliche Residenz herabzublicken. Die durch
die Gebäudewände mit ihren großen und

kleinen Öffnungen umgebenen Innengär-
ten und die sonstigen freien Räume verleihen dem gesamten Kaijôkasai-Komplex
schließlich den Charakter einer italienischen Piazza, die als ein Ort der Ruhe, der
Begegnung oder der Gespräche genutzt
werden kann. Von hier aus kann auch das
Gebäude selbst betrachtet werden, denn
die Fenster des Innenraums eröffnen einen
Überblick über die Ausdehnung der weitläufigen Anlage.

Der Innengarten des Städtischen Museums von Tokyo (1975), ebenfalls im
Ueno-Park gelegen, ist in verschiedene Ebenen gegliedert, so daß er die einzelnen Teile
des Komplexes miteinander verbindet.

Die drei Methoden, einem Gebäude oder
einem Komplex von Bauten Atmosphäre
zu verleihen – die Wahl einer besonderen
Lage, die Integration eines Platzes in ein
Grundstück und die Schaffung eines Innengartens –, wurden beim Bau der Stadthalle von Kyoto (1960) vollzählig verwirk-
licht, weil hier bessere städtebauliche Voraussetzungen als in Tokyo herrschten.
Vom Innengarten aus, den ein von der
Straße zugänglicher Korridor umgibt,
kann man Higashiyama sehen, und in der
gefliesten Westwand der Halle spiegelt sich
das Kanalwasser. Die waagerecht verlaufenden parallelen Linien dieses Bauwerks
werden betont, und die von Pflanzen um-
rankten Eingänge unterstreichen die beruhigende Wirkung. Die Stadthalle von
Kyoto kann als eines der besten Beispiele
für die Architektur der Nachkriegszeit in
Japan gelten.

Die grundsätzlichen Probleme eines Architekten, seinen Gebäuden ein gelungenes
Design zu verleihen, erschöpfen sich nicht
darin, eine Beziehung seiner Arbeit zu deren Umgebung herzustellen. Eine weitere
Schwierigkeit besteht darin, das Material,
die Bauweise und den Stil der modernen
Architektur mit der Ästhetik des japanischen Holzbaus zu verbinden, die aus der
bäuerlichen Gesellschaft der Tokugawa-
Zeit hervorgegangen ist. Die Frage, ob und
wie das geleistet werden kann, muß heute
noch von jedem Architekten neu und stets
individuell beantwortet werden. Solche
Fragen stellen sich im übrigen nicht nur
den Architekten, sondern allen Künstlern,
seien es nun Komponisten oder Dichter.
Denn auf vielen Gebieten muß der Versuch
unternommen werden, überlieferte Kunst-
anschauungen, will man sie nicht gänzlich
preisgeben, den veränderten gesellschaftlichen Verhältnissen anzupassen.

Die Lösungen fallen je nach der Persönlichkeit des Künstlers oder Architekten
sehr unterschiedlich aus. Tange Kenzô entfernte sich, so weit es möglich war, völlig
von der traditionellen japanischen Architektur. Über Shirais zwiespältige Haltung
gegenüber der Tradition wurde bereits gesprochen. Maekawa schließlich steht durch
seine Betonung der langen waagerechten
Parallelen, etwa bei der Stadthalle von
Kyoto, fraglos in der Tradition des klassischen japanischen Hauses: Seine Kon-
struktionen ragen nie senkrecht in den
Himmel. Selbst bei dem Kaijôkasai-Hochhaus in Tokyo werden die harten Vertikalen durch warme Farben gemildert.

Noch deutlicher zeigt sich diese Tendenz
bei Maekawas Museum der Präfektur Sai-

*Auch das von Gottfried Semper
(1803 – 1879) konzipierte historische
Opernhaus in Dresden wurde
originalgetreu restauriert. Die feierliche
Wiedereröffnung fand 1985 statt.*

Oben: Piero della Francesca (zwischen 1410 und 1420 – 1492). Perspektivische Skizze. Zeichnung eines Platzes. Ende des 15. Jahrhunderts. Urbino, Marce Nationalkunstmuseum.
Pieros streng geometrisch-symmetrisch kalkulierte Zeichnung entwirft das Idealbild einer Stadt ohne menschliche Wärme.

Gegenüberliegende Seite: Der Stellschirm «Edo» (Nationalmuseum für Geschichte und Volkskunde, Chiba) läßt erkennen, wie die japanische Hauptstadt im 17. Jahrhundert aussah. Geschäfte stehen dicht nebeneinander, eine Wasserstraße verläuft quer durch die Stadt.

Unten: Der von Michelangelo entworfene Kapitolsplatz in Rom stammt aus dem 16. Jahrhundert und ist ein beeindruckendes Beispiel für die architektonisch-städtebauliche Kreativität seines Schöpfers.

tama. Der Zuweg zu diesem Gebäude ruft die Erinnerung an die Atmosphäre eines Gartenpfades zu einem Teehaus hervor. Der Architekt hat jedoch diese Anspielung auf die traditionelle japanische Architektur nicht postmodern zitiert, sondern er hat sich die sensible Ordnung der Gartenpfadgestaltung zu eigen gemacht.

Ein treffendes Beispiel für eine schöpferische Behandlung der Tradition ist das Staatliche Nô-Theaterhaus (1983) von Ôe Hiroshi (1913 – 1989). Ôe entwarf verschiedene Nô-Bühnen für bereits existierende Gebäude, doch in diesem Fall war er zusätzlich auch für den einstöckigen Betonbau verantwortlich. Hinter dem von der Straße aus kaum auffallenden Tor erstreckt sich ein mit weißen Kieseln bedeckter Platz. Während die Besucher ihn überqueren, nähern sie sich einer Welt, die auf

Rechts: Eine Gasse im Chûô-Viertel von Tokyo, in deren Mitte eine Entwässerungsrinne zu erkennen ist, vor der zahlreiche Blumentöpfe aufgereiht sind. Gassen dieser Art dienten in früheren Zeiten als Orte der Kommunikation, fallen aber in den letzten Jahren zunehmend einem ungehemmten Modernismus zum Opfer.

Oben: In Paris beherrschen unzählige kleine Cafés und Restaurants das Stadtbild und verleihen dem Leben in dieser Metropole seinen besonderen Charme.

eigentümliche Weise dem Alltag enthoben scheint – wie etwa beim Eintritt in einen buddhistischen Tempel oder in einen der Paläste von Kyoto. Der Theaterbau ist nach außen hin geschlossen und öffnet sich zu einem Innengarten hin. Man durchschreitet einen Korridor, betritt einen in Holzbauweise ausgeführten Saal und gelangt von dort aus auf einen Korridor, der zur Tür des Zuschauerraums führt.

Dieser Gang durch die Räume und Korridore, den die Zuschauer zurücklegen müssen, ist in gewisser Weise dem Weg nachempfunden, den die Schauspieler über den *hashi-gakari* auf die eigentliche Bühne zu beschreiten haben. Der *hashi-gakari* ist eine Art Brücke oder Steg, der durch den Zuschauerraum hindurch auf die linke Seite der viereckigen Bühne führt. (Das heißt, die Akteure kommen anders als im traditionellen europäischen Theater nicht von einem uneinsichtigen Raum hinter den Kulissen auf die Bühne, sondern die Zuschauer können sie bereits auf ihrem Weg in die Handlung hinein beobachten.) Mit anderen Worten: Die «äußere» Architektur des Gebäudes imitiert die «innere» Architektur von Bühne und Zuschauerraum und bereitet so die Besucher auf ihren Eintritt in die dramatische Welt vor. Man könnte sogar sagen, daß die funktionelle Ordnung des Theatergebäudes mit dem dreiteiligen Aufbau eines Nô-Stückes – *jo-ha-kyû:* Einleitung, Entwicklung, Höhepunkt – verknüpft wird.

Das Bauwerk versetzt den Besucher in eine Stimmung der Ruhe und Besonnenheit – durch die klaren Linien des Geländers und der Pfeiler, das warme Holz und die weiche Beleuchtung ebenso wie durch die Natur, die mittels eines Innengartens in den Komplex eingebunden ist.

All diese Elemente stehen im Einklang mit der traditionellen Ästhetik. Das bedeutet jedoch keinesfalls, daß die Form des klassischen japanischen Hauses in diesem Gebäude wiederzufinden ist; denn vergleichsweise hohe Decken und schmale, lange Pfeiler sowie einen von großen Fenstern aus zu erblickenden Innengarten gab es in der Vergangenheit sicherlich nicht. Vielmehr kommt in Ôes Bauwerk die besondere Qualität der traditionellen Architektur zum Ausdruck – reflektiert und nachempfunden mit den ästhetischen Empfindungen eines modernen Architekten aus dem heutigen Tokyo.

Letztlich ist auch Ôes Staatliches Nô-Theaterhaus nur ein weiteres Beispiel dafür, daß ein einzelner Architekt durch eine gelungene Synthese von Stilelementen der traditionellen und der modernen Architektur in der architektonischen «Wüste» Tokyos eine «Oase der Ruhe und Beschaulichkeit» schaffen kann.

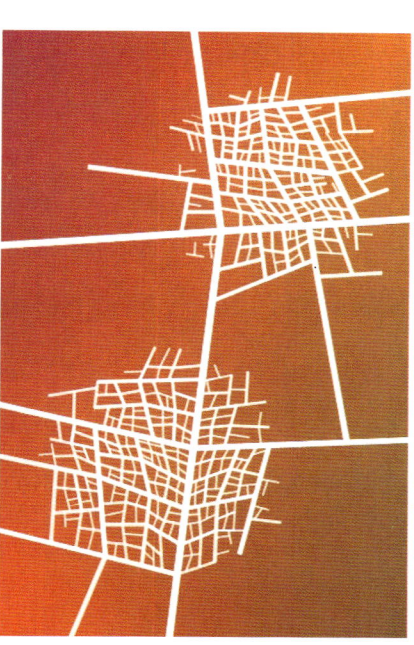

Oben von links nach rechts: Von Anzai Toshihiro mit Hilfe einer Computergrafik hergestellte Fraktalbilder. Die fraktale Geometrie ist eine Disziplin der Mathematik, die versucht, komplizierte Naturformen wie etwa Küstenlinien auf mathematische Formeln zu bringen und so darzustellen. Auch die komplexe Struktur einer Millionenstadt wie Tokyo läßt sich auf diese Weise in eine Grafik übersetzen.

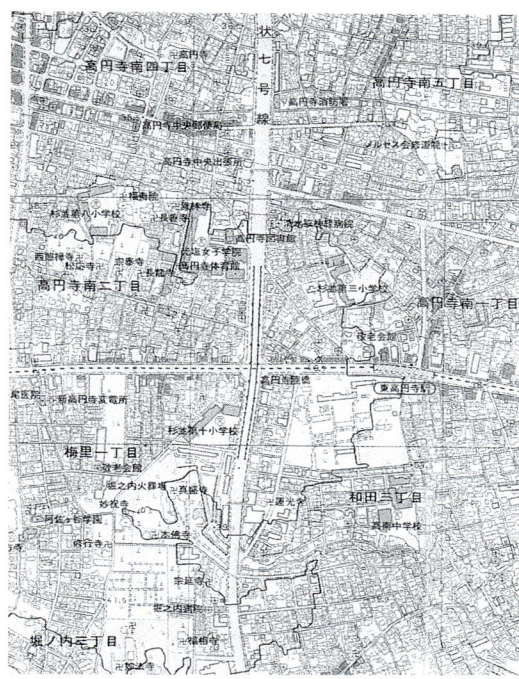

Rechts: Die Stadt Tokyo, die sich planlos ausdehnt, mit ihren verwinkelten Straßen (Nationales Geographieinstitut, Maßstab 1:10 000).

Oben: Risse im Inneren einer Teeschale. Der Chaos- beziehungsweise Fraktal-Theorie zufolge entstehen derartige Formen in Übereinstimmung mit Naturgesetzen.

229

In der japanischen Geschichte wurde die chinesische Festlandskultur vorwiegend in drei Phasen übernommen. Die erste Phase begann in der Übergangszeit von der Jômon- zur Yayoi-Periode und dauerte bis zur Konfun-Zeit an. In diesem Zeitraum wurden grundlegende Techniken des Reisanbaus in Naßfeldern, Metallwaren und die Verwendung von Tieren, besonders von Pferden und den beim Ackerbau notwendigen Rindern, nach Japan eingeführt. Es gibt zwar hinsichtlich dieses frühen Kulturaustausches noch viele ungeklärte Punkte, doch vermutet man, daß ein technisch hochentwickelter Volksstamm vom Festland einwanderte und ein Teil der japanischen Ureinwohner von diesen Einwanderern vertrieben wurde oder sich mit ihnen vermischte.

Japan im 20. Jahrhundert

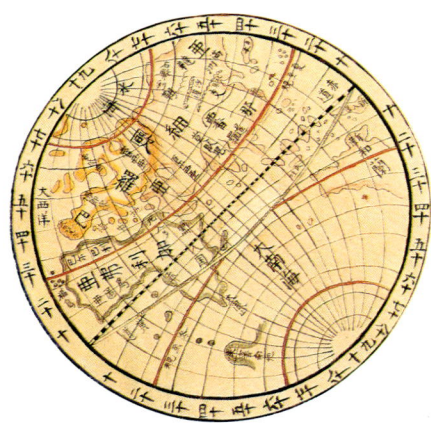

Oben: Diese Karte (Sairan-igen) *zeigt, wie sich die Menschen der Tokugawa-Zeit die Welt vorstellten.*

Gegenüberliegende Seite: Die Lichtfaser wird als das Nervensystem der künftigen Informationsgesellschaft angesehen.

Die zweite Phase folgte im 5. und 6. Jahrhundert mit der durch den Buddhismus nach Japan gebrachten Festlandskultur. Wissenschaftler und Techniker von der koreanischen Halbinsel brachten die Schrift sowie ihre Architektur und verschiedene Kunsthandwerkstechniken mit. Mit Hilfe der koreanischen Einwanderer entstanden in dieser Zeit in Japan die großen Tempelanlagen des Hôkô-ji- oder auch des Hôryû-ji-Tempels, kunsthandwerkliche Arbeiten wie der Tamamushi-(Käferflügel-)Schrein, viele buddhistische Statuen und auch Sutren-Übertragungen.

Im Unterschied zur ersten Phase gab es in dieser Periode keine militärischen Eroberungszüge. Die Übernahme des Buddhismus trug auch zur politischen Einigung des Landes bei, mit dem Yamato-Kaiserhof an der Spitze. Von der Asuka- bis zur Nara-Zeit blieb die japanische Kultur durchgängig vom Festland beeinflußt.

In China fand im 13. Jahrhundert der Übergang von der Song- in die Yuan-Dynastie statt. In der Song-Zeit war neben dem Konfuzianismus auch der Buddhismus hochgeschätzt worden, doch in der Yuan-Zeit wurde er unterdrückt; aus diesem

Grund flohen viele chinesische Chan-Mönche nach Japan. Gleichzeitig gingen japanische Zen-Mönche zum Studium nach China. Die «Fünf Tempel» und die «Zehn Nebentempel» aus den Städten Kamakura und Kyoto schickten regelmäßig Mönche zur Begleitung der Shogunatsdelegationen nach China.

In der folgenden Muromachi-Zeit wurde der Kontakt mit China durch einen regen Handel weiter vertieft. Diese Begegnungen mit dem Festland stellen die dritte Phase der Übernahme kultureller Einflüsse dar. Im Vergleich mit den beiden früheren Perioden beschränkte sich der Festlandseinfluß nun hauptsächlich auf die Zen-Tempel und den Handel, aber er dauerte ohne Unterbrechung die Tokugawa-Zeit hindurch an. So wurden zum Beispiel die Sitte des Tee-Trinkens, der Architektur-Stil — der Stil der Zen-Schule, der allmählich mit dem einheimischen Stil verschmolz —, die Tuschmalerei der Song- und Yuan-Dynastie sowie Keramik und Porzellan nach Japan importiert. Darüber hinaus war es für japanische Gelehrte von immenser Bedeutung, daß chinesische Literatur ins Land gebracht wurde.

Eine völlig andere Kultur als die des asiatischen Festlands kam in der zweiten Hälfte des 16. Jahrhunderts nach Japan: die Kultur des Christentums, die zugleich eine Begegnung mit dem fernen Europa darstellte. Für die Entdeckung Japans und Asiens durch die Europäer gerade in diesem Zeitraum waren vor allem zwei Umstände maßgeblich: Zunächst war dieses Jahrhundert die Zeit der großen Seefahrer, und Fortschritte des Schiffbaus sowie der Navigationstechnik ermöglichten es den Europäern, ihren Einflußbereich über die ganze Welt auszudehnen.

Hinzu kam die besondere Situation des Christentums: Im 16. Jahrhundert kam der Protestantismus auf, und die hieraus folgenden Kämpfe nicht nur um die religiöse Vormachtstellung hatten Konsequenzen weit über die Grenzen der Alten Welt hinaus. Die katholische Kirche reagierte auf die neuen Religionsgemeinschaften mit heftigen theologischen Debatten und lebhaften kirchlichen Aktivitäten. Sie nahm den religiösen Bewegungen gegenüber keine ausschließlich bewahrende Haltung ein, sondern betrieb eine energische, abenteuerliche und weltumgreifende Missionstätigkeit zur Bekehrung der Nicht-Christen. Wegweisend war in dieser Hinsicht der

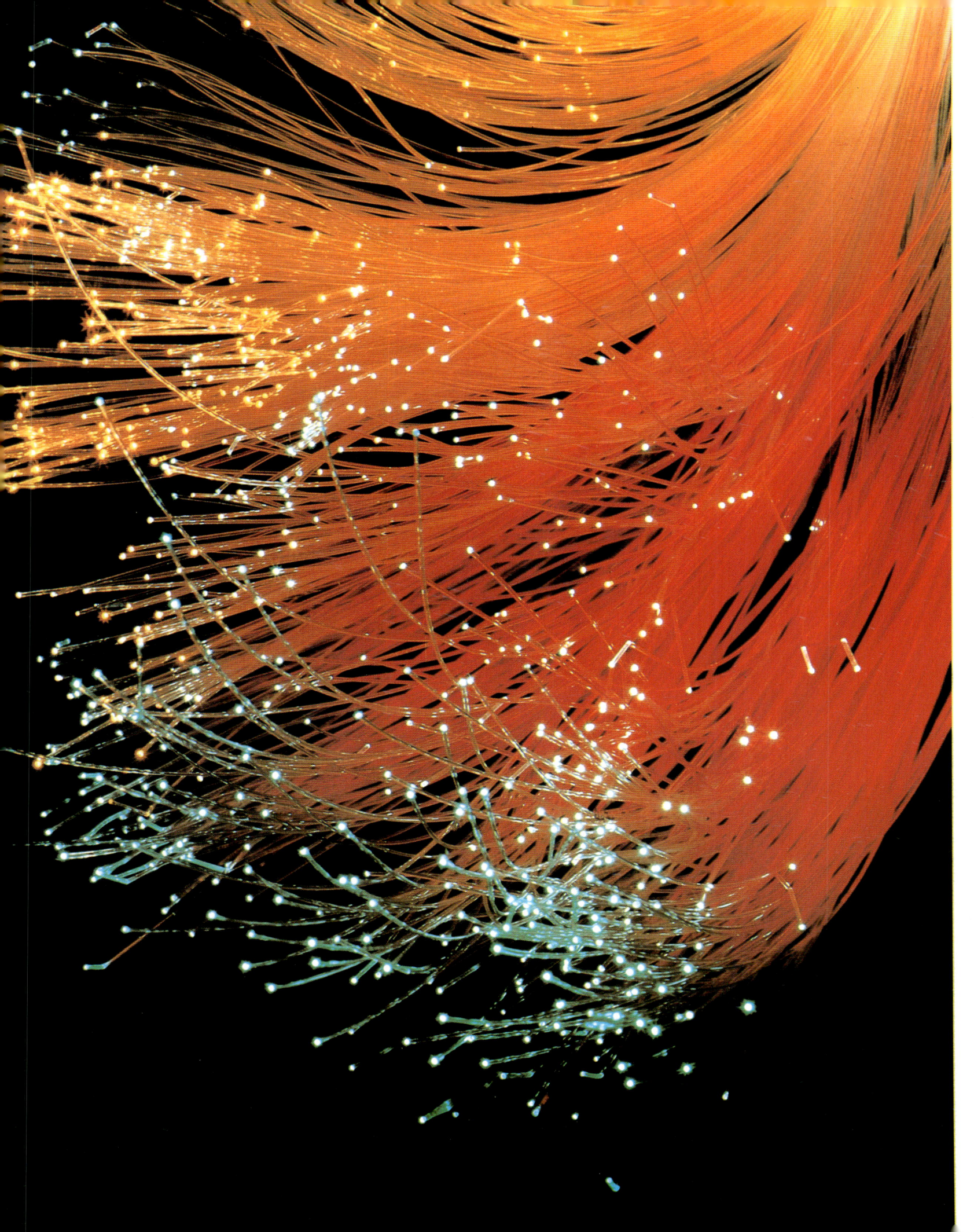

1540 von Ignatius de Loyola gegründete Jesuitenorden.

Ein politisch, wirtschaftlich und militärisch expandierendes Europa veränderte auch die gewachsenen Beziehungen zwischen Ost und West. Vor diesem Hintergrund ist auch der Japanaufenthalt von Francisco de Jassu y Xavier im Jahre 1549 zu betrachten.

Die Japaner reagierten auf die Ankunft der Europäer zunächst einmal mit großem Interesse an allem, was ihnen bis dahin unbekannt gewesen war: große Segelschiffe,

schließung Japans gegenüber der Außenwelt unter dem Shogunat der Tokugawa entstanden die *Namban*-Stellschirme, zumeist gestaltet von Malern der Kanô-Schule. Es handelte sich hierbei um sechsteilige Stellschirmpaare, auf denen beispielsweise die Ankunft europäischer Schiffe oder Gruppen von Fremden dargestellt wurden. Von westlichen Werken kopierte Arbeiten wie «Fremde Herrscher und Könige zu Pferde» oder «Europäer beim Musizieren» zeigen das große Interesse, das in Japan zu dieser Zeit für westliche Sitten herrschte.

Unten: «Das Leben des Prinzen Shôtoku» (Shôtoku taishi eden). *1323. Jôgû-ji-Tempel, Ibaragi.*

In den knapp 30 Jahren seiner Regentschaft (593 – 622) gelang es dem Prinzen Shôtoku Taishi, Japan politisch zu einigen und die Kultur des Landes an die höher entwickelten Zivilisationen des Festlandes heranzuführen. Die Festschreibung des Buddhismus als Staatsreligion in der Konstitution der 17 Artikel war auch ein Mittel, die politische Zentralgewalt zu stärken.

Fernrohre, Uhren, Kupferstiche, Papageien und Hunde. Nützliche Techniken wie den Umgang mit Feuerwaffen oder die Errungenschaften der europäischen Medizin eigneten sie sich schnell an. Sie zeigten eine Vorliebe für ungewöhnliche Sitten und Gebräuche. Dies führte zur sogenannten *Namban-*, «Süd-Barbaren»-Mode. Vom Ende des 16. Jahrhunderts bis zur Ab-

Eine der charakteristischen Reaktionen der Japaner auf die Begegnung mit den Europäern war schließlich ihre Neugier, auch von Dingen und Geschehnissen in der Welt jenseits des chinesischen Festlands zu erfahren. So waren etwa kartographische Darstellungen, die oft als Stellschirme montiert wurden, in dieser Zeit äußerst beliebt. Allerdings waren sie weniger zum praktischen Gebrauch als vielmehr zum beschaulichen Betrachten gedacht.

Das Interesse der Japaner an Europa war im Grunde nicht politisch motiviert, da man Europa eigentlich nicht als Staatengebilde auffaßte. Trotz der Neugier auf die Fremden und alles, was sie mit sich brachten, versuchte man nicht, diplomatische Beziehungen mit ihren Herrschern und Regierungen aufzunehmen.

Bemerkenswert ist auch, daß sich die damaligen Japaner den Europäern nicht unterlegen fühlten. Die Fremden waren seltsam und hatten viele herrliche Dinge, aber glaubten, läßt sich nicht nachprüfen, doch waren vermutlich das Interesse an westlichen Technologien und Sitten sowie besonders am Handel die in Wahrheit ausschlaggebenden Gründe für die Übernahme des neuen Glaubens.

Wenn ein Feudalfürst Christ wurde, konvertierten mit ihm gleichzeitig auch seine Untertanen. Dies widersprach zwar dem christlichen Dogma, nach dem der Glaube eine individuelle Entscheidung ist, aber die Konventionen der japanischen Gesellschaft waren stärker als fremde Prinzipien.

sam und hatten viele herrliche Dinge, aber Japan befand sich gesellschaftlich und kulturell in einer aufsteigenden Entwicklung, und so empfanden die Einheimischen die beiden Kulturkreise als gleichwertig. Die Japaner sahen in den Europäern weder eine Bedrohung noch hatten sie die Absicht, sie zu unterjochen.

Die erste Reaktion der Japaner auf das Christentum, die Folgen für das gesellschaftliche und politische Machtgefüge im Lande nach sich zog, erfolgte mit der Konvertierung einiger Territorialherren *(Daimyôs)* zu dem fremden Glauben. 1550 gestattete Ôuchi Yoshitaka dem Jesuiten Francisco Jassu y Xavier, die Missionstätigkeit aufzunehmen, 1563 wurde Ômura Sumitada getauft. Inwieweit die Territorialherren ernsthaft an die neue Religion

Das Shogunat beobachtete die konvertierten Territorialherren argwöhnisch und erkannte mehr und mehr die Gefahr, die vom Christentum für die überlieferte Ordnung ausging. 1588 ließ der Shogun Toyotomi Hideyoshi den Ausweisungsbefehl gegen die Jesuitenmissionare verkünden, und 1612 wurde das Christentum schließlich verboten.

Die westliche Religion wurde aus zwei Gründen als gefährlich angesehen: Zunächst einmal handelte es sich bei ihr um eine Lehre, die andere Wertesysteme ausschließt und allen den Glauben an einen einzigen Gott abverlangt. Das Tokugawa-Shogunat dagegen hatte die konfuzianische Ethik der Eltern-Kind-Beziehung auf das Herrscher-Untertan-Verhältnis übertragen, um so die Ordnung der Samurai-Gesellschaft mit dem Shogun an der Spitze

Rechts: Auf der Außenseite eines Backgammon-Kastens aus dem 16./17. Jahrhundert ist eine Landschaft mit dem Sumiyoshi-Schrein und dem Kiyomizu-Tempel in der Technik des Streudekors (maki-e) dargestellt. Darunter die Innenseite mit reichverziertem Spielbrett.

Oben: Ein Schießpulver-Behälter mit einer Lackmalerei im Stil der Südbarbaren (namban). Höhe: 36 cm. 16./17. Jahrhundert. Nationalmuseum Tokyo.

Oben: Hostien-Behälter. Höhe: 9 cm. 16./17. Jahrhundert. Tokei-ji-Tempel, Kanagawa.

zu bewahren. Im Christentum jedoch haben weder die Eltern noch der Herrscher die höchste Macht, sondern Gott. Unterstützt durch Angriffe buddhistischer Mönche gegen die Christen drangen Vorbehalte gegen die neue Religion in die japanische Herrscherschicht vor: Das Tokugawa-Shogunat, das in der ethischen Ordnung Japans vergöttlicht wurde, sah seine Machtposition durch eine Lehre in Frage gestellt, die der individuellen Verantwortlichkeit des Menschen vor Gott eine höhere Wertigkeit zusprach als dem bedingungslosen Gehorsam gegenüber einer weltlichen Macht.

Hinzu kam, daß das Christentum auch infolge seiner eigenen inneren Zerstrittenheit als Bedrohung für den Staat angesehen wurde. Denn es waren nicht nur Jesuiten, sondern auch Missionare anderer Religionsgemeinschaften nach Japan gekommen, die miteinander rivalisierten. Die größte Feindseligkeit herrschte zwischen den protestantischen Holländern und den katholischen Spaniern und Portugiesen. Von der Toyotomi- bis zur Tokugawa-Regierung hatte Japan sowohl über die protestantischen als auch über die katholischen

schen Nationen, den die Japaner schnell durchschauten und vor dem sie sich ebenso zu schützen suchten wie vor einer Untergrabung ihrer traditionellen ethischen Ordnung.

Selbstverständlich bedeutete die Vertreibung der Christen auch ein Versiegen der Informationsquelle über westliche Technologien und einen Verzicht auf Handelsgewinne. Deshalb unterdrückte das Tokugawa-Shogunat zwar die einheimischen Christen, verbannte aber nur die Fremden aus katholischen Ländern völlig aus Japan. Der Außenhandel wurde ausschließlich auf Nagasaki beschränkt und vom Shogunat monopolisiert, Handelspartner waren neben Korea und China auch das protestantische Holland. Die Holländer verstanden es von allen Seefahrernationen am geschicktesten, den Handel von der Religion zu trennen, und deshalb waren sie die einzige westliche Nation, die weiterhin zu dem abgekapselten Reich im Fernen Osten Beziehungen unterhalten durfte.

Die Unterdrückung der Christen wurde auf zwei Arten durchgeführt: Eine Methode bestand darin, daß sich alle Japaner in einem Tempel ihrer Wahl registrieren las-

Oben: Nobukata (zugeschrieben), «Ein alter Mann beim Lesen» (Rôjin dokusho). 16./17. Jahrhundert. Nobukata soll im Priesterseminar des Jesuitenordens die Malerei im westlichen Stil (yôga) studiert haben.

Länder Informationen eingeholt und sie gegeneinander abgewogen. Die Holländer legten negative Nachrichten über Spanier und Portugiesen vor und umgekehrt; denn hinter der Missionstätigkeit verbarg sich natürlich der Kolonialismus der europäi-

sen mußten (tera-uke), um zu beweisen, daß sie keine Christen waren. Auf Kyûshû, wo viele Christen lebten, wurden sogenannte Trittbilder – fumi-e, Bronzeplatten mit christlichen Darstellungen – zur Prüfung verwendet, ob jemand dem verbo-

Oben: «Fremde Herrscher und Könige zu Pferde» (Taisei ôkô kibazu byôbu). Stellschirm. 16./17. Jahrhundert. Museum der Stadt Kôbe, Hyôgo. Der Stellschirm wurde in der Schule des Jesuitenordens nach dem Vorbild europäischer Kupferstiche angefertigt.

tenen Glauben anhing oder nicht: Die Betreffenden mußten auf diese Platte treten, und wer sich weigerte, galt als Christ.

Darüber hinaus wurden christliche Gruppen gewaltsam unterdrückt, wofür etwa der Aufstand von Shimabara (1637 – 1638) Zeugnis ablegt. Zunächst nahm die Regierung den Widerstand der Christen nicht ernst und sandte nur eine verhältnismäßig kleine Truppe gegen rund 26 000 Rebellen aus, darunter auch ausländische Missionare, die sich in der Burg von Shimabara verschanzt hatten. Die Shogunatstruppen erlitten eine schwere Niederlage. Mit einem Heer von 160 000 Mann und holländischer Unterstützung konnte der Aufstand in einer zweiten Schlacht blutig niedergeschlagen werden.

Durch Registrierung und gewaltsame Verfolgung wurden die meisten Christen von ihrem Glauben abgebracht oder gar getötet. Trotzdem hielt eine kleine Gruppe von Gläubigen an ihrer Religion fest, die sie als «Christen im Verborgenen» im Gewand des Buddhismus weiter ausübten, indem sie die Kannon-Statue als Heilige Jungfrau Maria verehrten. Nach mehreren Generationen soll es auch vorgekommen sein, daß man nicht mehr eindeutig feststellen konnte, ob nun Maria oder Kannon im Zentrum der religiösen Handlungen standen. Auf diese Weise verschmolz das Christentum mit dem volkstümlichen Buddhismus. Dieser Vorgang zeigt beispielhaft, wie ein Volk eine fremde Religion unter den extremen Bedingungen von Unterdrückung und Verfolgung in einer synkretistischen Form annimmt.

DIE BEZIEHUNGEN ZUM WESTEN WÄHREND DER ABSCHLIESSUNGSPOLITIK

Als sich Japan außenpolitisch abzuschotten begann, wurden alle aus dem Ausland eingeführten technischen und kulturellen Errungenschaften streng kontrolliert. In den Jahren 1716 – 1736 jedoch lockerte der Shogun Tokugawa Yoshimitsu die Zensur westlicher Bücher, um die Wissenschaft zu fördern. Dadurch gelangten fortan wieder ausländische Schriften nach Japan, ausgenommen natürlich christliche Abhandlungen. Informationen über die Kultur und die neuesten technologischen Entwicklungen auf dem asiatischen Festland und im fernen Europa waren fortan nicht mehr ausschließlich dem Shogunat zugänglich, sondern verbreiteten sich auch unter den Gelehrten des Landes.

Im 17. Jahrhundert waren hauptsächlich wissenschaftliche Werke in niederländischer Sprache nach Japan gekommen, aber im 18. Jahrhundert wurden auch ins Chinesische übersetzte Bücher aus dem fernen Westen nach Nagasaki gebracht. Da die Gelehrten das Chinesische beherrschten, war der Einfluß dieser Importe sehr groß.

Besonders ausgeprägt blieb weiterhin das Interesse an westlichen Technologien

und an medizinischem Wissen. Das Shogunat ließ Schriften zu diesen Themen aus China einführen, förderte jedoch auch die Wissenschaftler im eigenen Land.

In der Medizin herrschte zur damaligen Zeit in Japan die chinesische Heilkunde vor. Nachdem die westliche Medizin allmählich Anerkennung erfuhr, verbreitete auch sie sich. 1754 wohnte Yamakawa Tôyô einer Obduktion bei und dokumentierte sie in seinem «Traktat über die Eingeweide» *(Zô-shi)*. Man stellte fest, daß die bisherigen einheimischen Theorien über die inneren Organe falsch und westliche Anatomiebücher glaubhafter waren. Anläßlich einer 1771 auf dem Richtplatz von Ozukahara durchgeführten Obduktion übersetzten Sugita Gempaku und Maeno Ryôtaku die «Tavel Anatomia», eine holländische

Oben: Bildnis des Jesuiten Francisco de Xavier y Jassu. 16./17. Jahrhundert. Museum der Stadt Kôbe, Hyôgo. Francisco de Xavier kam 1549 nach Japan und nahm eine expansive Missionstätigkeit auf. Die Konversion mehrerer Territorialherren (Daimyôs) zum Christentum erfolgte jedoch eher aus wirtschaftlichen Gründen als aus religiöser Überzeugung.

Ausgabe der Anatomie des deutschen Naturkundlers J. Kulmus, unter dem Titel «Das neue Buch der Anatomie» (*Kaitaishisho,* 1774) ins Japanische.

Nach der Medizin und insbesondere den chirurgischen Behandlungsmethoden folgten im Interesse der Menschen die Astronomie und die Kalenderkunde. Das astronomische Wissen war vor allem für die Navigation bedeutsam, aber auch für die Kalenderreform wurden westliche Kenntnisse als zusätzliche Informationsquellen herangezogen.

Eine weitere auffällige Haltung der Japaner gegenüber dem Westen war, daß sie dessen kulturelle Errungenschaften in vielerlei Hinsicht wie «Spielzeuge» behandelten. In der Mitte der Tokugawa-Zeit florierte das Leben in den Städten, und es wurden neue Vergnügungsarten erfunden:

Feuerwerke, Flußfahrten, Kirschblütenschauen, Theaterbesuche und humoristische Kettendichtungen waren in dieser Zeit äußerst populär. In der Holzschnittkunst entstanden Kalenderdrucke (*e-goyomi*), die unter ihren Liebhabern ausgetauscht wurden. Die Neigung zum Vergnüglichen spiegelte sich auch in der Literatur wider. So wurden beispielsweise in großer Zahl Ulkgedichte in japanischer Form aus 31 Silben (*kyô-ka*), Ulkgedichte in chinesischer Form (*kyô-shi*) und komische *senryû*-Gedichte geschaffen.

Die exotische Kultur des Westens weckte zwangsläufig die Neugier der Bevölkerung: Mechanische Uhren und Fernrohre aus Europa waren sehr beliebt, wurden aber nicht zu praktischen Zwecken verwendet, sondern zum reinen Vergnügen gesammelt. In

Oben: «Die Weltkarte». Teil des Stellschirmpaars «Vier Städte und die Weltkarte». 16./17. Jahrhundert, Museum der Stadt Kôbe, Hyôgo. Der zweite Teil dieser Arbeit eines japanischen Malers aus der Malschule des Jesuitenordens zeigt Panoramen der Städte Lissabon, Rom, Sevilla und Konstantinopel. Die geographischen und astronomischen Kenntnisse der Japaner waren zu dem Zeitpunkt, als die Jesuiten ihre Missionstätigkeit aufnahmen, weit hinter westlichem Standard zurück.

Links: Ein Tuch mit aufgedruckten christlichen Motiven. Tokugawa-Museum, Ibaragi.

Oben: «Trauernde Maria». 16./17. Jahrhundert. Namban-Bunkakan, Osaka.

Unten: Der Shimbara-Richtplatz von Nagasaki. Auf dem für christliche Märtyrer errichteten Gedenkstein steht die Gebetsformel «namu-amida-butsu» («Ich nehme meine Zuflucht zu Buddha-Amida»). Bereits 1578 ließ der Shogun Toyotomi Hideyoshi die Jesuiten aus dem Land weisen, 1614 wurde das Christentum gänzlich verboten.

Japan benutzte man die Uhr damals keineswegs zum exakten Messen der Zeit, und es konnte auch nicht die Rede davon sein, daß man versucht hätte, mit ihrer Hilfe die Verwaltung leistungsfähiger zu machen oder gar die Produktivität der Wirtschaft zu steigern.

Als exotische Ausstellungsstücke waren sie hingegen weit verbreitet, wovon insbesondere auch die bildende Kunst dieser Zeit Zeugnis ablegt. Ende des 18. Jahrhunderts fertigte der Holzschnittmeister Suzuki Harunobu ein parodistisches Bild mit dem Titel «Abendgeläut einer Uhr» (aus der Folge «Acht Ansichten von Zashiki») an. Dieser populäre Vielfarbendruck dokumentiert den wenig zweckgebundenen Umgang seiner Zeitgenossen mit der europäischen Kultur.

Auch in der Malerei war das spielerische Moment augenfällig. Über Nagasaki gelangten einige Ölbilder und Kupferstiche ins Land. Die japanischen Maler erkannten schnell die großen Unterschiede dieser Stiche zu ihrer traditionellen Malerei, vor allem im Hinblick auf die Techniken der Zentralperspektive und der Schattierung, die von den Europäern wirkungsvoll zur Darstellung des dreidimensionalen Raums genutzt wurden.

Techniken, die in den Bildern eine plastische Welt erschaffen helfen, hängen mit der Grundeinstellung des Menschen zur räumlichen Welt zusammen. In der Geschichte der europäischen Malerei begann die zentralperspektivische Gestaltungsweise in der Renaissance, und die Erfindung dieser Technik war auch Ausdruck des Willens, die Welt strukturell zu erfassen.

Als die Japaner jedoch erstmals die holländischen Kupferstiche sahen, bemerkten sie nicht den Unterschied zwischen der japanischen und der europäischen Weltsicht, sondern sie fanden die Stiche exotisch und schätzten deren ungewöhnliche Effekte. Wenn aber eine künstlerische Technik losgelöst von ihrem philosophisch-weltanschaulichen Hintergrund betrachtet wird, gerät sie leicht zu einem rein spielerischen Element. Entsprechend verhält es sich mit Schöpfungen, die in dieser Technik ausgeführt werden, ohne daß die Künstler die Darstellungszwecke ihrer Vorbilder verfolgen. Ein typisches Beispiel hierfür sind die von den Holzschnittmeistern gemalten plastischen Bilder (uki-e). Okumura Masanobu (1686–1764) stellte zwar in der Serie «Abendkühle an der Ryôgoku-Brücke in plastischen Bildern» (1741–1748) die In-

nenräume zentralperspektivisch dar, aber die Landschaft zeigte er weiterhin in der traditionellen Vogelschau. Bei Darstellungen von Straßen oder Theaterinnenräumen konnte er die europäischen Techniken und Stilmittel effektvoll anwenden, aber ihre Übernahme war bei diesem Maler, der sowohl in traditioneller als auch in plastischer Weise zeichnete, doch nur ein spielerisches Mittel.

Bemerkenswert an der Reaktion der Japaner auf die Bekanntschaft mit der europäischen Wissenschaft war schließlich noch, daß insbesondere die Gelehrten des Landes die Kunst und das Wissen des Westens als eine starke Herausforderung für das traditionelle sino-japanische Weltbild und Wertesystem empfanden, vor allem für den Konfuzianismus. Die einheimischen Philosophen, Künstler und Wissenschaftler wollten das westliche Wissen nicht einfach dem traditionellen System hinzufügen, sondern sie nahmen die Bekanntschaft mit dem Fremden zum Anlaß, die Gültigkeit ihres überlieferten Wertesystems unter Einbeziehung der neuen Kenntnisse grundlegend zu prüfen.

In der Malerei zeigte sich ein ausgeprägtes Interesse am westlichen Realismus. Ohne Zweifel wirkte hier der Einfluß des chinesischen Malers Shen Nanpin nach, der von 1731 bis 1733 in Nagasaki die naturalistische Malweise der Qing-Dynastie

gelehrt hatte. Ein anderer Grund war das am Ende des 17. Jahrhunderts allmählich zunehmende Interesse an der Naturkunde,

deren Entwicklung mit der Einführung der chinesischen Kräuterkunde begonnen hatte und die seit der Veröffentlichung von Kaibara Ekikens «Buch der japanischen Kräuter» (1709) zu einer mit großem Eifer betriebenen wissenschaftlichen Disziplin ausgebaut worden war. In der Folge kamen auch europäische Naturkunde-Bücher in Japan heraus, die großen Einfluß auf die einheimische Kräuterkunde ausübten. Das naturkundliche Interesse vermischte sich nicht nur mit dem spielerischen Element der Aufnahme westlichen Wissens, sondern auch mit dem wissenschaftlichen. Um die verschiedenen Pflanzen- und Vogelarten bestimmen und klassifizieren zu können, mußte man sie exakt darstellen. Dadurch war die naturalistische Darstellungskraft der Maler gefordert. Indem man die Hauptaufgabe der Malerei nunmehr also in realistischen Darstellungen sah, bedeutete dies zugleich vom Standpunkt der traditionellen Tuschmalerei aus betrachtet eine

Werteverlagerung, die durch den Kontakt mit den holländischen Kupferstichen zusätzlich gefördert wurde.

Die durch westliche Einflüsse geprägte japanische Malerei brachte in der Folgezeit zunehmend auch Werke hervor, in denen sich eine ernsthafte Auseinandersetzung mit der fremden Kultur spiegelte. So schuf beispielsweise Maruyama Ôkyo Verbindungen zwischen Stilen und Techniken traditioneller Schulen – zum Beispiel der rein japanischen Malerei (yamato-e), der Kunst der Kanô-Schule und der Literatenmalerei (bunjin-ga) – mit dem realistischen Stil. Er verwendete die Zentralperspektive auch bei seinen Landschaftsdarstellungen. Shiba Kôkan übernahm schließlich den Realismus der Europäer ohne Einschränkungen und bekannte sich offen zum westlichen Stil. Er stellte zum ersten Mal in Japan Radierungen her, studierte die Ölmalerei und war auch als Vermittler der westlichen Naturwissenschaften aktiv. Man kann zwar

*Oben: «Die Märtyrer von Nagasaki»
(Nagasaki dai junkyô-zu).
17. Jahrhundert. Il-Gesù-Kirche, Rom.
Die Darstellung des Pogroms von 1622
wurde vermutlich von einem der
christlichen Künstler hergestellt, die
nach dem Verbot ihrer Religion ins
Ausland gingen.*

*Gegenüberliegende Seite unten rechts:
Betende Mädchen während der
Christmesse in der Kirche des Heiligen
Francisco de Xavier von Kogoshima.
Ungeachtet aller Verbote und
Verfolgungen hielten vor allem auf
Nagasaki etliche Gläubige an ihrer
Religion fest, die sie als «Christen im
Verborgenen» ausübten. Häufig wurde
die Statue der Kannon als Jungfrau
Maria verehrt.*

239

Oben: «Nagasaki während der Kambun-Ära» (Kambun Nagasaki byôbu). Stellschirm. 1672. Museum der Stadt Nagasaki.
Rechts im Bild ist die Insel Deshima zu erkennen, die zur Zeit der strikten Abschließungspolitik der einzige Ort war, an dem Handel mit dem Ausland getrieben wurde.

nicht sagen, daß seine Werke künstlerisch originell waren, aber sie ließen immerhin erkennen, daß die Ziele der Malerei und ihre Techniken nicht ein für allemal festgelegt waren, sondern daß verschiedene Stile zur Auswahl standen und so jederzeit die prinzipielle Möglichkeit einer Werteveränderung gegeben war.

Diese Situation des Neben- und Miteinander der Stile hielt bis zum Ende des 18. Jahrhunderts an. Im 19. Jahrhundert

traten dann auch originelle Maler in Erscheinung, die sich die Techniken der Zentralperspektive und der Schattierung völlig zu eigen gemacht hatten. Erwähnenswert sind hier insbesondere Katsushika Hokusai und Andô (Utagawa) Hiroshige. Sie kopierten nicht nur die westlichen Kupferstiche, sondern gestalteten auf den Bildflächen gewagte Ausschnittvergrößerungen und Darstellungen aus der Froschperspektive, während bis zu diesem Zeitpunkt die

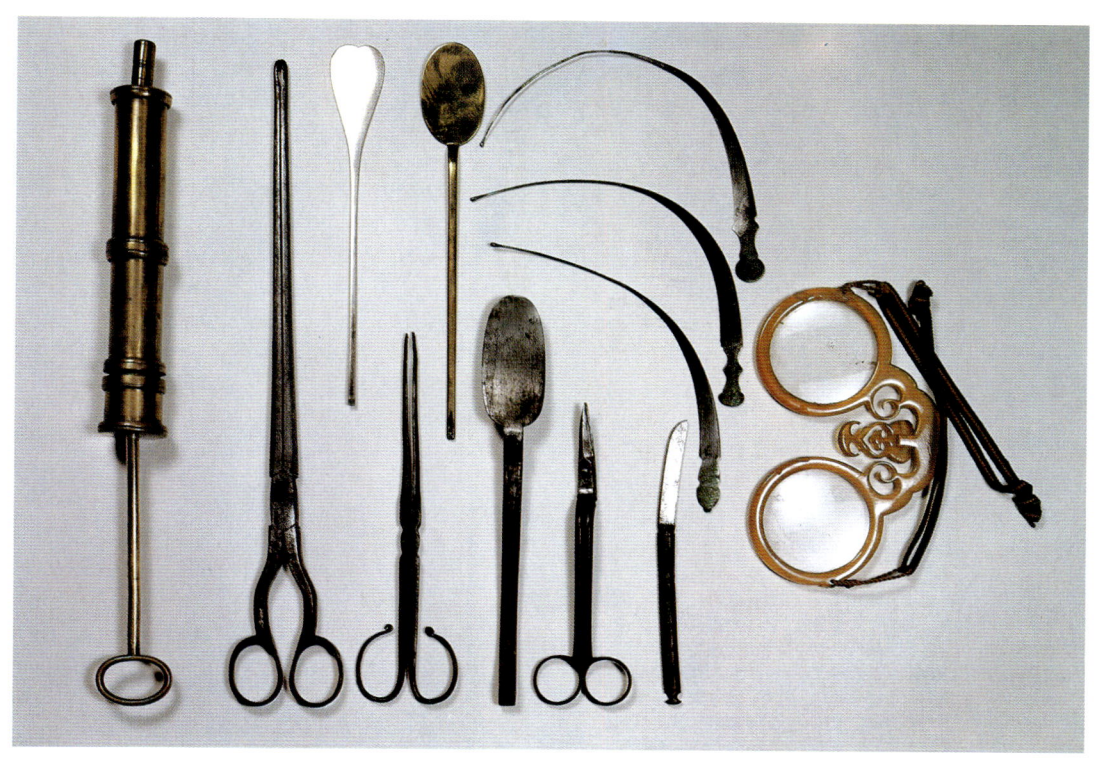

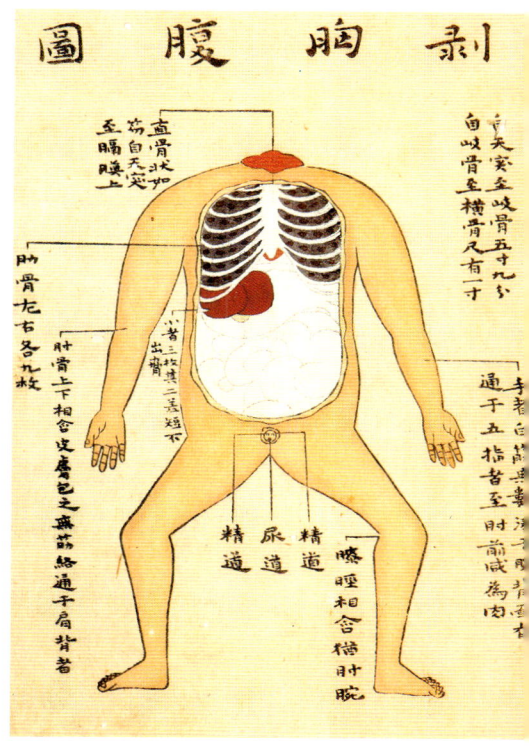

Landschaftsbilder der Tuschmalerei fast ausnahmslos in der Vogelschau dargestellt worden waren. Beispielhaft für diese Entwicklung sind Hokusais «36 Ansichten des Berges Fuji» sowie Hiroshiges «Berühmte Stätten von Edo» (heute Tokyo). Daß Holzschnitte dieser Künstler die Impressionisten in Frankreich beeinflußten, ist allgemein bekannt.

Watanabe Kazan (1793 – 1841) wiederum malte mit meisterhafter Schattierungs-

Unten: «Das Neue Buch der Anatomie» (Kitai Shinsho) aus dem Jahr 1774 (Mitte), eine Übersetzung von Maeno Ryôtaku und Sugita Gempaku der niederländischen «Tavel Anatomia» (Bibliothek der Universität Tokyo).

technik realistische Porträts, beispielsweise das Bildnis von *Takami Senseki*. Der realistische Stil diente nicht in erster Linie dazu, die Porträts plastisch und dadurch interessant erscheinen zu lassen, sondern er war bei diesen Künstlern ein malerisches Mittel der Persönlichkeitsdarstellung wie auch der Wirklichkeitserkenntnis.

Als sich Japan während der Tokugawa-Zeit über Nagasaki wieder vorsichtig öffnete, stand die Kultur des Westens der überlieferten japanischen Weltanschauung also in vielen Hinsichten schroff gegen-

Oben links: Chirurgische Instrumente und die Brille des Chirurgen Hanaoka Seishû (1760 – 1835), dem als weltweit erstem Mediziner eine Brustkrebsoperation mit Vollnarkose gelang. Medizinische Hochschule der Präfektur Wakayama.

Oben: Eine anatomische Zeichnung aus dem Buch Zô-shi (1759) von Yamawaki Tôyô (1705 – 1762). Yamawaki stellte die traditionellen chinesischen Theorien über die Organe in Frage.

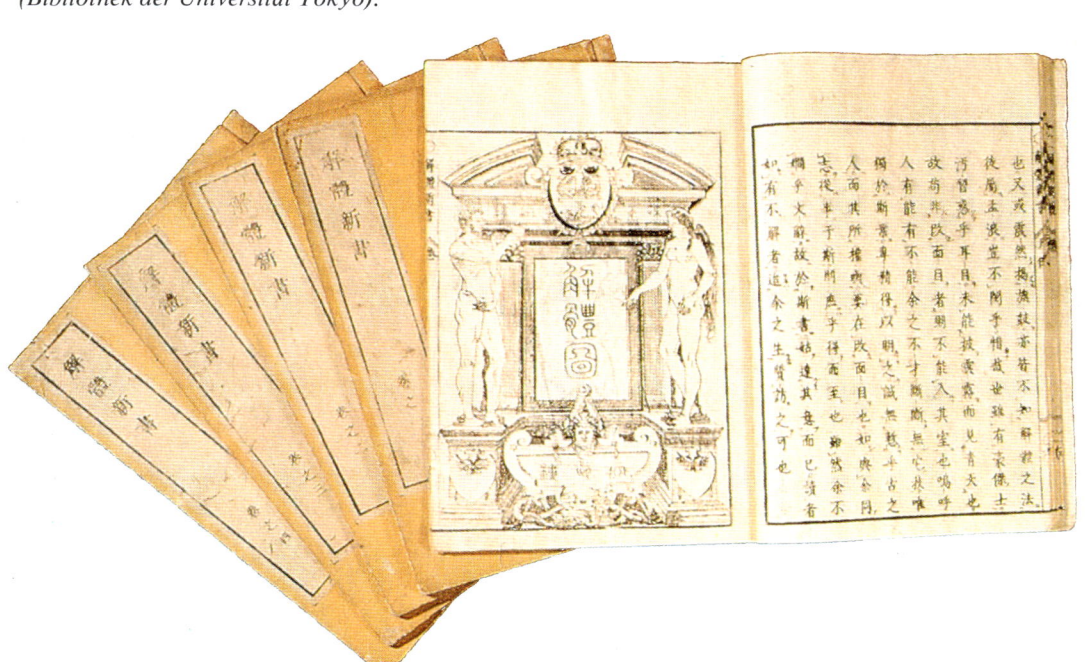

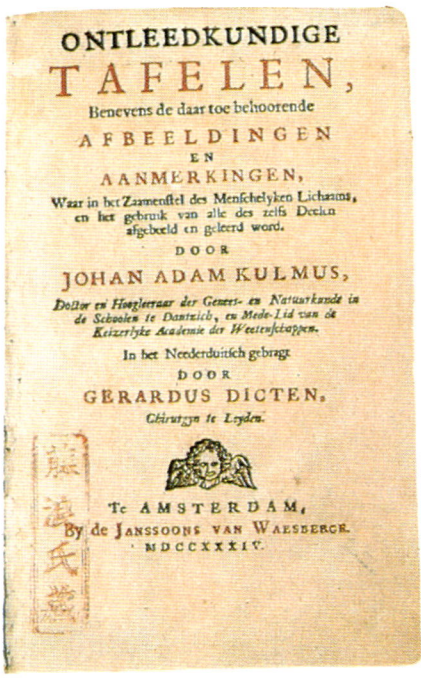

Oben: Ein Kompaß (halbkreisförmiges Himmelsrichtungsbrett) aus der mittleren Tokugawa-Zeit. Inô-Kinenkan-Museum, Chiba.
Mit einem Gerät dieser Art wurde Japan vermessen. Die Ergebnisse führten zur ersten wissenschaftlichen Karte des Landes.

Oben: Hiraga Gennan (1728 – 1779), Butsurui Hinshitsu (1763). Hiragas vierbändiges Buch war eines der ersten wissenschaftlichen Werke in Japan, in dem landwirtschaftliche Produkte und Pflanzmethoden ausführlich beschrieben wurden.

Gegenüberliegende Seite oben: Shuba Kôkan (1747 – 1818), «Ansicht von Mimeguri» (1783). Museum der Stadt Kôbe, Hyôgo.
Shubas Bild ist seitenverkehrt gemalt, denn es war dazu gedacht, durch das nebenstehende optische Gerät (zweite Hälfte des 18. Jahrhunderts) betrachtet zu werden, das die Vorlage durch die Vergrößerungsvorlage spiegelte.

über. Die zunehmende Vertrautheit mit den fremden Einflüssen setzte aber später – zumindest in der Malerei – auch schöpferische Kräfte frei. In dem Maße, wie es gelang, die importierten Techniken mit ursprünglich japanischen Traditionen zu verbinden, hörte die Verwestlichung der Kunst allmählich auf, bloße Formspielerei ohne Inhalt zu sein.

DIE KREATIVITÄT DER NEUZEITLICHEN MALER

Die Meiji-Regierung folgte dem Grundsatz, Japan nach westlichem Vorbild zu modernisieren und zu industrialisieren. Die Situation ähnelte derjenigen im 6. Jahrhundert, als der Prinz Shôtoku neue Technologien aus China einführte und das Land unter der Vermittlung des Buddhismus zu einigen versuchte. Die Ziele der politischen Führung lagen auch im 19. Jahrhundert darin, den Staat zu industrialisieren und die benachbarten Industrieländer schnell einzuholen.

In der Malerei traten in der Folgezeit Künstler in Erscheinung, die mit Ölfarben arbeiteten und bis zu einem gewissen Grad auch neue Themen behandelten. Takahashi Yûichi (1828 – 1894) war während der Reformzeit am Ende der Tokugawa-Ära mit westlicher Kunst bekannt geworden. Techniken der Ölmalerei erlernte er von Charles Wirgman, einem Korrespondenten und Illustrator der «Illustrated London News», und er entwickelte bald einen eigenen Stil in dieser Kunst. Im Vergleich mit der ostasiatischen Malerei bis zu diesem Zeitpunkt wirken Takahashis Bilder revolutionär. In seinen Stilleben wie «Der Lachs» (1877, Staatliche Kunstakademie Tokyo), «Tofu und Aburage (ausgebackene Tofu-Paste)» (1876 – 1877) und «Der getrocknete Bonito-Fisch» (1877, beide im Kotohira-Schrein-Museum von Kanagawa) kann man die große Energie des Künstlers spüren, sein Talent, die Gegenstände ungewohnt realistisch darzustellen. Diese Energie führte beispielsweise seine Darstellung des «Lachses» ohne erwähnenswerte Vorübungen nahe an das Niveau der holländischen Stillebenmalerei des 17. Jahrhunderts heran. Das Eigendasein der einzelnen Dinge ist in den Werken dieses Künstlers ungewöhnlich stark ausgeprägt.

Im Rahmen ihrer Modernisierungspolitik legte die neue Regierung vorausblickend den Schwerpunkt auf die Erziehung. Zunächst führte die Meiji-Regierung die allgemeine Schulpflicht ein und lud für den Unterricht an weiterführenden Schulen ausländische Lehrer aus den hochindustrialisierten Ländern ein, nicht nur für die Bereiche der Industrietechnologie, Medizin und Landwirtschaft, sondern auch für Musik, Kunst und Philosophie.

An der 1876 gegründeten Ersten Staatlichen Technischen Kunstschule unterrichteten ebenfalls ausländische Lehrer. Der einflußreichste unter ihnen war der aus Turin stammende Maler Antonio Fontanesi (1818 – 1882), der von 1875 bis 1878 in Tokyo lebte. Fontanesi lehrte mit den Methoden des europäischen Akademismus das Zeichnen und die Grundtechniken der Ölmalerei. Zu seinen bedeutendsten Schülern gehörten Koyama Shôtarô (1857 – 1916), Matsuoka Hisashi (1862 – 1944) und Asai Chû (1856 – 1907), der begabteste unter ihnen. Dies war die erste Generation japanischer Maler, die von einem exzellenten europäischen Künstler die Ölmalerei unmittelbar erlernten.

Fontanesi betonte zwar die technischen Grundkenntnisse, aber er lehrte auch, daß sich die Malerei nicht in einer wirklichkeitsgetreuen Nachahmung erschöpft, sondern eine Kunst ist. Man dürfe nicht einfach Gegenstände abbilden, sondern man müsse eine ästhetische Welt erschaffen, lautete sein Credo.

Nachdem er den Realismus beherrschen gelernt hatte, versuchte Asai Chû – im Sinne Fontanesis – in seinen Werken eine künstlerisch überhöhte Welt nach dem Vorbild der europäischen Ästhetik zu gestalten. Im Schaffen der Fontanesi-Schüler

zeigte sich erstmals in der Kunst Japans, daß die Auseinandersetzung einheimischer Künstler mit der europäischen Ölmalerei geeignet war, Bilder hervorzubringen, die einerseits an das Niveau ihrer Vorbilder heranreichten, andererseits aber auch der überlieferten asiatischen Kunst insgesamt neue Dimensionen eröffneten.

Eine weitere wichtige Maßnahme der Meiji-Regierung bestand darin, japanische Studenten ins Ausland zu schicken. Mediziner und Musiker gingen nach Deutschland, Techniker in die USA und nach Deutschland, Marineoffiziere nach England, Heeresoffiziere wiederum vorzugsweise nach Deutschland.

Meist war man bestrebt, die Studenten eines Fachgebietes in jeweils einem Land lernen zu lassen. Bei den Künstlern war dies jedoch anders: Harada Naojirô (1863 – 1899) ging nach Deutschland, Matsuoka Hisashi (1862 – 1944) nach Italien, und Kuroda Seiki (1866 – 1924) studierte in Frankreich. Der einflußreichste unter diesen Künstlern war Kuroda Seiki. Als er aus Frankreich nach Japan zurückkehrte, lenkte er das Interesse der japanischen Maler auf Paris. Aber die zunehmend häufigeren Studienaufenthalte japanischer Maler in Paris waren nicht allein auf seinen Einfluß zurückzuführen, da keinesfalls nur fernöstliche Künstler in diesen Jahren dort studierten. Wie einst die Künstler nach Italien

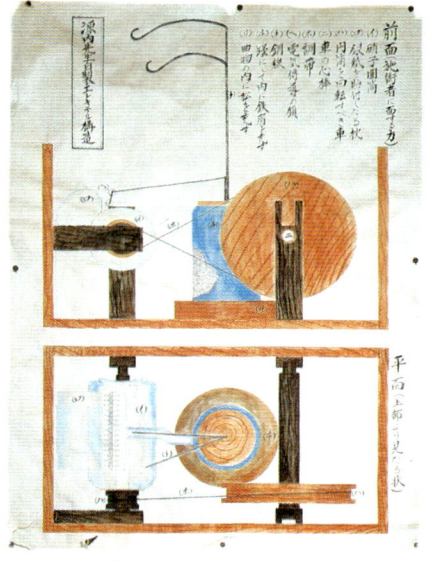

Oben: Hiraga Gennan, Konstruktionsbeschreibung eines «Generators». Gennan erfand seinen Generator auf Grundlage des Studiums holländischer Schriften und unter Zuhilfenahme von westlichen Hilfsmitteln, die über Nagasaki eingeführt wurden.

Links: Aôdô Denzen (1747 – 1822), «Das Ryôgoku-Viertel» (Ryôgoku-zu). Ende der Tokugawa-Zeit. Die Szene der Stadt Edo wird mit Hilfe der Zentralperspektive geschildert.

gingen, kamen sie in der zweiten Hälfte des 19. Jahrhunderts überwiegend an die Seine, wo sich spätestens seit dem Impressionismus das Zentrum der europäischen Kunst befand.

Aber das Leben wie auch das Arbeiten der Japaner in Paris unterschieden sich von denjenigen anderer Ausländer, waren es nun Amerikaner, Engländer, Deutsche oder Russen. Bei den meisten Künstlern hingen das Was – das Thema – und das Wie – der Stil – ihres Malens eng mit ihrer jeweiligen Lebensweise beziehungsweise der durch sie bedingten Ästhetik zusammen: Künstler können im allgemeinen nicht das Atelier von ihren individuellen Lebensumständen und der Gesellschaft, unter deren prägendem Einfluß sie arbeiten, trennen und isoliert von der Außenwelt künstlerisch schaffen. Ihre Bilder sind fast immer Produkte, die im Spannungsfeld zwischen dem Wunsch, etwas auf ganz bestimmte Weise auszudrücken, und den technischen Möglichkeiten, diesen Wunsch

adäquat umzusetzen, entstehen. Die japanischen Studenten aber betrachteten die Malerei als reine Technik, sie trennten ihre Kunst vom Leben und klammerten das Problem des «Was» nahezu vollständig aus, um sich nur auf das «Wie» zu konzentrieren. Wenn man aber seine Aufmerksamkeit nur auf diesen Punkt richtet, ergeben sich die Sujets der Bilder zwangsläufig allein aus der Antwort auf die Frage: «Was ist zur Zeit in Paris Mode?»

Die Pariser Kunstszene dieser Jahre war geprägt durch den Akademismus und den aufkeimenden Impressionismus, der sich von den bis dahin allgemein verbindlichen Regeln abwendete. Dies zog auch eine Veränderung in der Technik der Ölmalerei nach sich. Die Hintergründe dieses Wechsels der Stile und Techniken waren für die meisten japanischen Künstler nebensächlich, von Asai Chû und Kuroda Seiki einmal abgesehen. Die Mehrzahl der fernöstlichen Künstler orientierte sich an den jeweils aktuellsten Vorbildern, und daher

Oben: Takahashi Yûichi (1828 – 1894), «Der Lachs» (Sake, Ausschnitt). 1877. Kunstakademie Tokyo.
Takahashi eignete sich die Techniken der westlichen Ölmalerei mit Hilfe von Büchern im Selbststudium an und stellte seine Ölfarben und Leinwände eigenhändig her.

Vorhergehende Doppelseite: Shibata Kôkan, «Weltkarte», 1793. Die Karte entstand nach einem holländischen Vorbild, das der Forscher Ôtsuki Gentaku aus Amsterdam erhalten hatte.

ähneln die meisten Bilder japanischer Künstler denen der Europäer – ganz so, als wären sämtliche kulturellen Unterschiede im Bereich der Malerei ohne Belang.

Diese Tendenz setzte sich bis zum Surrealismus fort. Saeki Yûzo (1898–1928) beispielsweise war ein technisch ausgezeichneter Maler, der hervorragend seine Lehrer an der École de Paris nachahmte. Er orientierte sich an den Arbeiten von Maurice Utrillo und Maurice de Vlaminck und stellte ausgesprochen geschmackvoll die Straßen von Paris dar. Aber er war offensichtlich an dieses Thema und diese Atmosphäre gebunden; denn als er nach Japan zurückkehrte, verloren seine Bilder an Lebendigkeit und Frische.

Vlaminck wollte ein neues, von anderen Künstlern noch nicht gemaltes Paris darstellen. Um etwas Neues kreieren zu können, muß man sich zunächst mit dem Überlieferten auseinandersetzen, von dem man sich abgrenzen will. Die japanischen Künstler in Europa hatten hierzu keine Veranlassung und eigentlich auch keine Möglichkeit. Sie konnten die ihnen fremde Kultur nicht kritisieren und verändern, denn sie hatten ja gerade erst begonnen, sie zu studieren. In Japan selbst hätten sie sich von der Tuschmalerei zur Ölmalerei wenden können, aber im Streit zwischen Akademismus und Impressionismus blieben sie notwendigerweise unbeteiligte Beobachter. Und so war etwa Saeki in Paris ein glänzender Schüler, aber er war nicht in der Lage, aus dem dort Erlernten eine eigene Welt zu erschaffen.

Dieses Problem betraf nicht nur die Maler, sondern es zeigte sich bei fast allen Japanern der Neuzeit, die in Europa studiert hatten. Sogar philosophische Gedanken, die in den europäischen Ländern zu dieser Zeit verbreitet waren, wurden mit leichter Verspätung in Japan populär, etwa der Neukantianismus oder die Philosophie von Henri Bergson. Dies setzte sich bis zum Existentialismus und Strukturalismus der Nachkriegszeit fort. Da aber zumeist

Oben: Adai Chû, «Die Ernte» (Shûkaku). 1890. Kunstakademie Tokyo.

Links: Takahashi Yûchi, «Das Tor zum Präfekturbüro von Miyagi» (Miyagi kenchô monzen-zu). 1881. Kunstmuseum der Präfektur Miyagi. Auf einer Röntgenaufnahme des Bildes ist die Steinmauer hinter der Kutsche sehr deutlich, die Kutsche selbst aber nur in Umrissen zu erkennen. Daraus läßt sich folgern, daß die Kutsche später gemalt worden ist. Nach den damals geltenden Regeln für die Ölmalerei mußte die Farbe bei Landschaftsdarstellungen zunächst im Hintergrund, dann im Mittelgrund und erst zuletzt im Vordergrund aufgetragen werden. Takahashi hat sich offenkundig an diese Vorschrift gehalten.

247

Oben: Kuroda Seiki (1866–1924),
«Seeufer» (Kohan). 1897. Nationales
Kulturinstitut, Tokyo.
Kuroda studierte als einer der ersten
japanischen Maler in Europa und
machte nach seiner Rückkehr die
Künstler seines Heimatlandes mit der
Malerei des französischen Akademismus
und Impressionismus bekannt.

diese Gedanken und Lehren in eine Umgebung verpflanzt wurden, wo sie im Grunde nicht gedeihen konnten — die Fragen, auf die europäische Philosophen Antworten suchten, wurden oft in Japan gar nicht gestellt, ja, sie konnten dort gar nicht gestellt werden —, blieb die Beschäftigung mit westlichen Ideologien häufig ohne nennenswerte Folgen. Die Geschichte der japanischen Malerei im westlichen Stil steht in dieser Hinsicht stellvertretend für ein generelles Problem, das die japanische Kultur bei ihrem Kontakt mit Europa hatte.

Es gab natürlich auch Ausnahmen. Unter den Künstlern, die im westlichen Stil malten, gab es einige, die nicht allein aus modischen Gründen neue Techniken erlernten, sondern bewußt neue Mittel zum Ausdruck ihrer Intentionen suchten. Zu diesem Kreis gehörte Aoki Shigeru (1882 – 1911). Er nahm für seine Werke wie «Flucht aus der Totenwelt» (1903, Staatliche Kunstakademie Tokyo) und «Ein guter Fang» (1904, Bridgestone-Museum) Motive aus der japanischen Mythologie und fand so einen Weg, dem einfachen Imitieren fremder Vorbilder zu entgehen. Seine Gemälde sind von einem starken Ausdruckswillen getragen, in ihnen kann man das Bestreben erkennen, das «innere Bild» des Künstlers mit Hilfe der Ölmalerei und ihrer Techniken darzustellen.

Unten: Kishida Ryûsei, Porträt des Mädchens Reiko. *1921. National-museum Tokyo.*
Von 1918 an entstand eine ganze Serie von «Reiko»-Bildnissen, in denen sich Kishidas Hinwendung zur traditionell japanischen Malerei erstmals deutlich zeigte.

Links: Kishida Ryûsei (1891 – 1929), «Tanzendes Mädchen» (Dojo mai sugata). *1924. Ôhara-Kunstmuseum, Okayama.*
Kishida war zunächst von der Malerei im westlichen Stil beeinflußt, wandte sich aber später dem Studium der yamato-e-Kunst sowie der chinesischen Malerei im Stil der Song- und Yuan-Zeit zu. Er entwickelte einen eigenen Stil, indem er Motive der ostasiatischen Kunst in die Ölmalerei überführte.

Unten: Hishida Shunsô (1874 – 1911), «Su Wu und Li Ling nehmen Abschied» (Sori ketsubetsu). 1901.
Auch Shunsô vereinigte in seiner Kunst traditionell ostasiatische Themen und Motive mit Techniken der europäischen Ölmalerei.

Oben rechts: Kishida Ryûsei, «Der Durchstich» (Kiritôshi no shasei). 1915. Nationalmuseum für Moderne Kunst, Tokyo.
Zur Freilichtmalerei war Kishida durch Kuroda Seiki gekommen. In seinem Werk zeigen sich nicht nur Einflüsse der Spät-Impressionisten und Fauvisten, sondern auch des Realismus der nördlichen Renaissance (Albrecht Dürer und van Eyck).

Rechts: Saeki Yûzô (1898 – 1928), «Plakate auf einer Café-Terrasse» (Terasu no kôkoku). 1927. Bridgestone-Kunstmuseum, Tokyo.
Saeki studierte in Paris bei Maurice de Vlaminck. Der Künstler zeigte sich in späteren Jahren auch von den Fauvisten sowie vom Lyrismus der Malerei Maurice Utrillos beeinflußt.

Ein weiterer Maler, der aus der Schar westlich beeinflußter Künstler herausragte, war Kishida Ryûsei (1891–1929). Er studierte die Werke der Präraffaeliten und der nördlichen Renaissance, aber er imitierte sie nicht. Seine Porträts des Mädchens Reiko waren die Frucht einer ständigen Auseinandersetzung mit der Frage, inwieweit sich das Wesentliche seines Modells darstellen ließ. In diesen Bildern herrscht ein spannungsvolles Verhältnis zwischen dem «Wie» und dem «Was» der Darstellung.

Ein anderes Hauptwerk von Kishida – «Der Durchstich» (1915, Nationalmuseum der Modernen Kunst, Tokyo) – bedeutete für den Künstler eher eine Landschaftsdarstellung mit tiefergehenden Absichten als einfach nur eine Ölmalerei in westlicher Manier: Auf diesem Gemälde ist keine zufällig gesehene, sondern eine individuell umgestaltete Landschaft zu sehen, in der sich im kleinen die ganze Welt zu konzentrieren scheint.

Es gab auch einige Künstler, die ins Ausland gingen und dort blieben. Fujita Tsuguharu (1886–1968) etwa verbrachte die meiste Zeit seines Lebens in Frankreich und erwarb später die französische Staats-

bürgerschaft. Kuniyoshi Yasuo (1867–1943) übersiedelte in die USA.

Fujita trat um 1920 in den Künstlerkreis der Ecole de Paris ein und lernte von den Fauvisten. Er wagte sich nicht in der Manier europäischer Maler an die Ölmalerei, sondern verwendete Ölfarben meist wie helle japanische Farben. Der Künstler entwickelte einen miniaturhaften, ihm eigenen Stil mit einer eigenen Linienführung. Fujita war kein Kolorist, sondern in erster Linie Zeichner, und er brachte erstmals seit den Holzschnittmeistern wieder elegante und erstmals seit Watanabe Kazan wieder realistische Linien zur Geltung. Überraschenderweise hatte Fujita gerade deshalb in Paris Erfolg, weil er auf traditionelle japanische Maltechniken zurückgriff.

Kuniyoshi hingegen setzte die japanischen Techniken nicht bewußt und planend ein, aber die Sinnenwelt des Landes, in dem er bis zu seinem 17. Lebensjahr gelebt hatte, wirkte sich dennoch auf seine oft naiv anmutenden Arbeiten aus seinen zwanziger Jahren aus. Es sind vor allem statische Kühe, Kinder und Landschaften sowie ein vogelperspektivischer Bildaufbau, dazu die Direktheit und die starken Deformationen in den Darstellungen, die

Oben: Tsuchitani Takeshi (*1926), «Der gehende Stahl» (Aruku tetsu). 1981. Museum der Stadt Iwaki, Fukushima. Der abstrakte Bildhauer Tsuchitani besticht in seinen Werken durch ein einmaliges Gefühl für die verwendeten Materialien.

Links: Nambata Tatsuoki (*1905), «Rhapsodie» (Kyôshiyoku). 1962. Museum der Stadt Iwaki, Fukushima. Nambatas abstrakte Werke, die nach dem Zweiten Weltkrieg entstanden, sind geheimnisvoll und schwer zu entschlüsseln.

251

seine Bilder auszeichnen. Nach seinem 30. Lebensjahr zeigen sich in Kuniyoshis Werken die Erfahrungen seiner Europareise, japanische Schatten sind jetzt nicht mehr zu sehen.

Zur gleichen Zeit gab es neben den im westlichen Stil arbeitenden Künstlern Maler, die weiterhin mit Tusche und traditionellen Farben auf Seide und Papier arbeiteten. Diese Malerei im japanischen Stil *(nihon-ga)* hat eine lange Tradition und wurde in der Tokugawa-Zeit zur Vollendung gebracht. Deshalb kann man die *nihon-ga* nicht getrennt von der Gesellschaft dieser Epoche, ihrem Lebensgefühl und ihrem Sinn für Ästhetik betrachten: Die festgelegten Techniken, Themen und Stimmungen waren allesamt mit der Tokugawa-Kultur verbunden. Seit der Meiji-Zeit hatten sich jedoch die Gesellschaft, ihre Sitten, ihr Lebensstil und ihre Wertvorstellungen völlig gewandelt – und damit waren auch die Grundlagen der traditionellen Malerei ver-

lorengegangen. Die *nihon-ga*-Künstler mußten also ihre Malerei mit neuen Techniken und Themen wiederzubeleben versuchen, aber diese Malerei fand zu keiner Ausdruckskraft mehr und verlor sich im Dekorativ-Schönen.

Eine Ausnahme war Tomioka Tessai (1836 – 1924), der hinsichtlich Bildung, Lebensstil und -gefühl ein würdiger Nachfolger der Literatenmaler wie Ike no Taiga, Yosa Buson und Tanomura Chikuden war. Unter den neuzeitlichen Künstlern war er auf jeden Fall der originellste. Seine Werke zeichnen sich auch dadurch aus, daß er bei Landschaftsdarstellungen keine unbemalte Fläche stehen ließ. Die Wirkung seiner Bilder ist weit von einem unkomplizierten Geschmack entfernt und kommt der modernen europäischen Malerei sehr nahe; man könnte im Hinblick auf Tomioka sogar von einem abstrakten Expressionismus der Tuschmalerei sprechen.

Doch eine Ausnahme verändert nicht den allgemeinen Eindruck: Die Künstler,

die sich weit entfernt von Japan europäische Techniken angeeignet hatten, ahmten nur Paris nach – und die Maler, die im Stil der längst vergangenen Tokugawa-Kultur verharrten, waren nur dekorativ. Die Ausdruckskraft der Kunst war in beiden Fällen geschwächt.

Daß es durchaus möglich ist, die europäische Malerei in einen gänzlich anderen Kulturkreis zu verpflanzen, ohne sie zur bloßen Nachahmung verfallen zu lassen, belegten um 1920 zwei mexikanische Künstler, die gleichfalls längere Zeit in Paris studiert und gearbeitet hatten: Diego Rivera (1886 – 1957) und David Alfaro Siqueiros (1896 – 1974). Diese beiden vom Kubismus beeinflußten Künstler waren – neben José Clemente Orozco (1883 – 1949), der an die Grafiken von José Guadalupe Posada (1852 – 1913) anknüpfte – die Hauptvertreter der revolutionären mexikanischen Wandmalerei, die eine einmalige Verbindung künstlerischer Tendenzen der Moderne mit der mexikanischen Volks-

kunst darstellte. Vergleichbare Transferleistungen sind aus der japanischen Kunst nicht bekannt; das lag sicher zum einen an der tiefen Kluft zwischen der fernöstlichen und der westlichen Kultur, zum anderen aber auch daran, daß sich japanische Künstler – anders als eben Diego Rivera – nach ihrer Rückkehr aus Europa nie in einer gesellschaftlichen Situation wiederfanden, die sie gezwungen hätte, politisch Stellung zu beziehen.

Die japanischen Künstler in der zweiten Hälfte des 20. Jahrhunderts schlugen eine andere Richtung ein: Beeinflußt durch den internationalen Stil, drückten sie in ihren Werken doch ihre jeweils individuelle Welt aus. Als besonders produktiv erwiesen sich hauptsächlich Architekten, Komponisten, Designer und Tänzer. Aber sie versuchten kaum noch, an überlieferte Themen und Techniken der Volkskunst oder der japanischen Hochkultur anzuknüpfen, sondern orientierten sich an aktuellen und weltweit verbreiteten Tendenzen in der Kunst.

	JAPAN Geschichte	JAPAN Kultur
2500 – 280 v. Chr.	**Jômon-Kultur**	*Jungsteinzeit,* handgeformte Keramik mit Schnurmustern, weibliche Tonfiguren, Steingeräte. Religion wahrscheinlich Schamanismus und Animismus
300 v. Chr. – 300 n. Chr.	**Yayoi-Kultur**	Erste Bronzegeräte; glockenförmige Dôtaku. Importierte chinesische Bronzespiegel und Münzen. Allmähliche Ausbreitung von Kyûshû nach Honshû
3. – 7. Jh.	**Kofun-Periode** Erste Staatenbildungen Eroberungen in Korea	Große Grabhügel (Kofun) zwischen Nara und Osaka. Tönerne Grabfiguren (Haniwa) Bekanntwerden mit chinesischer Schrift und Literatur
552 – 644	**Asuka-Periode** *593 – 622* Prinz Shôtoku Taishi als Regent *645* Taika-Reform	*552* oder *558* Einführung des Buddhismus aus Paekche (Korea). *594* Buddhismus Staatsreligion *607* Bau des Hôryû-ji-Tempels *623* Bronzeplastik der Shaka-Trias im Hôryû-ji
654 – 710	**Hakuhô-Periode** *702* Taihô-Gesetze	Buddhistische Bronzeplastik in Bronze und Ton, angeregt vom China der Tang-Dynastie
710 – 794	**Nara-Periode** Nara als Hauptstadt *781 – 806* Kaiser Kammu	Weiter Einfluß buddhistischer Kunst aus China. *752* Weihe des Großen Buddha im Tôdai-ji. *756* Bau des Shôsô-in-Schatzhauses Bau größerer Shintô-Schreine, z. B. *768* Kasuga-jinja.
794 – 1185	**Heian-Periode** *838* letzte Gesandtschaft nach China *866 – 1160* Fujiwara-Zeit: Vorherrschaft der Fujiwara-Familie *895* Abbruch der diplomatischen Beziehungen zu China *1180 – 85* Krieg zwischen den Adelssippen der Taira und Minamoto	*805 – 806* Einführung der Tendai- und Shingon-Schulen des Esoterischen Buddhismus *10. Jh.* volle Entwicklung der japanischen Silbenschrift (Hiragana und Katakana). Blüte der höfischen Kultur in Heian (Kyoto). *905* Gedichtsammlung Kokinshû *um 1000* Geschichte des Prinzen Genji *1053* Bau des Byôdô-in-Tempels von Uji *1175* Gründung der Jôdo-Schule des Buddhismus durch Hônen Reiche Metall- und Lackarbeiten
1185 – 1333	**Kamakura-Periode** Militärregierung (Bakufu) in Kamakura *1192* Minamoto Yoritomo wird Shogun *1274* und *1281* Abwehr der Mongoleninvasion	Aufblühen des Ritterstandes (Samurai) mit neuer Ästhetik. Eindringen des Zen-Buddhismus: Klöster in Kyoto und Kamakura *1205* Gedichtsammlung des Shinkokinshû *ca. 1260* Großer Buddha von Kamakura Berühmte Bildschnitzer mit großen Werkstätten. Realismus in der Skulptur; erzählende Bildrollen (emaki). Frühe Teekeramik von Seto

CHINA   EUROPA

	CHINA	EUROPA
6000 – 2000 v. Chr.	verschiedene jungsteinzeitliche Kulturen	Jungsteinzeit, seit *2600 v. Chr.* Kupferzeit seit etwa *1900 v. Chr.* Bronzezeit
21. – 16. Jh. v. Chr.	**Xia-Dynastie**	etwa 1800 v. Chr. Burgen und Tiryns und Mykene
16. – 11. Jh. v. Chr.	**Shang-Dynastie,** Schrift etwa seit *1200.* Ritualbronzen	Frühe Eisenzeit: Hallstatt-Kultur *750 – 500 v. Chr.*
		480 v. Chr. Schlacht von Salamis;
		387 v. Chr. Platons Akademie
1030 – 222 v. Chr.	**Zhou-Dynastie**	*356 – 323 v. Chr.* Alexander der Große
221 – 207 v. Chr.	**Qin-Dynastie** Erstes Großreich; Große Mauer	
202 v. Chr. – 221 n. Chr.	**Han-Dynastie** Ausdehnung nach Zentral- und Südostasien	*44 v. Chr.* Ermordung Caesars
		64 n. Chr. Christenverfolgung durch Nero
221 – 265	**Drei Reiche** Vordringen des Buddhismus	*325 – 337* Konstantin der Große
		326 Basilika St. Peter in Rom
265 – 581	**Sechs Dynastien** Nichtchinesische Dynastien im Norden, Blüte der Kultur im Süden	*451* Schlacht auf den Katalaunischen Feldern
		475 Ende des Römischen Reiches Ostgotenreich in Italien
581 – 618	**Sui-Dynastie** Neue Reichseinheit, Bau des Kaiserkanals	
618 – 906	**Tang-Dynastie** Großreich; Expansion nach Westen, Süden und Nordosten; Kontakte zu Westasien	*711* Araber in Spanien
		714 – 41 Karl Martell
	671 – 95 Pilgerfahrt des Xuanzang nach Indien	
	Blüte buddhistischer Kunst Höhepunkt von Prosa und Poesie	
	701 – 62 Li Bo	
	768 – 824 Han Yü	*768 – 814* Karl der Große
	755 – 63 Rebellion des An Lushan	
	806 Papiergeld	
	845 Buddhistenverfolgung	*843* Vertrag von Verdun
907 – 960	**Fünf Dynastien** Zerfall des Reiches; Entstehung der Landschaftsmalerei	*919 – 36* Heinrich I.
		936 – 73 Otto I.
960 – 1279	**Song-Dynastie** Blüte von Dichtung und Malerei Nichtchinesische Dynastien im Norden	*962* Heiliges Römisches Reich
		1030 Dom zu Speyer
		1066 Schlacht bei Hastings
		1096 – 99 erster Kreuzzug
	1101 – 26 Kaiser Hui Zong, Kunstpatron	*1211 – 1300* Kathedrale von Reims

JAPAN *Geschichte*	JAPAN *Kultur*
1336 – 1573 **Ashikaga- oder Muromachi-Periode** Shogunat der Ashikaga-Sippe in Kyoto *1467 – 77* Onin-Wirren	*1397* Goldener Pavillon (Kinkaku) in Kyoto *1489* Silberner Pavillon (Ginkaku) in Kyoto Blüte der Tuschmalerei: Sesshû, *1420 – 1506* Blüte der Lackkunst *1542 – 43* Portugiesen in Tanegashima: Einführung westlicher Feuerwaffen *1549* Jesuit Francisco de Xavier in Japan
1586 – 1615 **Momoyama-Periode** Heerführer als Regenten *1592 – 98* Koreainvasion *1600* Schlacht von Sekigahara	*1586* burgähnliches Schloß von Osaka Wand- und Stellschirmmalerei auf Goldgrund Prachtvolles Kunsthandwerk Schlichte Keramik für die Teezeremonie *1614* Verbot des Christentums
1615 – 1868 **Edo- oder Tokugawa-Periode** Edo (Tokyo) Hauptstadt *1639* Abschließung vom Ausland *1688 – 1703* Genroku-Ära *1853* Commodore Perry erzwingt Öffnung des Landes *1858* Handelsvertrag mit den USA *1867* Rücktritt des letzten Shoguns	*1622 – 23* große Christenverfolgung *1690 – 92* Engelbert Kaempfer in Japan Blüte der großbürgerlichen Kultur *1720* Erlaubnis zur Beschäftigung mit westlicher Wissenschaft und Literatur: Holländische Wissenschaft (rangaku). Aufblühen bürgerlicher Kunstformen: Kabuki-Theater, Farbenholzschnitt (ukiyo-e) *1823 – 30* Philip F. von Siebold in Japan Auseinandersetzung mit westlichen Kunstformen
1868 – 1912 **Meiji-Ära** *1889* Verkündung der Meiji-Verfassung *1894 – 95* Krieg mit China *1904 – 05* Russisch-japanischer Krieg *1914* Eintritt in den Ersten Weltkrieg	Weitgehende Öffnung des Landes nach außen ab *1873* Neuordnung des Finanz- und Steuerwesens; Justiz- und Heeresreform ab *1877* Industrialisierung des Landes Studium japanischer Künstler in Europa Europäische Städteplaner und Architekten in Japan
1912 – 1926 **Taishô-Ära**	
1926 – 1989 **Shôwa-Ära** *1937* Chinesisch-japanischer Krieg *1941* Angriff auf Pearl Harbor; Eintritt in den Zweiten Weltkrieg *1945* Atombomben auf Hiroshima und Nagasaki; Kapitulation Japans	Industrialisierung und Auseinandersetzung mit allen Bereichen westlicher Zivilisation Aufstieg Japans zur Weltwirtschaftsmacht *1964* Olympische Spiele in Tokyo
seit 1989 **Heisei-Ära**	

CHINA

EUROPA

1271 – 1368	**Yuan-Dynastie**
	Mongolisches Weltreich; Hochblüte des Dramas;
	Lamaismus Staatsreligion
	1260 – 94 Kublai Khan

1291 Schweizer Eidgenossenschaft

1339 Beginn des Hundertjährigen Krieges
1348 – 52 Pest in Europa

1368 – 1644 **Ming-Dynastie**
Nationalistische Renaissance
1408 Yongle Dadian, Enzyklopädie in ca.
11 000 Bänden
Umfangreiche Porzellanmanufakturen in
Jingdezhen.
Lokale Malerschulen in den Provinzen

1356 Goldene Bulle

1419 – 36 Hussitenkriege
1450 Druck mit beweglichen Lettern durch
Gutenberg

1452 – 1519 Leonardo da Vinci
1493 – 1519 Maximilian I.
1562 – 98 Hugenottenkriege
1587 Hinrichtung Maria Stuarts
1588 – 92 Bau der Rialto-Brücke in Venedig

1583 – 1610 Matteo Ricci in China
1621 – 29 Eunuchenregiment und Unruhen
im Land

1606 – 26 Bau des Petersdoms in Rom

1577 – 1640 Peter Paul Rubens
1618 – 48 Dreißigjähriger Krieg
1683 – 99 Türkenkrieg

1644 – 1911 **Qing-Dynastie**
Mandschu-Kaiser:
1662 – 1722 Kangxi
1736 – 95 Qianlong

1720 – 80 Kunst des Rokoko
1789 Französische Revolution
1837 – 1901 Königin Victoria von England
1839 – 1906 Paul Cézanne

1839 – 42 erster Opiumkrieg
1850 – 64 Taiping-Aufstand

1868 – 1955 Paul Claudel

1900 Boxer-Aufstand

1912 – 49 **Republik**

seit 1949 **Volksrepublik**

Literaturhinweise

Audsley, George Ashdown: The Ornamental Art of Japan. London 1882 – 1883

Barloewen, Constantin von/Werhahn-Mees, Kai (Hgg.): Japan und der Westen. 3 Bde. Frankfurt/M. 1987

Berger, Klaus: Japonismus in der Westlichen Welt. München 1979

Bing, Samuel: Le Japon Artistique. Paris 1888 – 1891

Brinker, Helmut: Zen in der Kunst des Malens. Eine Einführung in die Zen-Malerei. München 1985

Conder, Josiah: Landscape Gardening in Japan. London 1893

Dambmann, Gerhard: Wie Japan den Westen entdeckte. Eine Geschichte in Farbholzschnitten. Stuttgart 1988

Dettmer, Hans A.: Einführung in das Studium der japanischen Geschichte. Darmstadt 1987

Dettmer, Hans A.: Grundzüge der Geschichte Japans. 4. Aufl., Darmstadt 1985

Dürckheim, Karlfried von: Japan und die Kultur der Stille. 7. Aufl., München 1981

Elisseeff, Danielle u. Vadime: Japan. Kunst und Kultur. Freiburg/Basel/Wien 1981

Fenollosa, Ernest: Epochs of Chinese and Japanese Art. An Outline History of East Asiatic Design. New York 1963 (erstmals 1911)

Fenollosa, Ernest: The Masters of Ukiyo-e. New York 1896

Fenollosa, Ernest/Pound, Ezra/Eisenstein, Serge M.: No – vom Genius Japans. Zürich 1984

Fontein, R./Hempel, R. u. a.: Japan. In: Propyläen-Kunstgeschichte. Bd. 17, Berlin 1968

Fukumoto, Kazno: Hokusai und der Impressionismus. Tokyo 1947

Goepper, Roger: Japan. In: The Oriental World. (Landmarks of the World's Art.) London 1967

Goepper, Roger: Mandala-Darstellungen im esoterischen Buddhismus Japans. In: Symbolon. Jahrbuch für Symbolforschung. Neue Folge. Bd. 1. Köln 1972, S. 31 – 52

Concourt, Edmond de: Hokusai. Paris 1896

Gonse, Louis: L' Art Japonais. Paris 1883, 1886, 1900

Harada, Minoru: Meiji Western Painting. Arts of Japan Series, vol. 6. Tokyo and New York 1974

Hillier, J.: The Uninhibited Brush. Japanese Art in the Shijo Style, London 1974

Itoh, Teigi: Die Gärten Japans. Köln 1985

Izutsu, Toshihiko/Izutsu, Toyo: Die Theorie des Schönen in Japan. Beiträge zur klassischen japanischen Ästhetik. Köln 1988

Izutsu, Toshihiko: Philosophie des Zen-Buddhismus. Reinbek 1979

Kaempfer, Engelbert: Geschichte und Beschreibung von Japan. 2 Bde. Hg. v. Springer-Verlag Berlin/Heidelberg/New York in Zusammenarbeit mit d. Deutschen Gesellschaft für Natur- und Völkerkunde Ostasiens. Tokyo 1980 (Nachdr. d. Ausg. Lemgo 1777/79)

Kapitza, Peter (Hg.): Japan in Europa. Texte und Bilddokumente zur europäischen Japankenntnis von Marco Polo bis Wilhelm von Humboldt. 3. Bde. 1990

Kato, Shuichi/Silvester, Hans W. (Ill.): Das klassische Japan. Hamburg 1988

Kurt, Julius: Utamaro. Leipzig 1909

Lewin, B. (Hg.): Kleines Wörterbuch der Japanologie. Wiesbaden 1968

Lewinsky-Sträuli, Marianne: Japanische Dämonen und Gespenstergeschichten. Aus 12 Jahrhunderten. München 1989

Loti, Pierre: Madame Chrysanthèmes. Paris 1887

Munsterberg, Hugo: Zen-Kunst. Köln 1978

Murase, Miyeko: Japanische Wandschirme. Meisterwerke der Malerei. Stuttgart 1990

Muther, Richard: Die japanische Ausstellung der Secession (Studien und Kritiken. Bd. 1). Wien 1990

Okakura, Kakuzo: The Book of Tea. New York 1964 (Reprint der Ausg. New York 1906)

Okakura, Kakuzo: The Ideals of the East, with Special Reference to the Art of Japan. Tokyo and Rutland 1970 (Reprint der Ausg. Tokyo 1940; erstmals 1903)

Reidemeister, Leopold: Der Japonismus in der Malerei und Graphik des 19. Jahrhunderts. Ausstellungskatalog. Berlin 1965

Salzmann, Siegfried/Kreul, Andreas (Hg.): Japanische Farbholzschnitte. Hamburg 1990

Stern, Harold, P.: Rimpa – Masterworks of the Japanese Decorative School. Ausstellungskatalog. New York 1971

Sullivan, Michael: The Meeting of Eastern and Western Art from the Sixteenth Century to the Present Day. Greenwich, Connecticut/London 1973

Swann, P. C.: Japan. von der Jômon- zur Tokugawa-Zeit. Baden-Baden 1965

Taut, Bruno: Japanische Kunst. Hg. v. Manfred Speidel. In: Gesammelte Werke in 22 Bdn. 1991

Terukazu, Akiyama: Die Japanische Malerei. Tübingen 1990

Violet, Renée: Kleine Geschichte der japanischen Kunst. Köln 1984

Wichmann, Siegfried: Japonismus. Ostasien-Europa. Begegnungen in der Kunst des 19. und 20. Jahrhunderts. Herrsching o. J.

Winzinger, Franz: Meisterwerke der erotischen Kunst Japans. München 1977

Winzinger, Franz: Meisterwerke des Japanischen Farbenholzschnitts. Wien 1987

Zur Aussprache und Umschrift

Namen und Begriffe im Japanischen

Vokale werden wie im Deutschen ausgesprochen, stets kurz, wenn nicht ausdrücklich durch ˆ als lang gekennzeichnet.
i und u sind manchmal fast unhörbar: Asuka = As'ka.

Doppelvokale werden z. T. als Diphthonge ausgesprochen:
ie wie i-e
ue wie u-e
ao wie a-o
ei wie ee: Kan'ei = Kan'ee
ai wie ai

Konsonanten werden annähernd wie im Englischen ausgesprochen, Doppelkonsonanten wie im Italienischen.
g wie im Deutschen
r zwischen Zungen-r und l
s stets scharf wie in Kasse
ssh wie scharfes sch
z stets stimmhaft wie in Wiese

Umschrift
Für die Transkription der chinesischen Namen und Begriffe wurde die heute international gebräuchliche Pinyin-Umschrift verwendet.

Aussprache der Pinyin-Umschrift
Vokale:
c   wie z in Zunge
ch etwa wie tsch in Peitsche
h   wie ch in Buch
q   wie ch in Chili
r   etwa wie das englische r
sh wie sch in schön
x   etwa wie ch in Richter
y   wie j in Jahr
z   wie z im englischen zero
zh wie j im englischen job

Bildverzeichnis

NICHT VON HEIBONSHA PUBLISHERS LTD., TOKYO, STAMMENDE ABBILDUNGEN DIESES WERKES:

Staatliche Kunstsammlungen Dresden, Gemäldegalerie Alte
    Meister: 14
Busch-Reisinger Museum, Cambridge (Massachusetts): 25
Archiv Motovun Verlagsgesellschaft: 38, 114 (unten links und
    rechts), 115 (rechts), 143
IFA-Bilderteam, München: 40/41
Photola/G. Boullay, Paris: 88
Vincent Van Gogh Foundation/Vincent Van Gogh Museum,
    Amsterdam: 132 (2 ×)
Galerie Welz, Salzburg: 138 (links)
Sekai Bunka Photo, Tokyo: 142 (3 ×)
National Archeological Museum, Athen: 163 (rechts)
Oesterreichische Galerie, Schloss Belvedere, Wien: 182 (2 ×)
Giraudon, Paris: 198

JAPANISCHE BILDQUELLEN:

Kiichi Asano: 104 – 105 (Mitte)
Kazuhiko Fukuda: 15 (rechts), 180 (links, von oben nach
unten), 181
Shigenobu Hayashi: 142 (oben links)
Heibonsha: 23 (rechts), 24, 33 (unten rechts), 36 (rechts), 37, 42
(Mitte rechts), 52 (links), 55 (oben + Mitte), 72, 73 (rechts), 79
(rechts), 90, 91, 92 (links), 95, 112 (rechts), 117, 124, 125 (oben),
127 (unten), 128 (unten), 129, 130 (links), 134 – 135, 136, 137
(links), 139 (links), 140, 144 – 150, 153 (rechts), 154 (Mitte), 155
(oben), 156 (links, von oben nach unten), 157, 167 (oben links),
211 (unten Mitte), 216 – 217, 220 – 221, 223 (rechts), 229 (unten
rechts), 233 (unten), 234 (links), 238 (unten, von links nach
rechts), 241 – 242, 243 (rechts, von oben nach unten)
Yasuo Higa: 54
Hiromichi Inoue: 47, 48, 52 (rechts), 59, 64 (oben und unten,
links und rechts), 141, 151, 152 (rechts)
Taikichi Irie: 58 (rechts), 168, 169
Kaoru Katô: 252 – 253
Tadao Kodaira: 153 (links)
Harumi Konishi: 65 (links)
Akihisa Masuda: 208, 210 (unten), 212 – 214
Kazuo Miyazaki: 7, 207
Shû Murai: 216 – 217, 222, 223 (links)
Kuniaki Nakagawa: 156 (rechts)
NKH: 18 – 19, 33 (oben), 42 (links, oben und unten und rechts),
70, 98, 99, 102, 158 – 159, 197 (rechts), 224 – 225
Kôzô Ogawa: 15 (oben), 50 – 51, 62 (Mitte und rechts), 64
(links Mitte), 71, 74 – 77, 79 (links)
Tadahiro Ogawa: 26, 27, 28, 29 (rechts, oben und unten), 30,
31, 33 (links), 34, 35 (rechts, oben und unten), 39, 43

Shizeo Okamoto: 17
Jiichi Omichi: 96, 97
Hideyo Sato: 166 (links)
Sekai Bunka Photo: 142 (unten)
Mikihiro Taeda: 62 (links)
Bin Takahashi: 16 (rechts), 35 (links), 36 (oben links), 55 (unten), 60, 73 (links), 106 (rechts), 108 – 109, 110 – 111, 118 – 119 (Mitte), 119 (rechts), 125 (unten), 173, 176 (unten), 235 (unten)
Kôzô Takahashi: 56, 57
Haruo Tomiyama: 61, 63 (links)
Urasenke Foundation, Kyoto: 143 (rechts, von oben nach
unten)
Toshimasa Watanabe: 53
Yoshio Watanabe: 2
Noriyuki Yoshida: 142 (oben links)